東日本大震災と日本

韓国からみた3.11

関西学院大学災害復興制度研究所
高麗大学校日本研究センター［共編］

関西学院大学出版会

東日本大震災と日本
韓国からみた3.11

出版にあたって

　2011年3月11日に発生した東日本大震災によって、日本社会は未曾有の甚大な被害を経験した。死者・行方不明者は約2万人に達し、丸2年を経過した現在においても、避難生活を余儀なくされている多くの被災者が存在する。震災からの復興への道のりはいまだ途上にあり、被災地は困難な状況に置かれている。

　東日本大震災は、日本社会の政治的・経済的・社会的など、あらゆる側面における構造的な問題を露呈させた。また、東日本大震災はグローバルな問題として、とりわけ東アジア社会に大きな衝撃を与えている。

　隣国韓国の高麗大学校日本研究センターは、東日本大震災直後から、研究チーム「ポスト3.11と人間――災難と安全研究チーム」を立ち上げ、東日本大震災を契機として生じた、日本社会の反応や変化、そこから見えてくる構造的な問題などを、人文社会科学的なアプローチによって調査研究に取り組んできた。その研究成果として、震災1年後の2012年3月に刊行されたのが、『3.11　東日本大震災と日本』（高麗大学校日本研究センター　現代日本研究叢書11　ジャパンレビュー2012）である。

　同書は、第1部　政治、第2部　経済、第3部　社会、第4部　文化、の4部で構成されており、18本の論考（総論を含めると19本の論考）が掲載されている。論考のテーマを列挙すれば、第1部は、韓日関係、外交、行政、地方政治、第2部は、国内経済、対外経済（TPP、地球温暖化）、労働・福祉、エネルギー・環境、第3部は、高齢化と家族、災害史、メディア報道、教育の国際化、在日コリアン、第4部は、震災／原発文学、放送・音楽産業、映画、スポーツ、以上の通りである。政治学、経済学、社会学、歴史学、文学、文化研究、メディア論など、実に多様な分野から日本を研究対象とする研究者が、それぞれの専門の立場に立って、東日本大震災を契機とした日本社会の変化を把握しようとした試みであることがわかる。東日本大震災を「災害研究」としてばかりではなく、「日本研究」の一環として捉えているのである。それは、日本の「外」から、日本社会の全体的な

状況のなかで、東日本大震災を位置づけようとする視点からなされたものであることを意味している。

同書の出版直後の 2012 年 3 月に高麗大学校日本研究センターを訪問した筆者が、高麗大学校日本研究センターの研究成果を知り、日本の研究者と研究成果を共有する必要性を痛感したことから、関西学院大学災害復興制度研究所および高麗大学校日本研究センターにて、それぞれの研究機関からの理解と協力を得て、2 度にわたる国際学術研究会を日韓両国において開催することになった。

第 1 回目のフォーラムは、2012 年 5 月 18 日に、関西学院大学災害復興制度研究所において、国際学術フォーラム「韓国の日本研究者は、3.11 をどのように捉えたか——高麗大学校日本研究センターの研究活動から」として開催された。

第 2 回目のフォーラムは、2012 年 9 月 18 日に、韓国ソウルにある高麗大学校日本研究センターにおいて、国際学術大会「東日本大震災と日本——災害からみた日本社会と韓国への投影」として開催された。

本書は、高麗大学校日本研究センターの研究成果を、さらにより多くの日本の読者と共有するべく、『3.11　東日本大震災と日本』に掲載された論考の翻訳を中心に、関西学院大学および高麗大学校において開催された 2 度の国際学術研究会の成果を組み入れて構成されている。

巻頭論文には、高麗大学校において開催された国際学術大会での、山中茂樹・関西学院大学教授の基調講演を掲載している。続く第 1 部には、『3.11　東日本大震災と日本』の巻頭にあった崔官・高麗大学校教授による「総論」を論考 1 として収録したのをはじめとして、計 10 本を選んで日本語に翻訳し収録した。なお、翻訳は、韓国の執筆者自身が自ら日本語に翻訳したものである。第 2 部では、国際学術研究会の概要を伝えるべく、報告要旨を収録している。巻末に付録として、関西学院大学災害復興制度研究所発行のニュースレターに掲載された国際学術研究会を紹介した記事を再録している。

本書を通じて、隣国韓国という「外」から東日本大震災はどのように映ったのか、また隣国の専門家は、東日本大震災を契機とした日本社会の変化

や今後の行方をどのように見ているのか、その一端を知ることができるはずである。

　東日本大震災が日本国内に限定された問題ではなく、グローバルな問題であること、特に東アジア社会においては切り離すことができない問題であり、共有すべき問題として捉えられていることについて認識し、議論を深めていく一助になることを願っている。

　　2013年4月13日

山　泰　幸

目　次

出版にあたって……………………………………………………… i

評　論「創造的復興」………………………………………………… 1
  1　はじめに　1
  2　創造的復興と人間復興　2
  3　二つの創造的復興　6
  4　新自由主義的復興論　9
  5　二重螺旋構造の復興　12
  6　復興の主体　15

災害復興基本法案　逐条解説………………………………………… 17

第1部　韓国の日本研究者からみた東日本大震災と日本　37

論考1　〈3.11 東日本大震災〉日本を強打する！…………………… 39
論考2　3.11から考える歴史としての「東日本大震災」…………… 47
  1　概観　47
  2　争点に関わる分析　49
  3　展望　60
論考3　東日本大震災と日本経済……………………………………… 67
  1　概観　67
  2　東日本大震災以降の円高――どう受け止めるべきか　71
  3　東日本大震災と財政危機の可能性　75
  4　今後の展望　79
論考4　東日本大震災後の日本経済と北東アジア経済協力の進路… 83
  Ⅰ　日本の通商政策の概観　………………………………… 83
  Ⅱ　日本の通商政策の変化とFTA構想　………………… 87
   1　日本の通商政策とEPA/FTA　87

　　　　2　TPPの概要　90
　　　　3　3.11大震災からの復旧・復興とTPP参加　92
　　Ⅲ　日本のTPP構想と国内外の政策 …………………… 94
　　　　1　TPPと国内産業　94
　　　　2　TPPと日米経済関係　97
　　　　3　TPPと日中韓の経済協力　98
　　　　4　TPPの展望（行方）　100
　　Ⅳ　今後の展望——北東アジア経済協力の進路 …… 101

論考5　東日本大震災、そして日韓両国の危機管理体制……………111
　　　　1　概観　111
　　　　2　主なイシューおよび事件　112
　　　　3　争点——日韓両国の危機管理体制　123
　　　　4　今後の展望と課題　134

論考6　3.11以降の日本外交 …………………………………139
　　　　1　問題の提起——3.11東日本大震災と日本の岐路　139
　　　　2　被害復興政策と対外関係の萎縮　141
　　　　3　野田佳彦内閣の登場と外交安保の政策性向　146
　　　　4　野田政権の現実主義的な外交安保政策　150
　　　　5　おわりに　156

論考7　東日本大震災と日本教育
　　　　——大学教育の国際化と留学生政策の変化…………………163
　　　　1　概観——日本教育の現況　163
　　　　2　東日本大震災の教育への影響　165
　　　　3　大学の国際化と留学生政策　169
　　　　4　終わりに——韓国の教育に与える示唆　182

論考8　東日本大震災の原子力発電事故から見たエネルギーセクターの現況と方向……………………………………………………189
　　　　1　日本のエネルギーセクターの概観　189
　　　　2　エネルギー部門対策の変化　190
　　　　3　革新的エネルギー・環境戦略の方向　194

4　エネルギー・環境部門の科学技術の方向　196
　　　5　課題と今後の展望　200

論考9　東日本大震災と新しい地方自治の模索……………………203
　　　1　3.11 大震災と東北地方の被害　203
　　　2　3.11 大震災と地方自治の争点　206
　　　3　自治体間協力と防災システム　208
　　　4　自治体の復旧・復興と東北州構想　211
　　　5　地域中心の復興計画　213
　　　6　むすび　217

論考10　3.11 東日本大震災をめぐった2011年〈震災/原発文学〉の議論
　　　と展開　……………………………………………………221
　　　1　概観　221
　　　2　争点分析──〈震災文学〉の展開とその文学的意義　227
　　　3　展望　238

第2部　関西学院大学・高麗大学校共催国際学術フォーラム
　　　　報告　　　　　　　　　　　　　　　　　　　　　　240

報告1　韓国における〈3.11〉以降の日本災害研究　…………………242
報告2　3.11 東日本大震災後の日本政治経済システムの変容　……245
報告3　韓国から見た 3.11 以後の日本社会の言説………………248
報告4　地域における冗長的ネットワークとしてのボランティアの存在に
　　　関する一考察……………………………………………………250
　　　1　災害時の足湯ボランティア　250
　　　2　名古屋の防災ボランティアの事例　252
　　　3　まとめ　255
報告5　東日本大震災とツイッター……………………………………256
報告6　韓国から見た東日本大震災……………………………………258
報告7　災害後日本経済政策の変容……………………………………260
報告8　沈み、そして浮き上がる〈日本沈没〉の物語………………262

報告9　東日本大震災と災害報道……………………………………265
　　　　1　「直下型」と「海溝型」　265
　　　　2　「救援」につなげる社説　266
　　　　3　8割占める震災社説　269
　　　　4　「県外被災者」を支える　270
　　　　5　子どもに笑顔を戻そう　272
　　　　6　「あなたを忘れていない」　273

資料　災害復興制度研究所ニュースレター FUKKOU vol18 P6 　…274
　　　災害復興制度研究所ニュースレター FUKKOU vol19 P6 　…275

評論

「創造的復興」
競争国家と福祉国家の狭間で

山中 茂樹
関西学院大学災害復興制度研究所教授

1 はじめに

　1995年の阪神・淡路大震災と2011年の東日本大震災。近年の日本を襲った二つの大災害で、復興をめざして同じスローガンが使われた。「創造的復興」である。最初にこの言葉を使ったのは、当時、被災地・兵庫県の知事だった貝原俊民である。東北の大震災では、発災期と復興期の日本をリードすることになった二人の宰相・菅直人と野田佳彦が「ただ元に戻すという復旧であってはならない」として、この言葉を受け継いだ。
　一方、「創造的復興」に反旗を翻し、「棄民」という言葉を使った人たちがいる。棄民とは、移民政策や戦争などで国家責任を追及する際に使われる常套語だが、この言葉を阪神・淡路大震災では、作家小田実（故人）が著書『これは「人間の国」か』の中で、東日本大震災では、福島の詩人・若松丈太郎が詩「神隠しされた街」の中で使った。「自然災害に国は責任がない」として、わが国の災害法体系は、被災者の再起を原則、自力再建・自助努力としている。それまで自明のこととして問題にされることもなかった法理に内在する、この国の歪みに鋭く打ち込まれた楔（くさび）であった。
　為政者たちの掲げた「創造的復興」の背景に見え隠れする、大災害によって毀損された中枢なるものの怯え。その裏返しとしての被災前への決別と

被災者をともすれば置き去りにする未来へのテイクオフに非難の眼を向けた人々のめざすところは、「帰民」であった。著書『倒壊』で、大震災で生じたマイホームの二重ローン問題を初めて世に問うたルポライター島本慈子は、「被災者の想いは「ユーミンの『あの日に帰りたい』だ」と喝破した。2004年の新潟県中越地震で「山が動いた」といわれ、全村民が避難した旧山古志村の村長・長島忠美は、被災者の心をつなぐのに「帰ろう！山古志へ」を合言葉にした。被災前の生活に戻る。避難を余儀なくされていたふるさとへ戻る。その痛切な思いを「核災棄民」と呼んだ詩人は、消えた街へのかなえられない「帰心」を憤怒の言葉で綴る。「帰民」「回帰」＝「生活復旧」こそ、災害復興の要諦なのだ。東日本大震災と17年前の阪神・淡路大震災。「棄民」と「帰民」——復興に向けての運命を分ける路線の転轍機を動かそうとしたのは、世紀をまたいだ「創造的復興」と「生活復旧」という二つの理念であった。

2　創造的復興と人間復興

「マイホームが凶器になった」といわれた阪神・淡路大震災。発生は、1995年1月17日午前5時46分。まだ明けやらぬ厳冬の朝、まどろみのなかにいた人も多く、犠牲者6434人の大半は、倒壊した住宅や転倒した家具の下敷きになって、ほぼ瞬時に絶命した。全半壊は約25万棟に上り、約45万世帯が住まいを失った。「住宅の再建なくして復興はない」。その思いは当時の兵庫県知事・貝原俊民も、被災者もまったく同じであった。しかし、貝原が「創造的復興」を掲げ、20世紀文明のパラダイムシフトを謳えば、小田に象徴される市民グループは、被災者の住宅再建支援を軸にした生活基盤回復に「公的補償」を求めた。ここにいたって双方の間に微妙なずれが生じることになる。

「ずれ」の根源は、「自然災害に国家は責任を負わない」として、「私有財産自己責任」「復興は自助努力」としてきた、わが国の災害復興に対する基本姿勢にある。

公的施設の復旧は法に定めがあるものの、復興にかかわる法体系はなく、私人に対しては生活保護と公営住宅という最後のセーフティネットが用意

されているだけであった。

現に当時の内閣総理大臣・村山富市は、1995年5月19日の参院予算委員会で、次のような趣旨の答弁をしている。

「一般的に自然災害等によって生じた被害に対して個人補償をしない、自助努力によって回復してもらうということが原則になっている。したがって、政府としては、被災者の実情に配慮した支援措置を幅広くかつきめ細かく実施して一日も早い生活再建ができるよう努力している。ただ、個人補償という形は、これまでの災害救援の基本からして難しい問題がある。あくまで自助努力を原則にしなければならない」

そこで、「復興はいらない。復旧でいい」と極言する在野の研究者も現れ、「生活再建援助法案」の実現をめざす市民グループは、小田を旗頭に超党派の議員も巻き込んで市民＝議員立法運動を繰り広げた。

実は、この論争は、今に始まったことではない。関東大震災の折、帝都復興の儀を掲げ、「理想的帝都建設の為の絶好の機会なり」として首都の大改造をめざした、時の内務大臣・後藤新平に対し、大正デモクラシーの旗手にして福祉国家論の先駆者である経済学者の福田徳三（1874-1930）は、次のように異議を申し立てた。

「私は復興事業の第一は、人間の復興でなければならぬと主張する。人間の復興とは大災によって破壊せられた生存の機会の復興を意味する」。さらに、「国家は生存する人よりなる。焼溺餓死者の累々たる屍からは成立せぬ。人民生存せざれば国家また生きず。国家最高の必要は生存者の生存権擁護、これである。その生存が危殆に瀕することは、国家の最緊急時である」と主張した。

今に続く「人間復興」論の提唱であった。

福田にとって、建造物や道路からなる物的都市は、あくまで「人間復興」のための手立てに過ぎず、「今日の人間は、生存するために生活し、営業し、労働せねばならぬ。すなわち生存機会の復興は、生活・営業・及び労働機会（これを総称して営生という）の復興を意味する。道路や建物は、この営生の機会を維持し、擁護する道具立てに過ぎない。それらを復興しても本体たり実質たる営生の機会が復興せられなければ何にもならないのであ

る」とした。

 まさに、民主党政権が最初に掲げた「コンクリートから人」への政策転換と相通じる復興理念の転換を主張するものであった。

 わが国の災害復興は、関東大震災以来、1995年の阪神・淡路大震災にいたるまで、災害復興の主体は「都市＝空間」であった。この理念を支えたのは、主に都市計画学であり、土木工学であった。商店街など22.5ヘクタールを焼き尽くすという大火に見舞われながら、わずか8カ月で焼け跡をクリアランスして区画整理を進め、防災都市づくりを果たした1976年の酒田大火は、まさに、この都市復興のモデルケースであった。そこでは、災害の種別・規模・時期・地域に応じて、操作可能な変数としての「街区の改変」を施策とすることで、まさに「目に見える」効果を上げてきた。

 一方、「人間復興論」＝「生活復旧」は「救貧」のカテゴリーの中で処理され、法律にせず、補助金要綱事業や特例措置によって不可視化状況がつくられることにより、制度としての成熟を妨げられてきた。人間復興論は、1967年8月、山形県と新潟県下越地方を中心に死者104人を出す大惨事となった羽越水害で、遺児の佐藤隆・参院議員（自民）が粘り強く「個人災害救済法案」の制定運動を進めたあたりから、ようやく反撃の狼煙を上げ始めた。佐藤議員の発議は、自民党、公明党、社会党まで巻き込んで、国会審議にまで発展するが、被災者の生活・生業、つまり福田徳三流にいうならば、営生権そのものを復興させる法律にまでは成熟せず、命を失ったり、障害を負ったりしたときに国民互助の精神から見舞金を給付するという「災害弔慰金の支給等に関する法律（弔慰金法）」として決着するにとどまる（1973年）。

 当時の政府答弁を見ると、その後の災害復興をめぐる論争の一端が垣間見える。国会議事録によると、政府答弁は次の通りだ。

　　総理府といたしましては、何とかしてこれを前向きにいたしたい。実現可能な方向に持って行きたいということで、関係者と意見の出し合いをし、それの調整をすべく鋭意検討中でございます。ただ、個人災害の程度をどういう風に考えるかということでございますけれど

も、総理府の考え方としましては個人の災害による生命及び身体の被害、要するに物的損害を除きまして生命及び身体ということに関する被害という点に限りたいという方向で…。

政府主張の要点は二つある。
　一つは、自然災害で国が補償することはありえない。二つ目は、何らかの形で被災者のケアをするにしても生命・身体に限る。「物的損害」は考えていない、ということだ。
　この議論が再び世に問われることになるのは1995年の阪神・淡路大震災である。小田は、著書『これは「人間の国」か』の中で次のように述べている。

　　国と地方自治体がこれまで推進して来た復興は、つまるところ、建物、道路の復旧、さらには人工島、海上空港の建設など乱開発の再開だった。（中略）しかし（中略）判りきった話だが、市民の生活再建を欠いては、経済の回復はない。いくらきらびやかに店舗が建ち並び、電飾がほどこされようとも、客が来なければ、客が来ても物を買わなければ、回復はただの絵に描いたモチだ。

　驚くほど福田徳三の主張と似通っていることに驚くほかはない。この主張は、70年余りたっても災害復興をめぐる基本軸に変わりがないことをうかがわせる。阪神・淡路大震災では、「住まいの再建なくして復興はない」という被災地の思いが公民挙げての立法運動となり、1998年、被災者生活再建支援法として結実した。ただ、住宅本体への直接給付は阻まれ、これが逆に推進力となって、鳥取県西部地震を契機とした「被災者住宅再建支援基金制度」をはじめ、各自治体による独自支援策を生み出すことになった。
　この間、不協和音として聞こえてきたのが生活保守主義からのクレームだ。
　「被災者は甘えている」「焼け太りをつくるな」。阪神・淡路大震災で浴

びせられた中傷だ。公営住宅の大量供給は直ちには難しいことから、補完的な制度として実施された民間賃貸住宅に入居した際の家賃補助や被災高齢者世帯への生活再建支援金に対する攻撃だった。

　新潟県の泉田裕彦知事は、新潟県中越地震の折、都市住民から「われわれが収めた税金をそこまで使うな。（山間集落の被災者は）山から出た方がいい」「公共事業をやめて山間集落から人を（平場に）下ろし、一軒ずつお金を配分すればいい」といったクレームが届いたことを明らかにしている。

　バブル期に生まれたこの生活保守主義の風潮は、景気が落ち込むに連れて先鋭化し、被災地への支援が自分たちの生活に増税や社会保障の後退というかたちで及んでこないかという怯えに変換され、被災者への攻撃に転じていった様子がうかがえる。

3　二つの創造的復興

　とはいえ、復興自助努力論の本質は財政規律にあり、「創造的復興論」の本質ではない。阪神・淡路大震災が発生したのは、バブル景気がはじけ、日本が景気低迷期の鳥羽口に立った1995年のことだ。被災地は、戦後の高度経済成長を牽引してきた3大工業地帯の一つ、阪神工業地帯の中核都市・神戸。特に被害が集中したのは、労働者が多く居住する木造密集地のインナーシティだった。

　一方、東日本大震災は「失われた20年」といわれるデフレ不況下に起きた。被災地は、戦後、「金の卵」と呼ばれた若年労働者を集団就職で東京を核とする京浜工業地帯に送り込んだ東北地方。現在は電力と食糧の供給基地、さらにはサプライチェーンの裾野を支える工場群を引き受ける。

　神戸の大震災では、日本の経済を支える労働者たちが、東北の大震災では、日本の経済を下支えする地域が大打撃を受けた。

　「創造的復興」という言葉を考えるには、この背景を理解する必要があるだろう。

　神戸の震災が起きた当時、戦後、日本の牽引役だった鉄鋼を中心とする重厚長大産業はかげりを見せ、加えて神戸製鋼などが大打撃を受けた。ひっ

きょう、創造的復興は脱重厚長大であり、医療産業都市の建設や中国を意識した上海長江交易促進プロジェクト、一国二制度の特区設置など「神戸の構造改革」をめざすものとなった。

一方、デフレ・円高不況下で起きた東北の大震災。産業空洞化が進むなか、日本を競争国家としてテイクオフさせることを政策目標に掲げる民主党政権は、震災を奇貨として「創造的復興」の名のもとに新成長戦略の全面展開を画策することになる。菅総理は再生可能エネルギーへの転換を、野田総理は、環太平洋戦略的経済連携協定（TPP）への参加をめざす。

だが、2012年6月8日、国会が設けた東京電力福島原子力発電所事故調査委員会の黒川清委員長は記者会見で「国家の信頼へのメルトダウンが起きている」と弾劾した。

民主党が「コンクリートから人へ」のキャッチフレーズを掲げ、衆院総選挙で圧勝、政権を奪取したのは2009年8月のこと。それから約1年半後の2011年3月11日に起きたマグニチュード9.0の大地震で、それまでの社会民主主義的な政策から一転、新自由主義に向け、大きく舵を切ることになる。

関西学院大学災害復興制度研究所は、震災直後の昨年3月17日、広域避難者の漂流防止策や被災者生活再建支援基金の積み増し、震災遺児や震災障害者の把握と支援策の構築、自治体間の日本版対口支援（ペアリング支援）の実施など13項目にわたる政策提言を記者発表した。その後、3次にわたる追加提言では、基礎自治体にとって使い勝手の良い復興交付金制度の創設や取り崩し型復興基金の造成、そして、復興増税には所得税を充てることなどを求めた。

提言から消費増税を外したのは、被災地への増税を避けたかったことと、デフレ不況下では、富の水平分配ではなく、垂直分配、つまり富裕税や資産課税など持てる階層からの所得移転が鉄則だという財政学にとって「イロハのイ」の原則に従ったからだ。

消費増税法案のとりまとめにおける民主・自民・公明の3党合意にいたる交渉過程で、この垂直分配にいたる税制改正が見送られた。

所得税については、課税所得（年収のうち税金がかかる部分）が5000

万円を超える人への税率（最高税率）を40％から45％に引き上げる。

相続税は基礎控除（遺産額のうち相続税がかからない部分）のうち、定額の控除を5000万円から3000万円に、遺産を相続する人（法定相続人）1人あたりの控除額を1000万円から600万円に下げ、対象を増やすという案だ。

この件について、朝日新聞2012年6月21日付朝刊のオピニオンのページに次のような投書が掲載されていた。

> 民主、自民、公明の3党が消費増税法案の修正協議で合意した。私は、消費税の増税も若干はやむを得ないと思う。だが、情けないのは、この協議の中で富裕層の所得税や相続税の増税に自民党が待ったをかけた理由だ。富裕層は増税されれば海外に移住するだろうというのだ。もちろん、そういう人もいるだろう。だが、所得増税と言っても、最高税率を40％から45％へ上げる程度の話だ。それで国の税収に影響するほど、富裕層が一斉に海外へ脱出をはかるとは思えない。そもそも安倍晋三元首相が提唱した「美しい国」をはじめ、自民党議員の話によく出てくる郷土愛とか愛国心とはその程度のものなのか。富める者でありながら、少しくらい多く税金を払っても社会に貢献しようという発想が無いのだろうか。だとしたらそれは自民党議員に「住みづらくなったら日本から逃げだせばいい」という発想があるからではないか。
>
> 一方、日本を脱出するすべなど持たぬ私たち庶民は毎日の生活に四苦八苦しながらも消費増税に耐えるしかない。自民党の主張に同調した民主党や公明党も含めて、こんな幼稚なやり取りで重要政策を決めた議員や政党に将来を託さなければならないかと思うと、情けなくなる。

黒川氏の指摘は、原発事故の原因解明を待たず、政府が原発再稼動に踏み切ったことへの非難であった。だが、「国家の信頼へのメルトダウン」は、それより政権交代の根幹であった「コンクリートから人へ」の大義が、反

古にされたところにあったのではないか。

　増大する社会保障費を消費増税で処理し、原発事故の後始末は、東電賠償と除染の枠組みの中に封じ込める。原発事故で全国に散った約6万人に及ぶ福島の県外避難者に対する支援策は皆無だった。一つの政党に競争国家と福祉国家という違った国家観を持つ集団が共存するその矛盾が震災を機に露呈したといえるのかもしれない。

　だが、新旧二つの創造的復興には大きな違いもある。東日本大震災では復興庁の新設により政府主導の復興が進められている。かたや阪神・淡路大震災では地方分権型の復興が基調であった。貝原は、政府主導で一定の計画のもと粛々と進められていくプランテーション（大規模農園）型復興ではダメだ、柔構造の熱帯雨林型でいくべきだとして、復興庁の設置を断っている。もう一つ、旧の創造的復興は「安心・安全・平和」をキーワードに、「経済・軍事が中心だった20世紀文明からの転換」を掲げた。

　その結果、当然のことながら、被災者支援において大きな違いが生じる。貝原の提案した住宅災害共済制度と災害相互支援基金制度を2本柱にした「総合的国民安心システム」は、全労済・日本生協連・連合などの協力を得て2400万人の署名を集めるという大国民運動となり、小田ら市民＝議員立法運動とも相俟って、被災者生活再建支援法を成立させるにいたった。また、兵庫県は別途、年額5000円の掛け金を納めれば最大600万円の給付が受けられる「フェニックス住宅共済基金」を制度化し、国家的な制度へのバージョンアップをめざしている。合わせて特筆できるのは被災者の声を徹底して吸い上げた「被災者復興支援会議」の設置だろう。12分野から選抜した有識者12人と兵庫県庁の課長・課長補佐クラス12〜16人をペアにし、避難所などに出かけて行って生の声を聴く「移動いどばた会議」143回、個別相談など61回、調査・検討会282回、政府や自治体、住民への提言は計13回・約100項目にのぼり、活動日数は1350日にわたった。

4　新自由主義的復興論

　一方、東日本大震災。わが国の宰相は「日本経済の復興なくして東北の

復興はない」として、住民の声を聞く前にいち早く高台移転を掲げ、新成長戦略としての再生可能エネルギーの導入、漁港集約と水産業への企業参入を謳った。総理のもとに設けられた復興構想会議が東北の被災地を訪ねて歩くような風景はついぞ見られなかった。

あげく復興構想会議が出した復興7原則の第5は、「被災地域の復興なくして日本経済の再生はない。日本経済の再生なくして被災地域の真の復興はない。この認識に立ち、大震災からの復興と日本再生の同時進行を目指す」というものだった。

東北の復興を被災者の復興ではなく、日本中枢に貢献する「内国植民地としての復興」と位置づけているのではないか、との指摘が知識人から相次いだのも無理からぬ内容だった。

「ショック・ドクトリン」という言葉がある。「惨事便乗型資本主義＝大惨事につけ込んで実施される過激な市場原理主義」のことだという。カナダのジャーナリスト、ナオミ・クライン（Naomi Klein）が著した本のタイトルだ。岩波書店の出した同書の帯には「ショック・ドクトリンの源は、ケインズ主義に反対して徹底的な市場至上主義、規制撤廃、民営化を主張したアメリカの経済学者ミルトン・フリードマンであり、過激な荒療治の発想には、個人の精神を破壊して言いなりにさせる『ショック療法』＝アメリカCIAによる拷問手法が重なる」とある。

ナオミは2005年8月、ハリケーン・カトリーナがアメリカ南部を襲った直後、現地入りして、被災現場に新自由主義的復興論がとぐろを巻き始めていた状況を取材、次のように紹介している。

　　その日、避難施設の被災者の間で話題となっていたのは、ニューオーリンズ選出の有名な下院議員リチャード・ベーカーがロビイストたちに向けて語った言葉だった。「これでニューオーリンズの低所得者用公営住宅がきれいさっぱり一掃できた。われわれの力ではとうてい無理だった。これぞ神の御業だ」。ニューオーリンズ屈指の不動産開発業者ジョゼフ・カニザーロも、これとよく似た意見を述べていた。「私が思うに、今なら一から着手できる白紙状態にある。このまっさらな

状態は、またとないチャンスをもたらしてくれている」。その週からバトンルージュのルイジアナ州議会には、このビッグチャンスを逃すまいと企業ロビイストたちが群がり始めていた。彼らロビイストたちが州議会を通そうとしていたのが、減税、規制緩和、低賃金労働力、そして「より安全でコンパクトな都市」の構想だった。要するに公営住宅の再建計画を潰してマンションを建設しようという案だ。

ショック・ドクトリンに刺激されて、こんな近未来を想像してみた。

　漁業への企業参入という特区構想に押し切られ、新エネルギー基地を誘致し、高台移転を図った地域はどうなったか。漁業者から漁業権を奪い、がら空きになった沿岸部を東京の不動産業者が買い占めているとのうわさがある。企業が手に入れた漁業権はエネルギー基地が沿岸部に建設されることにでもなれば、ただちに転売されるのかもしれない。なにせ、海で生活している漁業者のように強く抵抗することはないのだから。
　漁業参入を果たした企業の雇用も最初こそ、地元の漁業者を優先していたが、今では空飛ぶ漁業者、つまり外国人労働者や被災地外から雇われた者たちが中心になりつつある。地元に根を張らない海の労働者にとって、沿岸部から遠く離れた高台のアパートで寝泊まりすることに、さして不都合はないようだ。1970年代、新産業都市の工場地帯に中山間地から吸い出された労働者たちがバスで毎日、運ばれて行ったように、海の労働者たちも毎日、通勤バスに揺られながら海に運ばれていく。
　一方、高台に移り住んだお年寄りたちは買い物難民となり、若者たちの多くは阪神・淡路大震災の時、郊外の復興住宅で起きた中抜け現象のように、通勤に不便な高台を嫌い、仕事を求めて都会へ出て行ってしまった。

東日本大震災から1年半。現実はもっと悪化しているようだ。高台の地

価の値上がりが始まっており、建築制限のかかった浸水域は値下がりを続け、進むも退くも極まった状態になりつつある。いずれは「行き場を失った被災者」と「資金のある非被災者」が入れ替わる事態すら考えられる。

5　二重螺旋構造の復興

　問題の根源は災害復興の定義や基本法がないところにある。これまで、為政者が分析する復興曲線は、縦軸に人口や事業所数、県民所得などを指標として描かれてきた。つまり、被災地や日本がよくなれば、その恩恵は被災者にも及ぶとの考え方だ。一方、人間復興論は、一人ひとりの復興が積み重なって被災地全体の復興が果たせるとの考えだ。財政学でいえば前者は「集団主義的方法論」、後者は「個人主義的方法論」といえるだろうか。

　競争国家と福祉国家は、相容れないにせよ、創造的復興論と人間復興論は、対立ではなく、相互補完を果たす方法はないのだろうか。

　この対立を解きほぐす立論を災害サイクル図から考えてみたい。

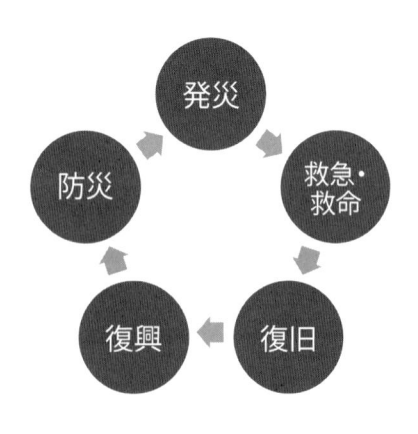

図1 災害サイクル図

　一般的に災害サイクル図は「発災」―「救急・救命」（急性期）―「復旧」―「復興」―「防災」―「発災」の円を描く。だが、果たして、この図だけで議論することが適当なのかどうか。市民サイドは、災害前の「あの日」に帰る「復旧」こそが大切だといい、地方行政府や研究者は、元通りにす

ることを原則とする原形復旧がいけない、前より良くするという復興の足かせになっていると指摘する。前者は一般的用語としての「復旧」であり、後者は法律用語としての「復旧」である。

　民間の復旧には、公的資金は一銭も出ない。民間は災害直後こそ、災害救助法で避難所や食事の提供、医療支援、簡単な住宅補修などの援助を受けられるが、あとはすべて自力再建である。民間人にとって、法的には災害サイクル図の「発災」—「救急・救命」—「復旧」—「復興」—「防災」のうち、「復旧」は存在しないのだ。しかも、被災者は「創造的復興」といったような大それた野心は持ち合わせていない。ただ、災害前の生活が取り戻せれば、それで十分なのだ。そこで、市民運動の「生活復旧」という主張になる。ただ、被災すれば、住まいを失っていたり、家族の死傷や行方不明という取り返しのつかない痛手を被っていたりする場合も多々ある。まったく、被災前と同じ状態に戻ることはない。そこを補うのが制度支援と民間支援なのだろう。

　ならば、「創造的復興」と「生活復旧」を二項対立的に捉えず、もう一つの災害サイクル図を描いてはみてはどうだろうかというのが新たな提案だ。

　福田は「創造的復興」でも「生活復旧」でもなく、「向上」という言葉を使っている。つまり、「復旧」—「復興」との間に切れ目はなく、なだらかに続いているのだ。たとえば、橋や堤防の復旧を考えてみよう。元通りの復旧にせよ、多少、強度や高さを変えた改良復旧にせよ、工事が完成すればそれで終わりである。復興につながる発展性はない。

　しかし、人々の生活や事業はそうではないだろう。工場の再開がフル操業ではないにせよ、まちづくりが仮設市街地に近いものであるにせよ、人々は明日の完全操業を、未来のまちづくりを夢見て頑張っていくはずだ。

　そこで「復旧」を「復興準備・向上」のステージと考えてはどうだろう。高台移転や復興まちづくりも、何やら頭ごなしに模範解答を用意され、それに自分たちの生活や財力をあてはめろといわれているようで落ち着かない。やはり、ここは「復興まちそだて」であるべきだ。試行錯誤しながら、自分たちの身の丈に合った、自分たちで考えた町に仕上げていくべきだろ

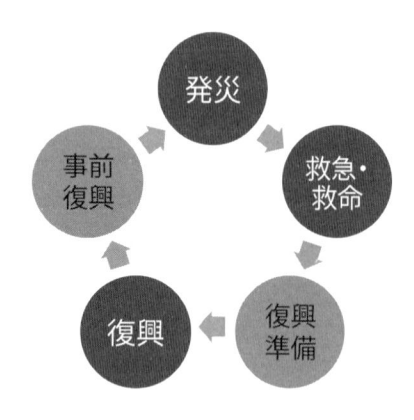

図2　改訂災害サイクル図

う。
　復興計画は、いきなり天から降ってくるものではなく、可塑的で、何度もつくり直せるものであるべきだ。つまり、統治的復興論と市民的復興論を複線にして、互いに補完し合いながら計画を見直していくローリングプランとすべきだろう。この視点が行政にも市民にも求められている。当然

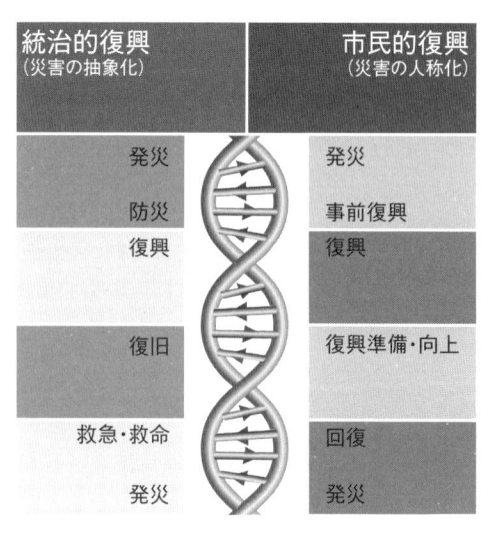

図3　災害復興の二重螺旋構造

のことながら政策・制度も二つの復興論に目配りをし、生業・生活支援にこそ公費を手厚く投入していく復興計画が求められる。

　加えて、市民的災害サイクル図では「防災」を「事前復興」に改めるべきだと考えている。震度7に耐える建物、高さ10メートルの津波を防ぐ堤防……。これらは「防災」ではなく、技術指針に過ぎない。これらを防災と考えたところに「想定外」が起きたのだ。しかも、防災は単体ではない。地域全体で考える必要ある。耐震化しようにもできない下町もある。火山災害の恐れがあっても移転できない温泉街もある。要は、あらかじめ地域の脆弱性を知り、災害発生後に「棄民」をつくらない準備をすることだ。

　こう考えていけば、「発災」―「回復」―「復興準備・向上」―「復興」―「事前復興」という市民サイドの災害サイクル図が完成することになる。この二つの災害サイクル図が二重螺旋構造のように互いに寄り添いながら災害復興を果たしていく。そこに新たな復興法体系を構築していくことこそ人間の復興を果たす要諦であろうと考えている。

6　復興の主体

　ただ、問題は為政者が市民的復興論の主体をどの階層と捉えるか、いかにして市民的復興の総意を把握する手法を確立するかだろう。貝原は地方分権を唱える自治体の首長として、当然のことながら一国の宰相より被災者との距離感は近かった。「被災者復興支援会議」の試みも市民的復興の総意把握とまではいえないにせよ、方法論としては復興の二重螺旋構造を交差させようとの意図がうかがえる。一方、民主党政権が設置した復興構想会議は、「日本経済の再生なくして被災地域の真の復興はない」として復興の対象を拡散させた。その結果が、被災地以外の国税庁舎の耐震改修費（財務省）、反捕鯨団体シー・シェパードへの対策費（農水省）、海外の青少年交流事業費（外務省）、東京の国立競技場の補修費用（文科省）、もんじゅを運営する原子力機構の核融合エネルギー研究費（文科省）、武器車両等整備費（防衛省），刑務所での職業訓練費（法務省）など、被災地の復興とかけ離れた便乗的な支出となって、復興予算に計上されることとなったのだろう。地域住民についても意見を聴取する対象に過ぎず、市民

を復興の主体と捉えていない。

　そもそも為政者の考え一つで復興の方向性や手法が左右されることにこそ問題があると考える。われわれは2009年に災害復興基本法試案を発表した。その第3条で、復興の主体を「被災者であり、被災者の自立とその基本的人権を保障するため、国及び地方公共団体はこれを支援し必要な施策を行う責務がある」と謳い、「被災者は，自らの尊厳と生活の再生によって自律的人格の回復を図るところに復興の基本があり、復興のあり方を自ら決定する権利を有する」として、災害復興における幸福追求権と自己決定権を明記した。復興へいたる手続きについては、第11条で「復興には、被災地の民意の反映と、少数者への配慮が必要であり、復興の手続きは、この調和を損なうことなく、簡素で透明性のあるものでなければならない」と定めた。

　このことを実現するために、国、地方自治体は、地域ごとの「事前復興計画策定」に助成する制度を設けるべきだろう。事前復興計画とは、災害が起きる前に、地域が抱える脆弱性を発見し、その脆弱性を克服するための制度設計や人的支援に向けての提言権を保障しようとの考え方だ。さらに災害が起きたあとの復興に向けての手順や意思決定方法についても定め、為政者が替わっても住民の自己決定権を担保する復興マグナ・カルタ（大憲章）となるべきものである。マグナ・カルタは1215年、イングランド王国においてジョン王により制定された憲章であり、イングランド国王の権限の制限をその内容とする。我が国の復興大憲章もまた為政者の権限そのものを縛るものでなければならないだろう。

災害復興基本法案　逐条解説

日本災害復興学会復興法制度研究会
関西学院大学災害復興制度研究所

　これまでの議論を踏まえて従前の災害復興憲章試案を改めた"災害復興基本法案"全17条は以下の通りである。

災害復興基本法 案

　我々は，幾多の自然災害に遭い，多大な犠牲を代償に数々の教訓を得てきたが，地球規模で大災害が続発する中，災害列島たる日本国土で暮らす我々に突き付けられた課題は尽きない。たとえ我々が防災・減災に力の限りを尽くしても現実の被害は避け難く，災害後の復興の取り組みこそが求められる。

　自然災害によって，かけがえのないものを失ったとき，我々の復興への道のりが始まる。我々は，成熟した現代社会が災害の前では極めて脆弱であることを強く認識し，コミュニティと福祉，情報の充実を図りながら，被災地に生きる人々と地域が再び息づき，日本国憲法が保障する基本的人権が尊重される協働の社会を新たにかたち創るため，復興の理念を明らかにするとともに，必要な諸制度を整備するため，この法律を制定する。

第1条　復興の目的
　復興の目的は，自然災害によって失ったものを再生するにとどまらず，人間の尊厳と生存基盤を確保し，被災地の社会機能を再生，活性化させるところにある。

第2条　復興の対象
　復興の対象は，公共の構造物等に限定されるものではなく，被災した人間はもとより，生活，文化，社会経済システム等，被災地域で喪失・損傷した有形無形の全てのものに及ぶ。

第3条　復興の主体
　復興の主体は，被災者であり，被災者の自立とその基本的人権を保障するため，国及び地方公共団体はこれを支援し必要な施策を行う責務がある。

第4条　被災者の決定権
　被災者は，自らの尊厳と生活の再生によって自律的人格の回復を図るところに復興の基本があり，復興のあり方を自ら決定する権利を有する。

第5条　地方の自治
　被災地の地方公共団体は，地方自治の本旨に従い，復興の公的施策について主たる責任を負い，その責務を果たすために必要な諸施策を市民と協働して策定するものとし，国は被災公共団体の自治を尊重し，これを支援・補完する責務を負う。

第6条　ボランティア等の自律性
　復興におけるボランティア及び民間団体による被災者支援活動は尊重されなければならない。行政は，ボランティア等の自律性を損なうことなくその活動に対する支援に努めなければならない。

第7条　コミュニティの重要性
　復興において，市民及び行政は，被災地における地域コミュニティの価値を再確認し，これを回復・再生・活性化するよう努めなければならない。

第8条　住まいの多様性の確保
　被災者には，生活と自立の基盤である住まいを自律的に選択する権利があり，これを保障するため，住まいの多様性が確保されなければならない。

第9条　医療，福祉等の充実
　医療及び福祉に関する施策は，その継続性を確保しつつ，災害時の施策制定及び適用等には被災状況に応じた特段の配慮をしなければならな

い。

第10条　経済産業活動の継続性と労働の確保
　特別な経済措置，産業対策及び労働機会の確保は，被災者の生活の基盤と地域再生に不可欠であることを考慮し，もっぱら復興に資することを目的にして策定，実行されなければならない。

第11条　復興の手続
　復興には，被災地の民意の反映と，少数者への配慮が必要であり，復興の手続きは，この調和を損なうことなく，簡素で透明性のあるものでなければならない。

第12条　復興の情報
　復興には，被災者及び被災地の自律的な意思決定の基礎となる情報が迅速かつ適切に提供されなければならない。

第13条　地域性等への配慮
　復興のあり方を策定するにあたっては，被災地の地理的条件，地域性，文化，習俗等の尊重を基本としつつ，社会状況等にも配慮しなければならない。

第14条　施策の一体性，連続性，多様性
　復興は，我が国の防災施策，減災施策，災害直後の応急措置，復旧措置と一体となって図られるべきであり，平時の社会・経済の再生・活性化の施策との連続性を考慮しなければならない。復興の具体的施策は目的・対象に応じて，速やかに行うべきものと段階的に行うべきものを混同することなく多様性が確保されなければならない。

第15条　環境の整備
　復興にあたっては，被災者と被災地の再生に寄与し防災・減災に効果的な社会環境の整備に努めなければならない。

第16条　復興の財源

> 復興に必要な費用は，復興の目的に資するものか否かを基軸とし，国及び地方公共団体は，常に必要な財源の確保に努めなければならない。
>
> 第17条　復興理念の共有と継承
> 　復興は，被災者と被災地に限定された課題ではなく，我が国の全ての市民と地域が共有すべき問題であることを強く認識し，復興の指標を充実させ，得られた教訓は我が国の復興文化として根付かせ，これらを教育に反映し，常に広く復興への思いを深め，意識を高めていかなければならない。

以下，逐条的に災害復興基本法案の内容とその趣旨を敷衍して述べる。

> （前文）
> 　我々は，幾多の自然災害に遭い，多大な犠牲を代償に数々の教訓を得てきたが，地球規模で大災害が続発する中，災害列島たる日本国土で暮らす我々に突き付けられた課題は尽きない。たとえ我々が防災・減災に力の限りを尽くしても現実の被害は避け難く，災害後の復興の取り組みこそが求められる。
> 　自然災害によって，かけがえのないものを失ったとき，我々の復興への道のりが始まる。我々は，成熟した現代社会が災害の前では極めて脆弱であることを強く認識し，コミュニティと福祉，情報の充実を図りながら，被災地に生きる人々と地域が再び息づき，日本国憲法が保障する基本的人権が尊重される協働の社会を新たにかたち創るため，復興の理念を明らかにするとともに，必要な諸制度を整備するため，この法律を制定する。

災害復興基本法案には前文を置いた。前文は，必ず置かなければならないものではないが，この基本法が復興の理念を高らかに謳いあげ，今後の災害復興の具体的な制度創設の旗印となることを願い，その思いを込めて置いたものである。

まず，前文を宣言する主語を「我々」とした。主語は，この基本法を宣言する者を指す。もし，復興の施策を実施する行政等が主体となるなら，国民，市民，被災者といった個々の存在は，客体として位置づけられることになる。しかし，復興の主体は，被災者であって，個々の国民，市民，人間である。したがって，

一人ひとりの人が自ら宣言するという意味を込め，主語を「我々」とした。なお，日本国憲法でも，主語には「日本国民は」と「われらは」があり，この基本法でも「被災者」や「市民」という言葉を使っている。ここで，前文の主語を「我々は」としたのは，多様性のある主体をイメージしているからである。この基本法は，現に災害に遭った被災者だけでなく，遭う危険のある全ての人を指し，また，自然人である個人のみならず，ボランティア団体，NPO団体，企業をも含めている。さらに，「我々」という抽象性を持たせた言葉の中には，被災地といった不可視のグループや，行政（国又は地方公共団体）をも意識しうる可能性を込めている。

この復興基本法案は，自然災害による復興を念頭に置いている。そのため，冒頭に「自然災害に遭った」ことを述べている。戦争等の人為災害による復興には，この理念をあてはめない。政府の愚行による戦争後の復興は，市民主体で進めるべき自然災害とは性質を異にするからである。

災害の評価について，被害の悲惨さや深刻さを強調したマイナス評価にとどめることなく，それらを克服することによって得られた経験や知恵を広く次につなげるプラス評価として捉えるところからスタートすべきと考えている。そこで，災害について「多大な犠牲」にとどまらず，それを代償に「数々の教訓を得てきた」と述べている。

現代の災害復興は，災害の大規模化，国際化を抜きに考えられない。災害復興支援は，まさにグローバル，ボーダーレスな視点が重要である。そこで，「地球規模」の連続災害を意識しつつ，日本の災害復興活動が世界をリードする役割を果たす立場にあることから「災害列島たる日本国土」の我々に課題が突き付けられているとした。そして，新たな災害が起きるたびに，新たな問題意識や課題が生じることを経験している。そこで，復興の課題は「課題は尽きない」とコメントしている。

復興は，災害による被害が生じたからこそ始まるのであるが，"被害とは何か"という問題がある。被害については，人的被害（死者数，負傷者数），住宅の被害戸数，経済被害総額など，様々な指標がある。被害を客観的に示し，被害規模の比較をするときには，このような被害指標が必要である。しかし，復興は，災害の大小によって優劣を決すべきものではない。むしろ，それぞれの災害には"顔"があり，その災害の個性によって復興のあり方が変わってくるのである。そうだとすると，被害は上記のような数値指標から脱却することが第一であり，その地域における特有の価値が災害によって喪失・損傷することにこそ被害の本質があると考えるのが相当である。ここでいう"地域における特有の価値"には，上記

の人的・物的・経済的な価値も当然含まれるし，文化，習俗，社会機能といった不可視のもの，人の尊厳，意欲，情熱，誇りといった精神，心の価値も含まれる。それを「かけがえのないもの」と表現し，これを喪失・損傷すなわち「失ったとき」に復興の道のりが始まるとした。

　復興の課題を検討している中，被害が大きくなる重要な要因として，ヴァルネラビリティすなわち脆弱性というキーワードが浮かび上がってきた。平時には何ら問題がないように思われても，ひとたび災害が起きると思いがけず大きな被害が生じる。成熟した現代社会が抱える内在的な病理が，災害によって現実化するという側面があることがわかり，脆さ（もろさ）を自覚して，諸施策の検討上，まず念頭に置くことが不可欠である。そこで，脆弱性について一言指摘をした。

　復興を進めるうえで，現代的な課題として不可欠のポイントを三つ挙げるとしたら，コミュニティ，福祉，情報である。かねて日本の地域共同体に当然のように存在したコミュニティが，現代では失われつつある。これを回復することが有為である。平時から存在する社会的弱者に加え，被災後には災害弱者が生まれる。彼ら彼女らを救済する福祉的な視点は欠かすことができない。さらに，情報の的確な流通と提供は，被災者の自律的判断の全ての基礎になる。これらの充実を図ることを前文で謳った。

　復興の定義については，様々な観点から，様々な表現で語られているところである。それ自体，的確に表現することは非常に困難な問題である。しかし，この基本法で，その点を避けて通るわけにはいかない。そこで，ここでは大きく柔らかく包み込むように普遍的に表現することとし，「被災地に生きる人々と地域が再び息づくこと」と表している。

　日本国憲法は，日本のあるべき姿を具体的に示し，基本的人権の尊重をはじめとする価値原理を列挙している。"地震は自然現象，災害は社会現象，復興は政治現象"といわれることがあるが（広原盛明「復興デザイン研究第4号」『持続的なまちづくり活動の一環として』），復興が政治現象であるとすれば，我が国における究極の政治課題は憲法の実現である。憲法は，個人の尊厳を最高に置く価値体系をとっているが，人間復興を指向する復興観からすると，憲法の中における人権規定の実現こそが望まれることになる。そこで日本国憲法の保障する基本的人権の尊重を図ることが必要であると指摘した。

　復興は，単に元の状態に戻すとか，そこに何かを付け加えるという意味ではない。時代は日々進化しており，二度と同じ状態というのはありえない。むしろ，災害を契機に，既存の課題，新たに現れた問題を乗り越え解決することにこそ復

興の核心がある。そこには，被災者同士の協働，市民と行政の協働，被災者とボランティアの協働，その他のあらゆる障壁をものともしない協働が中核となるはずであり，「協働の社会を新たにかたち創る」とした。

この災害復興基本法は，これまで議論されてきた様々な思いを理念に引き直して明文化することに一つの目的がある。そして，この理念を土台にして，具体的施策の根拠となる諸制度を策定していくことにもう一つの目的がある。この二つの目的を締め括りに明らかにして本法の宣言とした。

> 第1条　復興の目的
>   復興の目的は，自然災害によって失ったものを再生するにとどまらず，人間の尊厳と生存基盤を確保し，被災地の社会機能を再生，活性化させるところにある。

災害復興の目的を冒頭に掲げた。何のために制度があるべきか，あらゆる制度についてミッションを明確にしておくことが必要である。復興の定義も，目指す目標とするゴールを明確にするために議論されるべきものであり，それは目的を明らかにすることと等しい。

まず，復興の最大の目的は，災害によって失われ，あるいは傷ついたものを再生させることを基本とする。"被害とは何か"という問題について，前文では，「かけがえのないものを失った」ことが被害であると定義したところである。ここには，インフラ等を含んだ公私の構造物だけでなく，住宅，生活，経済，産業，文化，コミュニティ，絆，健康，こころなど，あらゆるものが含まれる。これをできる限り元の状態に回復させ，あるいは，災害によって浮き彫りになった社会的問題を克服しようとするベクトルこそが，復興の第一の目的となるべきである。

しかし，単なる「再生」という概念は，現状復旧的な思想と混同されやすい。再生すべき本質部分を明確な目的として挙げておく必要がある。それが，「人」と「地域」の再生である。

そこで，二つ目の目的として，「人間の尊厳と生存基盤の確保」を挙げている。これは，憲法の最高価値である個人の尊厳を念頭に置いていることはもちろんである。そして，現代の格差社会や貧困問題を引き合いに出すまでもなく，人間の最低限の生存基盤が失われているケースでは，人格的自律を保持することさえできないことが明らかである。災害によって，多くのものを失った被災者は，憲法25条で保障する生存権が脅かされる事態に追い詰められる。災害によって貧困

が生まれ，格差が広がることも事実である。災害直後の被災者の保護を目的とする災害救助法は，生存権保障のための制度であるが，さらに時が経過した復興場面では，生存権を保障する制度が極めて手薄であるという実情がある。したがって，生存権を実現すべく，生存基盤の確保をも復興の目的とした。

　三つ目の目的が「被災地の社会機能の再生，活性化」である。人間の尊厳が確保されるためには，単に個人の救済を行うだけでは足りない。これを支える被災地の再生，活性化が不可欠である。では，被災地の何を再生させるのかということであるが，これまでの復興場面では，インフラや公共構造物等の基盤の復旧にばかり目が向けられてきた。もちろん，これらの復旧は不可欠であるが，それだけでは足りない。あくまでも，そこに住む人々の営みに必要な機能の再生が求められているのであり，たとえば産業，経済，文化，伝統，習俗，宗教，コミュニティといった全てのものが生き生きと盛んな状態にする必要がある。これらの事項をまとめて「社会機能の再生，活性化」と表現した。

第2条　復興の対象
　復興の対象は，公共の構造物等に限定されるものではなく，被災した人間はもとより，生活，文化，社会経済システム等，被災地域で喪失・損傷した有形無形の全てのものに及ぶ。

　復興の目的とともに，復興の対象が何であるかを明確にしておくことが有益である。これは，復旧の対象が公共インフラに限定されてきたこと，国を中心とする災害対策基本法に基づく一連の災害施策が，原形復旧主義に偏って運用されてきたことに対する批判と反省を忘れないようにするためである。災害復興基本法が人間復興の理念に根ざしていることから，その人間そのものが復興の対象であり，具体的には，生活，文化，社会経済システムなど，あらゆるものが対象となることを謳っている。前文で，被害の内容を「かけがえのないものを失った」と表記したが，この被害の対象が，そのまま復興の対象となるのである。したがって，表現としては，いくつかの例示列挙をしたうえで「被災地域で喪失・損傷した有形無形の全てのもの」としている。

　このように表記すると，全てのものが含まれることになって言葉の上では広すぎて無意味化するのではないかとの懸念もありうるが，そうではなく，それぞれの災害ごとに復興すべき対象は様々かつ多様であって，それを法令等の条文によって一義的に括って制約すべきでないことを示しているのである。

> 第3条　復興の主体
>   復興の主体は，被災者であり，被災者の自立とその基本的人権を保障するため，国及び地方公共団体はこれを支援し必要な施策を行う責務がある。

　復興の主体すなわち主役が被災者であることを宣言したものである。これまでの災害復興の場面では，被災者は，客体として扱われてきたし，被災者自身が客体としての意識しか持っていなかった。結果的に復興がうまくいかなかったケースでは，被災者も行政も，被災者が主体であることを忘れている場合が少なくない。日本国憲法においても，主体は日本国民とされ，市民が主体となることは立憲民主主義の基本原理である（なお，被災者は国民に限られるものではない。被災地で生活する全ての市民を指し，外国人も含まれる。）。被災後の復興場面でも，被災者が主体となることは当然の基本原理となるはずである。そこで，この基本を押さえておく必要がある。復興の主体が被災者であることから，次条に定める被災者の決定権が導かれるのである。

　他方，行政である国および地方公共団体も，主体が被災者であることを確認した上で，復興の諸施策も，基本原理が被災者の再起の支援にあることを忘れてはならず，それを行政の本来的責務とした。

> 第4条　被災者の決定権
>   被災者は，自らの尊厳と生活の再生によって自律的人格の回復を図るところに復興の基本があり，復興のあり方を自ら決定する権利を有する。

　復興のあり方を決める権限，すなわち復興施策の正当性の源泉が，被災者自身にあることを明らかにしたものである。被災者が復興の主体であることは第3条で明らかにしているが，自ら決定権を持つことこそが復興の主体であることを裏づけることにもなる。

　被災者が目指すところは，憲法13条が規定する自律的人格（自己決定権を行使しうる権利主体となること）の回復であり，それを確保するために，自らの人間としての尊厳を回復し，生活そのものを回復することが求められる。これを，「自らの尊厳と生活の再生によって自律的人格の回復を図るところに復興の基本がある」と表現している。こうして，自律的人格を備えた被災者が，自ら復興の道を

決めることになる。

　なお，ここで誤解が生じるおそれがあるのは，文意を個人主義的なものと狭く捉えてしまうのではないかという点である。確かに，一人ひとりの被災者が，自分勝手に好きなように復興方針を決めるということでは，地域の復興はままならない。一定の単位（家族，集落，町村，自治体）で決めるべき事項もあるが，これについても被災者が自律的人格を行使して，第 11 条に定める民主的手続によって決めることになる。この手続の行使も自律的人格に基づく決定権の行使であることから，正当性が認められるのである。

　もっとも，被災者の決定権の行使も，被災者自身が主体的に行使して初めて活かされるものである。したがって，被災者には，これを行使する努力が期待される。いわゆる自助・公助・共助のうち，自助の精神とその実行が求められる場面である。公的施策は被災者の自立の基礎を手当てするところに本来的な役割があり，また，ボランティア等の役割は被災者の自立を支援するところに意義がある。被災者自身が自らの自律的人格を自覚しなければ，公的施策もボランティア活動も有機的につながり合うこともない。憲法では，基本的人権は「国民の不断の努力によって，これを保持しなければならない」と定めているが（憲法 12 条前段），それと同じように，復興の場面でも，被災者が自らの決定権の重要性を自覚し，これを行使していく努力が期待されるところである。

第 5 条　地方の自治
　被災地の地方公共団体は，地方自治の本旨に従い，復興の公的施策について主たる責任を負い，その責務を果たすために必要な諸施策を市民と協働して策定するものとし，国は被災公共団体の自治を尊重し，これを支援・補完する責務を負う。

　災害復興の場面にこそ，地方自治が活かされるべきである。地方自治の本旨は，住民自治と団体自治である。そのうち，住民自治の理念は，前条の被災者の自決権の行使（手続については第 11 条）によって実現されるべきものである。本条は，団体自治の理念を具体化するものと位置づけられる。

　まず，復興の公的施策について，主たる責任を負うのは被災地となった地方公共団体であるとしている。これは，いわゆる自助・公助・共助のうち公助そのものである。「主たる」責任としているのは，たとえ公的施策であっても，ひとり地方公共団体だけが施策の責任を負うのではなく，市民にも，その方針について

決定権の行使が求められ（第4条），施策の実施状況を監督する役割が期待されていることを意味している。

　第一次的な責任を地方公共団体が負うこととすることにより，地方と国の役割の主・従を明らかにしている。なお，地方公共団体が，基礎自治体を指すのか，都道府県を指すのかは，特に明らかにしていない。これは，災害規模にもよるだろうし，被災地を所轄する自治体の資質（知識経験，財政力，首長の資質等）にもよるだろうから，個々の災害毎に変わってくることを念頭に置いていることによる。

　また，諸施策の実施については，市民と協働して策定することを求めている。これも，最終的には被災者が主体であるという原理に由来するものである。

　国は，あくまで被災地である地方自治体の自治を尊重するべきであり，その役割・責務は，財政支援を中心とする支援活動であり，また，地方自治体の限界を補完するところにあることを，ここで明らかにしている。

> 第6条　ボランティア等の自律性
> 　復興におけるボランティア及び民間団体による被災者支援活動は尊重されなければならない。行政は，ボランティア等の自律性を損なうことなくその活動に対する支援に努めなければならない。

　ボランティアは，災害復興の場面において欠かすことのできない登場人物であるため，一条を割いてその存在について留意をすることとした。ボランティアの存在は，自助・公助・共助における共助の実践そのものである。したがって，ボランティア等が行う被災者に対する支援活動は尊重されなければならない。

　なお，ここでいうボランティア等は，個人，団体を問わずあらゆるボランティアとしている。民間団体も並列的に列挙しているが，ここには民間の企業がCSR（社会的責任）として災害復興支援活動をすることも念頭に置いている。以下，これらを総称して「ボランティア等」と呼ぶこととする。

　ボランティア等の復興における基本的役割は，被災者に対する給付・贈与ではなく，被災者の自立の支援である。第4条では，復興の基本は，被災者の尊厳と生活の再生による自律的人格の回復を図るところにあるとしている。したがって，ボランティア等の活動も，当然，被災者の自立を支えるところに本質がある。

　そして，ボランティア等は，被災者との協働，あるいは，行政との協働を図りながら，協働によって相互の関係は有機的につなげられていくことも期待される。

そのためには，ボランティア等の存在は，公の支配に属することなく，自らの意思と判断によって活動が行われなければならない。行政のコントロールによって動くのではなく，自律的に活動するところにこそ市民活動の存在意義があり，だからこそボランティア等が「新しい公」として位置づけられる。

したがって，行政は，ボランティアの自律性を損なうようなことをしてはならない。そのことを後段で注意的に述べている。他方，ボランティア等の活動が，災害復興の場面において欠かすことのできない重要性があることに鑑みて，行政の責務として，これを支援する必要があり，そのように努めなければならないとしている。

> 第7条　コミュニティの重要性
>   復興において，市民及び行政は，被災地における地域コミュニティの価値を再確認し，これを回復・再生・活性化するよう努めなければならない。

復興場面におけるコミュニティの存在は極めて重要である。災害復興基本法のなかでも，コミュニティの重要性は各所で指摘されているところであるが，本条では，あらためてコミュニティそのものの価値を再確認することを求めている。コミュニティは，被災者の自律的人格の再生や，被災地の再生・活性化に資する媒介として重要な役割を果たす。自助・公助・共助が活かされるためには，そのベースとしてコミュニティが不可欠であり，コミュニティが生きている社会には互助の精神と実践も期待できる。

そして，このような媒介的役割だけでなく，コミュニティそのものも価値あるものとして再生されるべきである。なぜなら，コミュニティそれ自体も，災害により崩壊することがあり，復興の対象となっているからである。そこで，被災者を含む市民，支援者，団体も，また，被災地自治体を含む行政一般も，コミュニティを回復，再生，活性化するように努めなければならないとした。

> 第8条　住まいの多様性の確保
>   被災者には，生活と自立の基盤である住まいを自律的に選択する権利があり，これを保障するため，住まいの多様性が確保されなければならない。

被災者の生活の基礎となるのが住まいである。住まいは，被災者の生存にとって不可欠な「医」「職」「住」の3本柱の一つに位置づけられる。

日本国憲法22条では基本的人権として居住の自由を保障し，25条では生存権を保障している。国際人権規約の社会権規約第11条でも，相当な生活水準についての権利として住居の権利を保障している。災害によって住まいを失った被災者には，住まいを求める権利があるというべきである。

もっとも，単に住居さえあれば足りるというものではない。過去，"避難所→仮設住宅→復興住宅"という単線型で，その余の選択肢のない住宅政策により，コミュニティ等が失われ自立性を喪失した高齢者等が孤独死にいたったという例が多数見られた。したがって，住まいの権利は，単なる住居の確保にとどまらず，もう一歩進化させた住まいの選択権として保障されるべきである。この住まいの選択権は，社会権として保障されるべきものであることから，被災者に対しては，選択するに足りる適切な質と場所を備えた多様な住まいの方策が提供されなければならない。この理念を示したのが本条である。

第9条　医療，福祉等の充実

医療及び福祉に関する施策は，その継続性を確保しつつ，災害時の施策制定及び適用等には被災状況に応じた特段の配慮をしなければならない。

医療や福祉に関する施策は，「医」「職」「住」の3本柱の一つに位置づけられる。災害時においては，とりわけ重要であり，現代福祉国家において，これらを欠いた地域再生は成り立ちえない。医療，福祉については，災害時に新たに措置を講じても遅きに失する。平時から被災時を想定して，また，被災後もその後の平時の状況を想定して，継続的・連続性のある対応ができるよう検討されなければならない。すなわち，平時と災害時の両方をカバーするような福祉的施策については継続性が確保されるべきであるし，平時と災害時の福祉的施策が異なる場合にはそれぞれの施策同士に連続性が確保されなければならない。いずれにしても，福祉的施策については，様々な分野で拡充が図られる必要がある。

医療や福祉に関する施策は，平時の制度を適用したり修正したりしながら対応することが想定される。この場合，継続性と連続性を確保するため，平時制度の適用・修正を積極的・肯定的に捉えるべき点もあるが，しかし，その適用が過度に硬直的だったり，形式的な公平性を強調して，救うべき事柄を見捨てることが

あったりしてはならない。そこで，災害状況に応じた特段の配慮を求めることを注意的に指摘している。

> 第10条　経済産業活動の継続性と労働の確保
>   特別な経済措置，産業対策及び労働機会の確保は，被災者の生活の基盤と地域再生に不可欠であることを考慮し，もっぱら復興に資することを目的にして策定，実行されなければならない。

　経済措置，産業（農工商業）対策，労働機会確保は，これまでの災害復興の施策の中で，最も遅れている分野であり，ほとんど手つかずといってよい。これは，平時の経済施策との公平性や連続性の堅持が強調されたり，私有財産に対する公費の投入が過度に消極的であったり，あるいは，経済産業の再生が地域社会の復興に大きく寄与することに対する無理解が大きく影を落としたりしたものと思われる。そこで，平時施策に過度にとらわれることなく，復興施策の策定・実行を求めている。

　なお，第9条や第14条でも指摘されているように，平時の取り組みとの連続性は保持されてしかるべきであり，むしろ，復興時と平時の施策が連続していくことが望ましい。これが逆に制約原理として働くことが問題なのである。

　経済措置，産業対策，労働機会確保は，「医」「職」「住」の3本柱の一つに位置づけられ，営生権（福田徳三『復興経済の原理及若干問題』）の基礎を支えるそのものといえる。本条は，これらが，復興の目的である被災者の生活基盤の再生のために不可欠であり，コミュニティ再生につながる重要な鍵となることを確認し，積極的に推進されるべきことを指摘している。そうだとすると，経済措置，産業対策，労働機会確保は，もっぱら復興に資することを目的に謳うことにより，大胆で積極的かつ柔軟に取り組めるようになるはずであり，そのように策定・実行されることを期待している。

> 第11条　復興の手続
>   復興には，被災地の民意の反映と，少数者へ配慮が必要であり，復興の手続きは，この調和を損なうことなく，簡素で透明性のあるものでなければならない。

　復興を進める手続は，民主主義的な手続が基本とされる。迅速性や合理性が要

求される復旧作業の場面と異なり，復興計画策定の場面では，民意の反映が求められる。

日本国憲法は立憲民主主義を前提としていることから，多数決によって少数者となった者に対する配慮も当然に求められることになる。そこで，復興の手続には，「被災地の民意の反映」と「少数者へ配慮」の調和が必要であるとした。

手続は，往々にして複雑で不透明になりがちである。また，不透明な手続には公正性や信頼性に疑義が生じやすい。そこで，被災者が容易に分かるような簡素で透明性のあるものにしていくべきことをも求めている。

第12条　復興の情報

　復興には，被災者及び被災地の自律的な意思決定の基礎となる情報が迅速かつ適切に提供されなければならない。

被災者が自決権を適切に行使するためには，自律的な意思決定が保障されるべきである。自律的な意思決定には，迅速かつ適切な情報提供が不可欠である。民主主義が正常に機能するために，表現の自由が不可欠とされているのと同様である。とりわけ，災害時には，情報の流通が阻害されたり，あるいは，誤情報が飛び交ったりすることがある。また，復興施策についても，被災者に正しく理解されるかたちで情報提供されていない。被災者間の情報交換が適切に行われずコミュニティに悪影響が及ぶこともある。

災害復興を進めるためには，国や地方公共団体において，過去の災害によって得られた経験と知恵を不断に蓄積していくとともに，これらを被災の態様に応じて的確に政策メニュー，制度メニューとして提供していくことが重要である。そして，これらが十分に保障されてこそ，被災者の自己決定権が生きてくることになる。メディアの役割も当然大きく期待される。

そこで，復興における情報の重要性をあらためて確認するとともに，迅速かつ適切に提供されることを求めたものである。

第13条　地域性等への配慮

　復興のあり方を策定するにあたっては，被災地の地理的条件，地域性，文化，習俗等の尊重を基本としつつ，社会状況等にも配慮しなければならない。

本条は，復興のあり方を策定するにあたって，重視すべき事項は様々あるが，これまでの復興事例の教訓を踏まえて特に留意すべき配慮事項を例示したものである。災害の特性は三つの条件によって決まるといわれている。すなわち，一つ目は災害の種類・規模（たとえば，地震か水害か噴火か，大規模被害か局地被害か），二つ目は時代社会背景（たとえば，高度成長期か経済衰退期か），三つ目は地域性（たとえば，都市か山間地か，過疎地，限界集落か等）である。したがって，復興のあり方においても，これらを座標軸に据えて考えるのが有益である。

このうち，最も重視すべきは，被災地の地理的条件，地域性であるが，この中には文化や習俗等も含まれるためこれらを尊重することを基本としている。そして，時代情勢や経済事情，災害内容等の背景も含めた社会状況等にも配慮すべきとしている。

> 第14条　施策の一体性，連続性，多様性
>   復興は，我が国の防災施策，減災施策，災害直後の応急措置，復旧措置と一体となって図られるべきであり，平時の社会・経済の再生・活性化の施策との連続性を考慮しなければならない。他方，復興の具体的施策は目的・対象に応じて，速やかに行うべきものと段階的に行うべきものを混同することなく多様性が確保されなければならない。

具体的な復興施策の策定にあたって，特に行政の行う諸施策において留意すべき事項を3点指摘したのが本条である。行政施策は，基本的に縦割りで振り分けられることになるが，これまでの復興事例でその弊害が顕在したところから，その反省から得られた教訓といえる。

まず，我が国では防災，減災，応急措置，復旧措置について一定の施策が確立され，進化している。ところが，復興施策については，これらと切り離され，結果として取り残されたり，あるいは，施策として機能しなかったりしたことが多かった。しかし，災害対応としては，防災・減災・応急・復旧・復興というサイクルはあらかじめプログラムしておくべきことであり，相互に有機的に連関し合うことによって，効果が上がることは自明の理である。そこで，これら災害施策が，一体性を持って取り扱われるべきことを指摘している。

次に，復興施策は，被災者，被災地の再生・活性化が目的であるが，このような施策は，平時の地域再生・活性化の取り組みと共通する部分が多い。むしろ，被災時に現れる問題は，平時からの引き続く問題が深刻化したものであることも

多い。たとえば，過疎地における災害は過疎化をより一層進行させ，衰退しつつある商店街における災害は衰退をより加速させる。福祉に関連した生活支援事業などは，平時と災害時とのあいだに，本質的な差異はない。そうだとすれば，被災からの再生の取り組みは，当然，それ以前，あるいは，その後の平時における再生の取り組みと連続すべきものであって，これらを切り分けることは無意味で有害である。したがって，平時の社会・経済の再生・活性化の施策との連続性を考慮すべきであることを指摘している。

さらに，復興の取り組みには様々なものがあり，被災者の生活の再生や住まいの確保など「医」・「職」・「住」に代表される速やかに実施すべき取り組みと，復興まちづくりのようにある程度の時間をかけて段階的に行うべき取り組みなど，復興テーマごとにタイムスケジュールのあり方が異なるものが混在している。たとえば，仮設市街地構想（一旦，速やかに仮設市街地を形成して，じっくり恒久的なまちづくりを検討するというまちづくり手法）のように段階的に行う事が予定されるものもある。これら様々な復興施策は，それぞれ個別的な目的が区々であって，混同されるべきではない。復興の取り組みには多様性が求められることを指摘している。

> 第15条　環境の整備
>   復興にあたっては，被災者と被災地の再生に寄与し防災・減災に効果的な社会環境の整備に努めなければならない。

復興場面において，自然環境，住環境，社会環境，それぞれの環境整備への配慮は不可欠である。全世界的に災害が発生していることに思いを致せば，復興施策を実行するときに，地球規模の防災・減災に効果的かどうかという視点が常に求められる。そこで，効果的な環境整備に努めるべきことを指摘したものである。

とりわけ，現代においては人為的に劣悪な環境が作出され，それが災害を深刻化させているケースも増加しつつある。社会環境の悪化は，復興にも大きく影を落とす。そのため，社会環境の整備は，復興の場面でも優先的課題として位置づけられるべきであり，これを実現するための努力が求められる。

> 第16条　復興の財源
>   復興に必要な費用は，復興の目的に資するものか否かを基軸とし，国及び地方公共団体は，常に必要な財源の確保に努めなければならない。

復興の財源については，これまで平時との公平性を過度に重視し，あるいは，平時の諸制度の枠組みにとらわれて硬直的に運用されてきた。また，個人の住宅再建のあり方をめぐっては私有財産への公費投入の是非ばかりが議論され，復興に資するかどうかという視点が忘れ去られてきた経緯があった。平時を想定した硬直的な議論は，被災地の現場から乖離したものとなりがちである。財政を検討する上で真に必要な視点は，復興の目的にかなうものかどうかである。たとえば，被災者生活再建支援法の立法目的にもある通り，個人の自立の基礎部分の再生のためには公的資金の投入が重要であり，被災者のために何が必要かという視点を肝に銘じる必要がある。そこで，復興に必要な費用は，平時との公平性に過度にとらわれることなく復興の目的に資するものか否かを基軸とするという方針を確認するため，あえて明定したのである。

　また，復興のための財源は，単年度の予備費に頼っているのが実情である。しかし，これでは大規模災害には対応できず，それがために復興施策については抑制的になりがちである。前文でも指摘されている通り，我が国は災害列島であり，いつどこで大規模災害に遭遇したとしても不思議ではなく，毎年のように自然災害による被災者が発生している。したがって，災害復興のための財源を恒常的に整備すべきである。災害対策基本法でも，被災者生活再建支援法でも，地方公共団体に対しては，基金の積み立てを要求している。これは，国においても同様である。たとえば，国における災害復興基金会計を創設するなど，新たな財源措置の検討をすべきことも視野に入れている。国と地方公共団体に「常に必要な財源の確保に努めよ」としているのは，基金や特別会計等の恒常的会計措置を講じることを期待したものである。

> 第17条　復興理念の共有と継承
> 　復興は，被災者と被災地に限定された課題ではなく，我が国の全ての市民と地域が共有すべき問題であることを強く認識し，復興の指標を充実させ，得られた教訓を我が国の復興文化として根付かせ，これらを教育に反映し，常に広く復興への思いを深め，意識を高めていかなければならない。

　復興の課題は，決して，災害を受けた被災者やその被災地だけの問題ではない。災害列島に暮らす我が国の全ての国民や地域が共有すべき課題である。しかし，そのことはあまり意識されておらず，災害復興の問題は局地的ローカルな問題と

して傍観されることが多い。実際の復興の課題は，復興基本法で明示されているように，極めて普遍的なテーマである。そのことを国民全体が強く認識すべきであることを指摘している。

　もちろん，行政は，市民一人ひとりが将来被災者となりうることを念頭に置き，各地域の抱える脆弱性を克服するため，平時から，被災後の地域と人々の生活をどのように回復・再建していくかの目標像を明らかにし，そのための手順を事前に検討するため復興事前計画の策定などに不断に努力しなければならない。市民，企業，団体においても事業継続計画の策定が図られなければならない。

　災害復興に取り組むごとに課題が生じ，新たな復興指標が検討される。この復興指標は次の災害にも有用であることからその充実が求められる。また，復興過程で得られた教訓は，極めて貴重な経験を土台とするもので，普遍性も認められることから，これを復興文化として根づかせる必要がある。

　復興文化に高まった教訓等は，次世代へ承継させるべきものであって，"災害は忘れた頃にやってくる"などということのないように，教育に反映させていくべきである。こうした継続的な取り組みを長く続けることによって，常に平時から広く復興への思いを強め，国民全体の意識を高めていくことを求めている。

第1部
韓国の日本研究者からみた東日本大震災と日本

論考 1

〈3.11 東日本大震災〉日本を強打する！

崔 官
高麗大学校日語日文学科教授

　2011年の日本は東日本大震災の衝撃のなかで過ごした1年であった。2011年3月11日午後2時46分、マグニチュード9.0という、日本観測史上最大の地震が東日本地域を強打した。世界的に見ても観測史上4番目の規模の巨大地震により、震源地から近い東北地方から東京、大阪地域にいたる日本列島全体が大きく揺さぶられた。そして地震に引き続き、恐るべき威力を持った津波が押し寄せ、東北地方の太平洋岸一帯を襲った。高さ10メートルを超える津波は港湾や沿岸地域を呑み込み、数多くの生命を奪い、壊滅的な被害を与えることとなった。数多くの家々が痕跡もなく失われ、海辺にあるはずの船舶がマッチ箱のように陸上に押し上げられ投げ飛ばされるなど、テレビで報道された生々しい衝撃的映像は津波の威力を全世界にまざまざと見せつけた。人間の想像を遥かに超える大自然の力の前に呆然とするほかなかったが、こうした未曾有の事態に直面した日本国民は、パニック状態に陥るというよりは、むしろ秩序を維持し、相手への思いやりでもって互いを励まし、困難を克服しようとする姿を見せ、全世界の人々に深い印象を残した。
　ところで、こうした地震と津波の恐怖に襲われたのみならず、今回は想像しがたい放射能流出事故までもが発生した。太平洋沿岸に建設された東京電力福島原子力発電所（以下、福島原発）で、地震の揺れにより送電塔が倒壊し、外部電力の供給が断絶され、そして非常用電源さえも津波によっ

て水没してしまい、冷却装置等が稼動しなかったことから、核燃料が溶解したのである。適切な収拾策が立てられる前に、原子炉を覆っていた建屋の水素爆発、冷却水流出などによって大量の放射能が外部に放出され、事態は食い止められないままに深刻な様相を見せていった。当初、日本政府は放射能流出事故の程度を表す8段階のレベルのうち、レベル4程度であるとしていたが、地震発生の1カ月後には1986年の旧ソ連・チェルノブイリ原発事故と同じ「深刻な事故」段階を示す、最高水準のレベル7への引き上げを発表するにいたった。これにより、福島原発の半径20キロメートル以内は住民たちの強制退去が行われ、自由通行が禁止される警戒区域に設定された。目に見えない大量の放射能流出は、日本社会は無論のこと、周辺国にまでも新たな恐怖をもたらした。広島原子爆弾の168倍、チェルノブイリ原発事故を遥かに凌駕する放射性物質が拡散し、水・海・土壌を汚染することが明らかとなり、人々の生活の基本である衣食住にまで被害を与えることとなった。たとえば、被害地域で水揚げされる魚介類はもちろん、福島から220キロメートルも離れた東京周辺において生産される茶葉・野菜・米・牛肉等から基準値以上のセシウムが検出され、食への恐怖が日本列島に襲いかかった。すでに日本のいたるところで測定された放射能数値は実生活の諸般に影響を与えている。

　以上のように、巨大地震と津波、それに引き続く福島原発事故による放射能への恐怖など、息つくまもなく引き起こされる複合災害を経験しており、日本社会はそれこそ驚愕のさなかに置かれている。マニュアル社会日本にマニュアルの想定範囲を超える未曾有の災難が押し寄せたことで、1995年に発生した阪神淡路大震災とは比べものにならない最悪の災難に襲われた1年であったといえる。

　ある歴史家によれば、日本で発生した最も重要な事件を世紀別に一つずつ選ぶならば、19世紀は1868年の明治維新、20世紀は1945年の敗戦、そして21世紀は2011年の東日本大震災になるということだが、それほどに東日本大震災は日本社会を根底から激しく揺さぶった一大事件であったのだ。2011年12月29日の日本政府の発表によれば、死者1万5944名、行方不明者3451名であり、被災者約8万名、漁船被害2万2000隻以上、

そのほか農耕地、港湾被害などを合わせ、被害総額は16兆円から25兆円に上ると推算されている。長きにわたって地震対策を行ってきた防災先進国・日本という点を考慮すれば、統計に表れた被害規模だけでもその被害程度がいかに莫大なものであるのかを理解することができる。加えて、統計に算定されない心理的・精神的被害といった側面を勘案すれば、その被害は天文学的ものとなるであろう。

　防災マニュアルの範囲を遥かに超えて押し寄せた津波が自然災害であるならば、放射能流出事故は福島原発事故に対する東京電力および日本政府の初期対応に問題のあった人災であると指摘されている。原子爆弾による唯一の被爆国として放射能問題に敏感な日本で発生した放射能の大量流出という事態は、原発に対する自省の動きに加え、さらに決して迅速ではなかった政府の対応に批判的な雰囲気を生み出した。そのようななか、菅直人内閣は、6月末には被災地復興のための政府の基本方針を法令として東日本大震災復興基本法を公布するなど、初期対応の不備を徐々に修正し、事態収拾、社会安定のために力を注ぎ、被災地復興のための支援策を準備しようとしていった。しかし、東日本大震災以後も与野党や党内抗争が激化し、国政運営はさらに困難な事態へと追い込まれ、菅直人首相への批判は勢いを増す一方であった。内閣支持率は10％台に低迷し、ムーディーズ社が日本の信用格付けを引き下げると、ついに菅直人総理は辞意を表明するにいたった。1年2カ月といった不名誉な短命で退陣を余儀なくされた菅直人のあとを受けて、2011年8月、民主党代表選で野田佳彦が代表に選出され、首相に任命された。野田総理は、所属グループ議員数は少ないものの、自衛隊員の息子に生まれ、名門政治家（世襲議員）とは異なる庶民的イメージを打ち出して人気を得、被災地復興財源のための増税や財政健全化を公約として当選したのであった。原発汚染水処理問題など、原発事態が完全に終結していない状態で、政治を担うこととなった野田政権は、成長を主とする経済の後ろ盾であるエネルギー政策に一大転換を図り、原発稼動停止、寿命を迎えた原発の廃止など、脱原発へと政策の方向を定めた。また、国家負債が1000兆円規模、GDP（国内総生産）の約20％に達する深刻な状況において財政健全化を図り、そして被災地復興のため

の消費税引き上げという苦肉の策を推し進め、現在の5％の消費税を2014年に8％、2015年には10％へと、2倍に引き上げる案を電撃的に確定した。しかし、こうした野田政権の消費税引き上げは、この間、格差社会の深刻化により中産層が減少し、ただでさえ長期不況に喘ぐ日本社会に不満と波紋を呼び起こすと予想される。

2009年、国民の圧倒的な支持を受けて民主党は、自民党長期政権を倒し、政権を掌握したが、容易に解決しがたい宿題も自民党政権から引き継いだ。小泉自民党政権の新自由主義経済政策によって惹起された格差社会問題、長期間続く円高（1ドル70円後半台）による輸出競争力の弱化、国家負債と財政健全化問題等々、世界金融危機という悪条件のなかで政権与党が解決せねばならない課題は少なくない。しかしながら、こうした課題を解決するための改革に着手し、総力を傾ける前に、政権与党内での派閥争いが増幅し、国政運営の未熟さが露呈することもあった。こうした折に日本社会の根幹を揺さぶる東日本大震災という大災害が発生したのである。国民らの期待に応えねばならない民主党は、政権掌握して3年もたたない間に総理が3名も入れ替わる状況に置かれることになった。今や日本社会は、近代科学文明の重視、成長を指標とした従来型の発展モデル自体を再考し、格差社会・円高現象・国家負債等に加え、被災地復興、脱原発と環境問題という新たな課題を抱え込むことになったのである。

2011年はヨーロッパ経済が債務危機に見舞われ、アメリカをはじめとする先進国経済も世界金融危機の余波のなかで困難を迎えていた。「ウォール街を占拠せよ（Occupy Wall Street）」というデモに見られるように、雇用創出は難しく、上位数％の人びとに富が集中する金融資本主義に対する憤りが拡散している状況である。すでに日本経済は中国に世界2位の経済大国の座を譲り、長期間継続するデフレ状態と円高現象により市場経済が萎縮している状況に置かれている。また、国際的には2010年の中国との領土紛争を経て、日増しに南シナ海まで影響力を行使しようとする中国という現実に対処する方策を模索している最中だった。東日本大震災以後、日本は復興するのか、衰退するのかという岐路において、野田政権は山積する外交安保・経済問題を解決する突破口として、菅直人内閣以来前向き

に検討してきたTPP（環太平洋戦略的経済連携協定）参加へと国政方向を定める。2011年11月、野田総理は「TPP交渉参加に向けて関連国との協議に入ることにした」という方針を内外に表明したが、これは国内の農漁民などの反対派に配慮した表現であると同時に、実質的にはアメリカが中心となっているTPPへの参加意思を公にしたものと見ることができる。大きく見れば、鳩山政権のアジア重視外交から、再度方向を旋回し、アメリカ重視へと舵を切ったものと解釈できよう。そして、国内的には被災地復興財源の確保および財政健全化のために政治と経済問題を解決していくと見られる。しかし、こうした方針を推進するにおいて、野党の反対以外にも与党民主党内の主要勢力である小沢一郎陣営が除かれていることは、今後の進路が決して平坦ではないことを予告している。すでに消費税引き上げに対し不満が募っている状況において、2012年には衆議院解散、総選挙、あるいは新たな政界再編へと、日本の政局が再度渦巻く可能性があることを指摘しておく。他方、遠くない将来において再度大規模地震が起こる可能性が報道されるなど、社会全般に危機意識が広がることにより、日本社会は集団主義的傾向へと回帰する姿を見せており、その過程で右翼らの声が強くなる憂慮もある。

　無論、野田政権が、この間に近隣諸国に人的・物的交流を拡大してきた中国・韓国などとの関係を疎かにすることはないだろうが、おそらくは右足はアメリカに置き、左足は中国・韓国等のアジア側に置くといったかたちで、政治や経済等の分野別に国益を追求しようとするだろうと推測される。韓国でも市民らによる災害義捐金募金運動が自発的かつ大規模に展開され、災害に見舞われた日本国民を助けようとする人類愛を見せたが、こうした動きは近代以後の両国関係では初めてのことであるといえる。大震災の影響により大学や語学塾において日本語受講者数が激減するかと思えば、他方で韓国の農水産物の対日輸出が増えるなど、分野別に明暗が分かれている状態が続いている。東日本大震災は、本質的には、災害を一国の問題ではなく、われわれすべての問題として認識する契機となっているといえよう。原発事故はエネルギー問題に対する根本的な再検討の必要性に加え、科学文明の限界を明確に示してくれたのだ。また、ほかの面から見

れば、「失われた10年」あるいは「失われた20年」という日本の長期不況の渦中に発生した巨大複合災害により、日本は今や過去のイメージとは異なり、頂点を過ぎた、漸次衰退していく国家というイメージを抱かれてもいる。しかし、日本は太陽が沈むように衰退していくのか、あるいはこの難局を克服してさらに富強な姿へと変貌するのかは、いまだ未知数である。韓国では、恐るべきスピードで発展してきた中国の浮上に比して、日本は衰退化の道に足を踏み入れたといったような、安易に断定しようとする傾向もなくはないが、日本は現在も韓国の5倍の国力を有する世界第3位の経済大国であり、当分の間、その位相には変化はないであろう。さらに、日本は敗戦の廃墟から立ち上がり、オイルショックを克服してさらに発展してきた経験を有している点も看過してはならない。勤勉な国民と安定した社会、卓越した技術力を基礎にした強大国であり、人類社会のために協力し、共同で努力しなければならない隣接国であることには変わりはない。いかなる社会にも長所と短所があるはずだ。日本社会が有する底力を発揮し、今後、いかにこの難局を打開していくのか見守る必要がある。

　この間、日本では少子高齢化社会が急速に進行し、人口が5年ぶりに減少したが、とりわけ2011年は、大震災によって死亡者数が出生数より20万4000名も多くなったという最大減少幅を見せた。このように東日本大震災の余波は、社会各分野に影響を与えている。毎年1年を振り返りながら選定される今年の流行語候補60個のうち、「帰宅難民」「計画停電」「メルトダウン」「内部被曝」「がんばれ日本」など、大震災に関連する言葉が過半数を占めたという。最終的に流行語大賞には、日本女子サッカーの愛称である「なでしこジャパン」が選定されたが、これは、なでしこジャパンがドイツで開催された第6回FIFA女子ワールドカップで予想外の善戦を繰り広げ、決勝戦ではPK戦による接戦の末に、アメリカを抑えて初めて優勝したからである。大震災と関連した暗いニュースが氾濫し、社会全体が沈滞していた7月に、当初、さほど期待されていなかった女子サッカーの優勝は、日本国民に大きな喜びと希望を抱かせた快挙であったのである。

　他方、日本漢字能力検定協会では毎年、公募により、1年を特徴づけ

る「今年の漢字」を選定しているが、自民党長期政権から民主党へと政権交代となった2009年度には〈新〉、百有余年ぶりの暑さを過ごした2010年度には〈暑〉、そして大震災が起こった2011年には〈絆〉が選ばれた。〈絆〉という漢字は3音節で、画数が11画であるため、3.11を象徴しているともいわれるが、実のところは、バラバラとなった個々人が孤立化する無縁社会が進展するなかで、不意打ちをくらったかのような大地震の惨禍を経験しつつ、最後に頼みとなるのは人間の情であり家族であるという点を今さらながらに悟ったためである。したがって家族の大切さを気づかせる〈絆〉が選ばれたのは大災害から得た教訓であるといえる。これにより、これまで個人主義的傾向を見せていた若者たちのなかに結婚を重視する人々が増加したともいう。

　また、韓国文化と関連していえば、テレビの編成表に韓国の番組が多いので「韓流（ドラマ放映）をやめろ」という韓流反対デモがフジテレビ社屋前で起こるほどに、地上波放送での韓国ドラマの放映は日常化された。韓流はよくあるブームのように、早晩鎮まるだろうという一部の予測とは異なり、ヨン様（ペ・ヨンジュン）などいわゆる「韓流四天王」に加え、彼らとは色合いの異なるイメージを持つグンちゃん（チャン・グンソク）をはじめとする何人もの韓流スターの登場で、多様な階層で人気を博している。また、KARA、少女時代のようなK-POP女性グループが目覚しい活躍をするなど、新しい展開も見せている。日本の年末を彩るNHK紅白歌合戦にKARA・東方神起・少女時代が大挙して出演するなど、K-POPの人気の高さは継続しており、また東京のリトル・コリアと呼ばれる新大久保の街角は日本国内の韓流タウンとして賑わっている。もはや韓流消費層は小学校から中高年にいたるまで幅広い層に広がっており、人気分野もドラマ・映画・音楽・飲食物など全領域に拡大して、韓国文化に対する日本国内の認識は根本的に変化していることを示している。

　他方、2011年末には北朝鮮の独裁者・金正日が死亡したと伝えられた。その後、金正日の三男である金正恩が統治権力を世襲したが、困難を抱える経済難のなかで、核を武器にした北朝鮮の外交戦略がどの程度通用するのかは未知数である。20歳代の金正恩が統治する北朝鮮が国内外の状況

に合わせて、どんな変化を見せるのかは予測し難く、北朝鮮の出方によっては、東アジア国際関係はいつなりとも急変する可能性が高いというのが実情である。現在の韓国は過去に比すれば飛躍的な発展を遂げたといえるが、不安定な北朝鮮、経済的緊密度に比して外交安保的には微妙な関係にある中国、そして大震災による一大転換期を迎えている日本と隣り合っている。特に日本とは歴史認識を異にする面があるものの、現実的に見れば東アジアの平和と繁栄のためのパートナーである。今後、日本社会が推進していくであろう災害復興や新エネルギー戦略、TPP交渉、日中韓FTA論議、高齢化社会対策等はわれわれと密接に関連している。日本は他山の石となる隣接国として、より深く理解せねばならないパートナーとして、依然としてわれわれの眼前に位置しているのである。さらに、日韓両国といった観点から進んで、アジアのなかでの日韓両国、世界のなかでの日韓両国という観点から、共同で行うべき作業が何なのかを真摯に考えていかねばならない時代を迎えている。今や韓国も過去とは異なり、自信を持って、転換期の日本を注視し、学び、共生しようという姿勢が必要なのである。

　『ジャパン・レビュー 2012』は東日本大震災をメインテーマに据え、政治・経済・社会・文化の専門家18名が執筆にかかわった。今後もさらに分野を拡張していきつつ、韓国での日本理解を深めていこうと考えている。読者諸賢の関心と激励を望んでやまない。

　　三角山の麓にて

※注　「ジャパン・レビュー」は、高麗大学校日本研究センターが、過去1年間の日本の政治、経済、社会、文化等の各分野の動向や争点を総合的に把握するために、年1回、刊行している出版物。「ジャパン・レビュー 2012」は、東日本大震災の特集号として『3.11　東日本大震災と日本』と題して出版された。本書に翻訳収録した原本を指している。

論考2

3.11から考える歴史としての「東日本大震災」

宋 浣 範
高麗大学校日本研究センター HK 教授

1 概観

　筆者は、2011年3月に出版された『ジャパン・レビュー 2011』歴史編[1]のまとめを、「2012年は朝鮮半島をめぐって大きな変化が予想される大転換の年である。韓国や米国、そしてロシアで大統領選挙が行われ、中国では習近平が権力を確実に掌握することになるだろう。また、北朝鮮では金日成の誕生百周年を迎え、金正日は以前からこの年になれば経済的に繁栄し、軍事的にも大国になると約束していた。したがって 2011年は、翌年に生じるであろう朝鮮半島周辺のさまざまな変数が日韓関係にいかに作用するかに注目すべき深謀遠慮の年だ」と締めくくった。

　この原稿を書き上げてから間もなく、2011年3月11日金曜日午後2時46分、東北地方の沖合いでマグニチュード9の大地震が発生した。今回の地震は日本の観測史上最大の地震であり、世界的に見ても観測史上第4位に位置づけられる非常に大規模な地震だ。この地震による死者・行方不明者合わせて約2万もの人々が犠牲になり、全・半壊した建物は約40万戸、道路の破損が約3500箇所、崩壊した橋梁・堤防はもはや数え切れない数に上る。[2]さらに漁船約2万2000隻、漁港約300箇所、農地約2万3600ヘクタールなどが被害を受け、その被害総額は16兆円から25兆円にも上るという。[3]

もともと日本列島では人体に感じる震度1以上の有感地震が年間1000-1500回程度発生し、平均すると1日に3-5回程度になる。また、大地震とみなされるマグニチュード7以上の地震が年に1回程度発生する地震大国であり、世界の活火山の約7％が存在する火山大国でもある。言い換えれば日本のいつ、どこで地震や火山の噴火が起きてもおかしくないのだ。

　さて、日本国内では今回の3.11大震災を「東日本大震災」または「東北地方太平洋沖地震」と呼ぶなど、名称に若干の混乱があったが、2011年4月1日の閣僚会議で「東日本大震災」を公式名称とすることに決定したと政府発表を行った。今回の大震災によって発生した津波も日本国内の地方新聞を中心に「平成三陸大津波」という名称が使われることもあった。

　このように今回の地震とそれに伴う災害にさまざまな名称が使われるのは、今回の災害が地震に伴う2次災害、つまり、原子力発電所事故などをも含む複合的な意味を持つからであろう。韓国では「震災」という言葉は日本ほど頻繁には使われないが、韓国の国語辞典には「地震による災い」と定義されていることから「震災」は韓国でも通用する言葉だといえる。そこで本稿では2011年3月11日に起きた地震とそれによる2次災害を日本政府の公式名称である「東日本大震災」に統一して使用することにする。

　今回、災難の悲劇に見舞われた中心的な地域、すなわち東北地方の岩手・宮城・福島県は日本の歴史のなかでは、辺境、立ち遅れ、未開発といったイメージがある。戦国時代に遡れば東北の盟主でありつつも豊臣秀吉に屈服した伊達政宗の本拠地であるという点、さらには明治維新の際、幕府権力を打倒しようとする新政府の軍隊に最後まで反抗し抜いた旧幕府の少年決死隊、会津（現在の福島県）藩の白虎隊が象徴するように、抵抗というイメージが強い場所でもある。

　こうした辺境と立ち遅れ、そして抵抗のイメージを合わせ持つ東北地方は、日本の他地域と同様に過去にも多くの地震が発生した地域である。特に近年、約1100年前に起こった「貞観大地震」がよく「東日本大震災」と比較される。そこで、次章ではこの間の動向と今後の展望を示すため、今回大きく浮き彫りとなった地震と原発問題という複合災害に関する記述と、それによって触発された震災研究の現状について述べることにする。

さらにこの間、引き合いに出される、約1100年前の「東日本大震災」である「貞観年間（859-877年）の大地震」を一瞥したうえで「東日本大震災」の歴史性に着目する。そして第3章で2012年歴史編の展望について記述することにしたい。

2　争点に関わる分析

(1) 東日本大震災と日本

　2012年に入っても日本の地震速報は相変わらず連日のように放送されているが、そのなかで昨年3月11日以降の約1カ月間に発生した地震（余震）と規模（マグニチュード）、最大震度（震度5弱以上）を見ると（表1）の通りとなる。ここからほぼすべての地震がM5からM7程度の強震であったことが見てとれよう。発生地域も静岡・長野・新潟を除いてはすべて東北・北関東地方に集中していることも理解される。

表1　2011年3月11日から4月12日の地震と震度

宮城	3月11日	14時46分	M9.0	震度7
福島/茨城	3月11日	14時51分	M6.8	震度5弱
福島	3月11日	14時54分	M6.1	震度5弱
宮城	3月11日	14時58分	M6.6	震度5弱
岩手	3月11日	15時06分	M6.5	震度5弱
静岡	3月11日	15時08分	M4.6	震度5弱
青森/岩手	3月11日	15時08分	M7.4	震度5弱
福島	3月11日	15時12分	M6.7	震度5弱
茨城	3月11日	15時15分	M7.6	震度6強
宮城	3月11日	16時28分	M6.6	震度5強
福島	3月11日	17時40分	M6.0	震度5強
岩手	3月11日	20時36分	M6.7	震度5弱
長野/新潟	3月12日	3時59分	M6.7	震度6強
長野	3月12日	4時31分	M5.9	震度6弱
長野	3月12日	5時42分	M5.3	震度6弱
福島	3月12日	22時15分	M6.2	震度5弱

長野	3月12日	23時34分	M3.7	震度5弱
宮城	3月13日	8時24分	M6.2	震度5弱
茨城	3月14日	10時02分	M6.2	震度5弱
静岡	3月15日	22時31分	M6.4	震度6強
茨城	3月16日	12時52分	M6.1	震度5弱
茨城	3月19日	18時56分	M6.1	震度5強
福島	3月23日	7時12分	M6.0	震度5強
福島	3月23日	7時34分	M5.5	震度5強
福島/茨城	3月23日	7時36分	M5.8	震度5弱
福島	3月23日	18時55分	M4.7	震度5強
茨城	3月24日	8時56分	M4.8	震度5弱
宮城	3月24日	17時20分	M6.2	震度5弱
宮城	3月28日	7時23分	M6.5	震度5弱
岩手	3月31日	16時15分	M5.0	震度5弱
秋田	4月1日	19時49分	M5.0	震度5強
茨城	4月2日	16時55分	M5.0	震度5弱
宮城	4月7日	23時32分	M7.2	震度6強
宮城	4月9日	18時42分	M5.4	震度5弱
福島/茨城	4月11日	17時16分	M7.0	震度6弱
福島	4月11日	17時26分	M5.4	震度5弱
福島	4月11日	20時42分	M5.9	震度5弱
長野	4月12日	7時26分	M5.6	震度5弱
千葉	4月12日	8時08分	M6.4	震度5弱
福島	4月12日	14時07分	M6.4	震度6弱

出所：気象庁「震度データベース」をもとに作成。

　それでは、このような大規模地震で引き起こされる被害はどのようなものであろうか。実感がわかない人も多いかも知れないが、地震の揺れの程度を示す震度を参考にすると、震度5であれば、多くの人々が身の安全に不安を感じ、一部の人は自由な行動に支障を強く感じる。そして書棚の本や食器棚の食器が落ちて破損し、重い家具でも転倒してしまう。耐震性の低い木造住宅はもちろん、コンクリート製のビルも壁や柱に亀裂が入り、ガスや水道などのライフラインが断絶することもある。震度7は大きな地

割れ、山崩れなど、地形の変化が発生するほどの強い揺れであるため、住民や家屋への被害は凄まじいものになるといえよう[10]。

すなわち、以上のような強い余震が「3.11」以降の約1カ月間以上も引き続き発生したことは、東北地域の住民はもちろん、日本列島全体に恐るべき恐怖と衝撃を与えたことはいうまでもない。一例として年末に選定される「2011年度日本流行語候補」60個のうち、何と37個が東日本大震災と関連するものであったことが挙げられる[11]。さらに2011年12月23日の天皇誕生日に発表された感想文[12]では「3月の東日本大震災だけでなく、豪雨による被害が7月には新潟と福島で、9月には和歌山と奈良で発生して多くの被害を受けた」とあり、「この一年を振り返ると、災難から始まって災難で終わった」と述べられている。

しかし、今回の東日本大震災の深刻さは、大地震とこれに伴う超大型の津波という天災だけでは終わらないということにある。言い換えれば、東日本大震災は地震と原発の問題が混合した複合的な災難であるということだ。そのうえ原発の問題は徐々に人災であることが明らかになりつつある。

毎日新聞[13]によると、すでに2007年から経済産業省傘下の原子力安全基盤機構（JNES）[14]が、福島原発の状況を悪化させる津波の危険を詳細に分析した報告書を出し、東京電力に警告していたことがわかった。また、2010年12月に公開された2009年度報告書によると、JNESは2007年から福島第一原発の原子炉方式と津波の規模による影響を分析し、非常用ディーゼル発電機と冷却用海水ポンプが津波によって損傷すれば、電源喪失に伴う原子炉の炉心溶融、いわゆるメルトダウンが発生する可能性があると指摘していた。

繰り返される政府の警告にもかかわらず、東京電力は最大5.7メートルの津波のみを想定するという態度を変えなかった。こうした東電の姿勢により、今回、津波による原子炉の冷却パイプの損失が引き起こされ、第1号機の核燃料が4時間で損傷しはじめ、16時間ですべての核燃料が溶けてしまう炉心溶融が進行した。こうしたことから、東京電力は原子炉の非常冷却システムが壊れた際にどのくらいのスピードで炉心溶融が進行したかも全くわかっていなかったこと、たとえわかっていたとしてもその事実

を隠蔽してきたとの疑惑を避けられなくなった。そして、さらに驚くべきことは、第1号機だけでなく、第2号機、第3号機においても同様の事態が進行していたことが次々に明らかになっている。

原発の手抜き管理と日本政府の甘い対応[15]は、日本の一般市民が見せた驚くべき犠牲精神と思いやりに比し、世界の人々の公憤を受けるに十分なものだった。特に東日本大震災発生初期に、原子炉冷却に対する技術的な支援を提供するというアメリカとフランスの提案を、日本政府と東京電力が断ったのは決定的な誤りであったと指摘されている[16]。

さて、日本では現在、地震と津波に関する歴史研究が盛んに行われている[17]。これは、東日本大震災が、戦後日本の誇る「安全大国」神話を一夜にして無にした想定外の大震災であったことによる。そこには歴史上の大震災の事例を収集・分析し、今後も起こるであろう、想定を超える大災害に備えようとする意図がある。その全貌を示すのは紙幅の関係上難しいため、ここで代表的な最近の研究成果を略述することにする。

まず、関連研究者としてはジャーナリストである渡辺実(㈱まちづくり計画研究所代表取締兼所長、NPO法人日本災害情報サポート・ネットワーク理事長)[18]、歴史家としては保立道久(東京大学史料編纂所教授、日本中世史、「地震火山神話論」などの講演を奈良女子大学大学院で2011年10月23日に行うなど、「歴史環境学」を主張している)、平川新(日本近世政治経済史専攻、東北大学東北アジア研究センター日本・朝鮮半島研究分野教授、同大学院環境科学研究科東北アジア地域社会論担当)、矢田俊文(新潟大学人文学部教授、中近世の大地震を東北地方の古文書を根拠に「災害と史料」という視点から検討)、北原糸子(日本近世史専攻、「災害情報論」「災害社会史」において先駆的な業績を持つ)、奥村弘(神戸大学教授、河川や大気、海などの流体の流れのシミュレーションを通じて津波と河川氾濫などに対する防災予測問題を研究)などがいる。

整理された研究成果としては、歴史学研究会『歴史学研究』緊急特集号「東日本大震災・原発事故と歴史学」が参考になる[19]。その他、関谷直也による「風評被害」(口コミや噂による意図されない経済的な被害)を扱った成果も見られる[20]。また、「歴史資料と災害像」をテーマとして、歴史災害から

何を学ぶべきかについての議論や展示も行われた[21]。

これまでの災害研究は、近代科学の手法による分析が可能になる以前の災害を「歴史災害」と呼んできた。そのうち、特に地震と津波、噴火などの突発的な災害は人間の一生において発生することはさほど多くはない。したがって、災害体験の伝聞・伝承が直接次世代に伝えられることはあまり多くないため、その重要性と深刻性が十分伝わらない傾向がある。こうした問題を克服するために、理学的かつ工学的な歴史災害研究のみならず、災害を克服し、回復を望む人間や社会に関する研究蓄積のための人文社会科学的研究の必要性が提起されている。

(2) 1100年前の「東日本大震災」――貞観年間の大地震

今回の東日本大震災は、平安時代の貞観11年（869）に現在の東北地方に該当する陸奥国を揺るがした地震以来、「千年に一度」起こる巨大地震だったといわれる。この地震が発生した9世紀半ばから後半は関東地方や西日本でも大地震が起こっており、また富士山も噴火するなど大災害が相次いで起こった時期であった。こうした一連の事態の中心に位置づけられるのが869年の貞観大地震である。そのため、ここでは以下の9世紀半ばから後半にかけて発生した一連の地震を総括して「貞観年間（859-877）の大地震」と呼ぶことにする。

では、これらの災害によって当時の社会はいかに変化したのだろうか。考古学や文献史学、そして地震学などの研究成果から、貞観大地震が発生した9世紀半ばから後半にかけての動向を検証し、そこから読み取りうる東日本大震災へのメッセージについて考えることにしたい。

貞観11年（869）5月26日夜、大地震が発生した[22]。

「夜中にもかかわらず発光現象により白昼のように明るかった。家々が倒れ、地面が割れ、人々が生き埋めにされ被害者が続出した。馬と牛は泣き叫びながら踏みにじられ、徘徊していた。陸奥国の国府である多賀城の城郭と倉庫、門、番小屋、壁はすべて崩れ落ち、もはや被害を想定することもできなかった。海は雷のように呻いて踊り狂い、海は巻き起こりながら膨張し、その結果生じた巨大な波は一瞬にして城を呑み込んだ。海は数

表2　9世紀半ば〜後半の日本列島で発生した大地震

①850年	出羽(山形)地震	最上川を逆流した津波が国府に押し寄せる。
②863年	越中・越後[富士・新潟]地震	圧死者多数、小さな島がなくなる。
③864〜866年	富士山の噴火	溶岩類によって青木ヶ原樹海が生成される。
④864年	阿蘇山(熊本)噴火	3年後に再度噴火。
⑤868年	播磨(兵庫)地震	ほとんどの官庁と寺などが倒れる。
⑥869年	貞観(宮城)大地震	
⑦871年	鳥海山(秋田・山形)噴火	
⑧874年	開聞岳(鹿児島)噴火	
⑨878年	関東地方の地震	相模と武蔵で大きな被害、平安京も揺れる。
⑩880年	出雲(島根)地震	神社と仏閣が崩壊。
⑪881年	平安京(京都)地震	翌年まで余震継続発生。
⑫887年	西日本地震	平安京以外の各地域で大きな被害、大阪湾で津波、南海・東南海の連動地震の可能性が出る。
⑬888年	八ヶ岳(長野・山梨)噴火	

十、数百里に渡っていて、どこから地面でどこから海なのか、その境がさっぱり分からなくなった。今は道も平野もすべて海の中にある。海に逃げることもできず、高い山に登って避難することもできず、溺死した人は千に上る。人々皆の財産はもちろん、来年植える種さえ拾えず、一文無しでもう手元には何も残っていなかった」と当時の記録にはこう記されている。

当時の地震の舞台と見られる多賀城市の市川橋遺跡では濁流によって道路が破壊された跡が発見されている。「夜にもかかわらず発光現象により白昼のように明るい」というのは、地震に伴う地鳴りや地下水・温泉水・海水の水位変動、水質の変化、動物の異常行動や天体・気象現象の異常、通信機器や電磁波の異常など大規模な有感地震の前兆現象として知覚される広範囲な現象の一種と見られる。また、この史料は巨大な津波の痕跡をも物語っている。[23]

869年の地震はまるで今回の被害そっくりだ。1000名を超えたという溺

死者の数は正確な数値ではないが、当時の推定総人口は500万人であり、それを現在の人口から換算すると約2万名の人的被害が発生したと想定できる。貞観大地震が起きてから約3カ月後の9月には陸奥国に地震師が派遣され、清和天皇は翌年災害地の税金免除と死体埋葬などの対応策を発表した[24]。そして同年12月14日、清和天皇は伊勢神宮に使者を遣わし、供物と文章を奉じるが、その文章には相次いで発生する大地震を含む天災などについて神に報告し、国家の安寧を願う言葉が記されている。

　しかし、貞観大地震は序章に過ぎなかった。その後、震源が関東や西日本に移り、日本列島は引き続き揺れ続けた。これらの地震は律令国家の崩壊をもたらすことになる。720年に『日本書紀』が編纂されて以来、国家の核心事業として編纂を続けてきた古代国家の正史編纂は六つめの『日本三代実録』が最後になった。そこに編まれている最後の年は古代国家の都であった平安京が大地震に襲われた887年である[25]。

　「貞観年間（859-877年）の大地震」は実に凄まじいものだった。古代日本が艱難辛苦の末に築き上げた律令体制によって成立した古代律令国家が、国家としての面子にかかわる事業である正史編纂の最中に、継続的な大地震とそれによる大災害が起きていたとの指摘は、従来の研究領域にはなかなか見られない。東日本大震災以後の日本政治、日本社会の行方を考えるにあたっても、この点は注意深く考える必要があると思われる。

　そのためには「貞観年間（859-877年）の大地震」について今一度詳細に検討する必要があるだろう。まず、（表2）の⑥にある869年「貞観（宮城）大地震」の規模はM8.3を上回るものであり、それに伴って大規模な津波が押し寄せたという指摘がある。従来、文献研究者のあいだでは言及がなかったが、東北地方の開発に伴う地盤調査と日本海溝の地震学研究の進展を背景に、貞観大地震に関する地震学的な研究が行われていることが注目される。

　初期のものには吉田東伍[26]と今村明恒[27]の研究があり、彼らはいわゆる東北地方の地震研究の先駆者であるといえよう。1990年代に入ると、869年の大地震の規模は宮城県から茨城県の沖合いに長さ230キロ、幅50キロの断層モデルが仮定され、M8.5と推定されるようになった。仙台平野で

は、津波が仙台湾の海岸線から3キロも侵入していたということは、すでに1990年に東北電力が女川原子力発電所の建設のための調査として発表した成果である。2000年代にはボーリング調査などによって、仙台平野の津波の痕跡についての研究が大幅に進歩した。仙台平野沿岸部では、貞観大地震に関する歴史記述が示している通り、1000年おきに津波が内陸の奥まで押し寄せた跡が認められる。また、東北大学大学院工学研究科附属災害制御研究センターの研究により、過去3000年間に仙台平野では3回の津波が発生したことが堆積物の連帯調査により立証され、その間隔は800年から1100年ほどだと推測されている。2007年10月の津波の堆積物調査によれば、岩手県から福島県、あるいは茨城県の沖合いにまで及ぶ震源領域が、M8.6の連動型巨大地震を引き起こした可能性も指摘されている。

さらに、こうした貞観大地震に引き続き、関東地震と火山の噴火が起き、仁和3年（877）7月には平安京でも大地震が起きた。都だけでなく、五畿七道すべてが大きく揺れたと『日本三代実録』は記録している。時の天皇、光孝天皇は御所から避難し、屋外の庭園を居住空間にすることになった。倉庫や家屋が倒壊して数多くの人々が圧死し、官吏の中にはショック死した人もいた。また、各地で津波が発生し、とりわけ大阪北部の海岸が最大の被災地となった。『日本三代実録』は、余震が続き、いまだ事態も収拾されていない1カ月後に光孝天皇が急逝した記事で終わっている。次の正史である『新国史』の編纂も試みられるが、完成前に国家による国史編纂事業は終止符を打つことになる。

かつて「仁和地震」は南海地震であり、「五畿七道」という表現は誇張であると思われてきたが、史料地震学の専門家である石橋克彦・神戸大学名誉教授は、1999年に「東南海・東海地震も連動した巨大地震であった」との説を発表した。[28]『日本紀略』などには、「仁和地震」の翌年5月に長野県の6郡が土砂と洪水によって荒廃したという記事が載る。近年、樹木の年輪年代測定などによって、仁和地震で山が崩れて自然のダムのようなものができ、その翌年の洪水によってこれが決壊した可能性が高いことが判明している。「仁和地震」が全国各地を襲った巨大地震であったことはほ

ぽ証明されている。南海・東南海・東海にわたる一連の地震は、約500年の間隔で発生しており、もっとも新しいものとしては1944年と1946年に東南海地震と南海地震がそれぞれ発生している。[29]

(3) '東日本大震災' の歴史性

上記で確認した事実は、「東日本大震災」を2011年3月現在に限定して理解できるものではなく、その歴史性を視野に入れなければならないことを示している。今や、近代以降の物理学・理工学的な立場からの技術的アプローチに依存する方法では、前近代に発生した歴史地震から得られるはずの教訓を十分得ることができないとの認識が広まりつつある。

そこで、次に「歴史地震」[30]の意味とその実態について見てみよう。まず、日本では1885年に地震計など観測網の整備が開始されたため、「歴史地震」とは一般的に1884年以前に発生したものを指す。「歴史地震」の調査研究は、将来起きると想定される地震の予測など防災上不可欠であり、プレート間の巨大地震の発生周期などを論じる地震学の一つの分野である。この点から見て、ある特定地域の地震災害の正確な評価を行うために、地震によって解放されたエネルギーを測る必要があるが、計器観測が始まって以来の地震だけではデータの蓄積は不十分である。そこで古地震学の力を借りる必要が生じてくることになる。また、歴史研究の一部である考古学の一種として「地震考古学」の分野も開拓されているが、「歴史地震」研究は古文書の調査から始められる。古文書は国家の歴史を記録した正史から個人の日記まで多種多様であり、誤記や誤読、そして誇張や伝聞、あるいは政治的判断から歪曲された記録などを含めて、信頼性に疑問があるものも多いため、可能な限り多様な史料を収集し検証する作業が要求される。[31]

また、近代以降の地震の観測方法とは違いがあるために、そのギャップを埋めるための努力も惜しんではならない。具体的にいえば、地震や噴火など大震災の記録とはいっても地震の発生時刻、日付、震度分布、震央と震源地の領域などの確定において課題は少なくない。そのうえ、記録が残されていないとしても地震や津波がなかったとは断言できない。たとえば、北海道の先住民が記録を残していないからといって200年間も災害が

なかったとはいえない[32]。

　一方、「東日本大震災」と関連して活断層（Active Fault）の研究も進んでいる。「活断層」とは地震が過去に繰り返し発生しており、今後も地震が発生する可能性が高いと認定される断層のことをいうが、この活断層の活動頻度が高いか否かよって震源地に対する分析と評価が異なってくるということから、地震の予知に役立つと考えられている。

　ところで、この活断層に関して衝撃的な報告がある。現在の日本で、活断層の真上に建っている学校は225校あり、活断層から約200メートル内外に位置する学校はおよそ1005校、そのうち50メートル内外に位置する学校が571校にも及ぶというのだ。しかし、より問題なのは、活断層の上に位置した構造物はいくら頑強に耐震補強をしても損壊しやすいことが、1999年の台湾地震で明らかになっているという点である[33]。

　さて、先に記した歴史地震の分野を含め、近代地震学では発見できない地震の実例についていくつか言及することにしよう。まず、今回の東日本大震災に匹敵するような規模の地震が、過去3500年の間に7度も発生していたとの報告がある。北海道大学特任教授の平川一臣（自然地理学専攻）の調査結果によれば、北海道から三陸沖太平洋地域にわたって過去3500年の間に7回以上の大地震と津波が、沿岸を繰り返し襲ったことが明らかになったと共同通信が報じた[34]。また、北海道根室市での調査において、今回の大地震の被害が最も大きかった宮城県気仙沼市の約400箇所で確認された地震と津波によって生じた堆積物の年代比較により、このたびの東日本大震災を除いた7回の大地震の発生時期が沿岸全域で大部分一致しているという。平川教授は千島海溝と日本海溝に震源地域が4箇所あったと推定し、7回の大地震のうち特に2400年前と3500年前の2度の大地震は、複数の震源が同時に活動した可能性があると分析している。

　次に、具体的な時期を特定できる東日本地域に発生した地震の例を挙げてみよう。東日本大震災によって津波の被害を受けた仙台平野は、約2000年前の弥生時代に襲った津波の浸水と同レベルである可能性が、東北学院大の松本秀明（地形学専攻）教授などの地質調査で明らかになった。松本教授は、今回の津波が海岸線から約4キロの内陸にまで到達した仙台

市若林区で、津波が到達した距離と津波によって運搬された砂と泥の関係を調査した。海岸線から約3キロまでは砂であったが、それ以降は粒子の細かい泥が堆積しているという。この調査結果と、数年前に仙台市教育委員会とともに調査した約2000年前に津波が襲った田地の跡とのデータを比較すると、海岸線で約2.5キロの内陸まで砂が到達した約2000年前の津波は、約3.3〜4.1キロの内陸まで達していたとの結論が出た。[35]仙台平野は869年の貞観津波でも同規模の浸水が起きていることから、大規模津波が繰り返し起きていることは事実だと見てよいだろう。

また、「貞観年間の大地震」からうかがえるもう一つの事柄として、地震と津波によって海岸が沈降することを挙げておく。それとともに、沈んだ地盤が再び隆起するまでは数十年かかることが、産業技術総合研究所の調査によって明らかになった。産業技術総合研究所の沢井祐紀主任研究員は、福島県南相馬市の海岸から1.8キロの内陸に位置する田地の地下に堆積する砂に混じった珪藻が、淡水で生息するのか、それとも海水で生息するのかを調査し、貞観津波の発生後に長期間海水に浸かっていたことを明らかにした。こうした事実から地盤が沈降していたことが想定できる。[36]

古代以降の中近世の東北地方の地震の証拠は、やはり質量ともに豊富な古文書から見ることができる。古文書史料から歴史地震をうかがうという研究には豊富な蓄積がある。たとえば、近代日本最初の直下型地震といわれる1891年の濃尾地震以降に設立された研究機関「震災予防調査会」は『大日本地震史料』を整理し刊行した。その後、寺田寅彦の指導を受けた武者金吉がデータを補足して『増訂大日本地震史料』3冊を上梓している。当時、どの地域でどの程度の間隔で大地震が発生したのか、地震が発生しやすい季節や時刻があるのかを調べるためには、史料調査と整理が必要だったのである。

現在も続いている古文書研究として、東京大学地震研究所元教授の宇佐美龍夫が、1970年代から歴史研究者に古文書の読解の教示を受け、地震と津波の記録を探し求めた調査がある。文書の埃を払う布と筆記道具、そしてカメラを持参して全国各地の図書館や民家を訪ねて史料を収集・整理した。当初、文部省からの研究費で作業を開始したが、同氏によれば「予

算不足で収集史料の印刷に時間がかかりすぎて困っているといったら日本電気協会が援助してくれた」という。[37]この頃の電力会社は、原発設置許可申請のために過去に起きた地震について調べるための資料を必要としていた。この作業は『新収日本地震史料』として結実し、補遺・拾遺含めて全27冊に上る。解読した史料から地震と被害を集めて整理した『日本被害地震総覧』は改訂を続け、政府の地震調査研究推進本部が発表する将来の地震予測の基礎資料として使われている。

歴史地震研究会の武村雅之会長は、「根気の要る作業だが、調べるほど過去の地震の姿が見えてくる。昔はここまで津波が来た。どうやって逃げるかを考える時に是非必要な資料となる。こうした成果を防災に活かしたい」と述べている。

3　展望

以上のように、2011年3月11日に起きた東日本大震災を中心的なテーマとして、歴史としての「東日本大地震」、特に「貞観年間の大地震」について論じてきた。そして、以上のことから東日本大震災のような巨大地震と津波による大規模な被害は、歴史上、一定の間隔で繰り返し起こっていることが理解された。こうした歴史地震の存在は、日本の願い、すなわち全国的でなく東北に限定され、そして反復的な災難ではなく、単発的な災難で終わってほしいとの切実な願望を嘲笑うかのようである。

換言すれば、歴史のなかに東日本大震災を探っていくことからあらためて理解されたことは、東北に限定した大災害だけでなく、日本列島のどこでも「東日本大震災」のような大規模な震災の端緒が隠れているという事実だ。そして、これまでも使われていた「減災」という言葉が、「3.11」以降、より多く使われるようになったように思われる。これは安全神話の象徴として自信に満ち溢れていた「防災」という言葉に比べて、自然への無力感を告白しているといえるかもしれない。

こうした告白は、今回の大震災が福島原発の問題と結合した、かつてなかった「複合災害」であったことから、その無力感も倍加されている。「3.11」の大災難は、日本政府と日本社会の構造的システムについての問題を露

呈したといえる。[38] まず、発足初期から官僚社会を「改革対象」とみなしてきた民主党政府の甘い組織掌握力と、首相の弱いリーダーシップが問題になった。首相が福島原発爆発の報告を受けたのが、事故発生から 1 時間も経過したあとであったという事実は、掌握力の弱さを露にした象徴的な出来事であった。二つめに、マニュアルに執着する硬直した官僚文化が被害状況を悪化させたことが挙げられる。[39]「3.11」以降、日本の主要な港では世界各国からの救命隊や救援物資が殺到したが、これらを被災地に迅速に配備・運搬できなかったことは、一旦決まったこと以外には自由に動けない集団意識がその根底にあったからだろう。最後に、運命に順応する日本国民の諦念的な国民性と、それに基づく迷惑文化（人に迷惑をかけるな）が持っている二重性の問題も指摘できよう。[40] 日本人は幼い頃から他人に迷惑をかけてはならないという教育を受けながら育っている。しかし、それはあくまで周囲の状況に耐えられる状況下の場合に限られる。政府の対応や指示を無条件的に信頼して従うよりは、積極的に問題を提起して解決策を見出すことこそが、退行的な結果をもたらさない道なのではないか。

　他方、「3.11」は新たな「日本再生」のための議論にも拍車をかけた。日本の代表的なジャーナリストである船橋洋一・元朝日新聞主筆は、大地震に見舞われた現在の日本は再誕生（Rebirth）と墜落（Free fall）の岐路に立っていると述べ、ダイナミックなリーダーシップが危機を克服できる鍵になると指摘している。そして、日本列島は分水嶺を迎えているとし、日本をリセットすべきこの時点に、日本の政治リーダーシップがこの危機を乗り越えられるかが問題だと述べている。[41] また、「日本再生」のための方法としては、グローバル人材を育成し、鍛錬し、チャンスを与えるために、TPP（環太平洋戦略的経済連携協定）を梃子に改革と開放を推進しなければならないともいう。そして、日本企業の再建に必須となるグローバル競争力を向上させるために、TPP を通じて人材および知識の自由化を推進すべきであり、その最大の有用性は頭脳と知識、ネットワークの自由化にあり、それらは 21 世紀型のパワーの源泉だと主張する。[42]

　しかし、「3.11」は日本に国内の膨大な物質的被害を与えただけでなく、これまで積み上げてきた海外での信用も下落させた。それは大災害の収拾

過程における日本的システムの影、すなわち日本的システムの素顔があまりにも美しくなかったからだ。そのうえ、現在進行中である原発処理問題は事態収拾の目途がいまだに立っていない。こうした苦悩する日本列島の隣国・韓国をめぐる国内外政治地形図はそう単純ではない。

　2012年は世界的に「有権者」の年だ。まず、韓国では国会議員総選挙が4月に、大統領選挙が12月に行われる。海外に目を転じれば、世界193カ国のうち59カ国で直接・間接選挙が行われる。特に、国連安保理常任理事国5カ国のうち、アメリカ大統領選挙が11月に、そしてロシアとフランスでそれぞれ3月と4月に選挙が行われる予定となっている。また、中国でも10月頃に第18次中国共産党全国代表大会（18全大）が開かれ最高指導部が選出される。金正日死後の北朝鮮は、金正恩体制の存続可否に対する挑戦と応戦が続くだろう。要するに、朝鮮半島内外をめぐる指導部交替が、韓国の航行に順風となるか、それとも逆風になるかをしっかりと見守る必要があるといえる。最後に、静観が可能か否かは「3.11」のような天変地異が起こらない時に限っての話であることは当然のことである。

［注］

1　宋浣範「『日韓強制併合百周年』から新たな百年に」『ジャパンレビュー2011』図書出版ムン、2011年を参照。
2　日本警視庁ホームページ（http://www.npa.go.jp/archive/keibi/biki/index.htm）「警察庁緊急災害警備本部」資料（2011年11月11日現在）を参照。
3　ウィキペディア日本語版「東日本大震災」「東日本大震災と阪神・淡路大震災の被害の比較」の項を参照（検索日:2011年11月11日）。
4　日本地震学会ホームページ、平成22年度「防災白書」（オンライン版）を参照。
5　「東日本大震災」──朝日新聞、時事通信社、天気予報ニュース、共同通信社、共同通信加盟社（産経新聞、東京新聞、中日新聞、毎日新聞（3月12日午後〜）、日本経済新聞（3月19日朝刊〜）、フジテレビ、TBS、テレビ朝

日、日本テレビ(3月25日〜)、テレビ東京、TOKYO FM、BS11デジタル)。「東北関東大震災」——NHK、日本赤十字社、中央共同募金会。「東北・関東大震災」——茨城県北茨城市が一時的に使用。「3.11大震災」——河北新報(東日本大震災と併用、3月14日〜)。「東北沖大震災」——毎日新聞が地震当日から3月14日まで使用。「東北・関東大震災」——共同通信社、毎日新聞、東京新聞、中日新聞など加盟社が地震当日の3月11日(翌朝配達された朝刊とウェブに公開された記事を含めて)に使用。「宮城・茨城沖大震災」——日本テレビのNEWS24が地震当日から3月12日まで使用。「東日本大震災」——日本テレビが地震当日から3月24日まで使用。TOKYO FM、BS11デジタルも使用。「東日本巨大大震災」——読売新聞。

6 読売新聞、2011年4月1日。
7 小林清治『伊達政宗』吉川弘文館、1985年を参照。
8 星亮一『会津戦争全史』講談社、2005年、43-44頁を参照。
9 宋浣範「民の対蹠点に立つ『王権』の表象——『天皇』と『征夷大将軍』」『日本思想』20号、2011年を参照。
10 「地震・防災、あなたとあなたの家族を守るために」http://www5d.biglobe.ne.jp/~kabataf/mokuji.htmを参照(検索日:2012年1月29日)。
11 メルトダウン、内部被曝、シーベルト、ホットスポット、計画停電、エダる、フクシマ50、帰宅難民、津波てんでんこ、がんばろう日本、安全神話、一定のメド、瓦礫、災後、再生可能エネルギー、3.11、自粛、除染、想定外、脱原発、風評被害、復興、平成の開国、放射線量など。
12 朝日新聞、2011年12月23日。
13 毎日新聞、2011年5月15日。プレシアン、2011年5月16日。ファイナンシャル・ニュース世界、2011年5月16日。
14 原子力安全基盤機構(JENS)は2003年10月1日に発足した原子力安全・保安院と連携して原子力の安全確保について専門的かつ基盤的業務をする機関であり、原子力施設に関する検査など安全性に関する評価と防災対策、そして安全確保に関するあらゆる業務を担当している。
15 船橋洋一「ガバナンス危機の解剖」竹中平蔵・船橋洋一編『日本大災害の教訓』東洋経済新聞社、2011年、289-331頁を参照。
16 宋浣範「「3.11」以後の日本、そして東アジア」『東北アジア歴史問題』50号、2011年を参照。
17 参考資料集には、文部科学省震災予防評議会『増訂大日本地震史料』第1巻、文部科学省震災予防評議会、1941年(復刻版、鳴鳳社、1975年)。東京大学地震研究所編『新収日本地震史料』第1(1981年)、2巻(1982年)、補遺(1989年)、続補遺(1993年)。宇佐美龍夫編『日本の歴史地震史料』拾遺(1998年)、同別巻(1999年)、同拾遺二(2002年)、同拾遺三(2005年)、同拾遺四ノ上

（2008年）などがある。その他、静岡大学防災総合センター古代中世地震史料研究会によって公開されている「古代・中世地震・噴火史料データベース」http://sakuya.edshizuoka.ac.jp/erice/ も有用である。

18　渡辺実『大地震にそなえる自分と大切な人を守る方法』中経出版、2011。同『都市住民のための防災読本』新潮新書、2011年等。
19　歴史学研究会『歴史学研究』884号（緊急特集：東日本大震災・原発事故と歴史学）、2011年10月。
20　関谷直也『風評被害──そのメカニズムを考える』光文社新書、2011年、同「環境・防災情報論」ホームページ http://www.disaster.info.jp/ を参照のこと。
21　国立歴史民俗博物館『展示通信──歴史・人間・災害』共同研究「歴史資料と災害像」事務局COE研究員寺田匡宏担当。ホームページ http://www.rekihaku.ac.jp を参照せよ。
22　『日本三代実録』貞観11年（869）5月26日条参照。
23　多賀城市埋蔵文化財調査センター「市川橋遺跡現地説明会資料」2000年。多賀城市史編纂委員会『多賀城市史1原始・古代』1997年参照。
24　『日本三代実録』貞観11年9月7日条参照。
25　「貞観地震－国家崩壊の序章」読売新聞、2011年5月18日朝刊。
26　吉田東伍「貞観十一年陸奥府城の震動洪溢」『歴史地理』第8巻第12号、1906年参照。
27　今村明恒『鯰のざれごと』三省堂、1941年。今村明恒「三陸沿岸のに於ける過去の津浪に就て」『東京帝国大学地震研究所地震研究所彙報別冊』第1号、1934年、1-16頁参照。
28　石橋克彦『原発震災警鐘の軌跡』、七つ森書館、2012年。
29　読売新聞、2011年6月29日。
30　近代的な観測機器がなかった時代に、古文書や災害記念日などの記録に残っている過去の地震をいう。一方、記録に残っていない遺跡発掘や調査などで判明した有史以前の地震は先史地震という。また、これら地震を含めて近代的観測開始以前の地震は古地震とも呼ばれている。
31　ウィキペディア日本語版「歴史地震」の項を参照（検索日：2012年1月30日）。
32　島村英紀『ポケット図解 最新 地震がよ〜くわかる本』秀和システム、2005年。同『巨大地震はなぜ起きる これだけは知っておこう』花伝社、2011年を参照。
33　朝日新聞、2011年12月19日。
34　共同通信、2012年1月26日。（韓）ヘラルド経済、2012年1月26日参照。
35　朝日新聞、2011年5月18日。
36　朝日新聞、2011年5月20日。朝日新聞、2011年8月22日。

37　朝日新聞、2012年1月18日。
38　(韓)毎日経済、2011年4月18日。
39　(韓)連合ニュース、2011年3月23日。
40　'迷惑'の根本は他人の目、思い、うわさ、評判、世論、外見、他人の意見であり、主に自分が他人にどう見られるのかに関心がある。そのため、'迷惑文化'といえば肯定と否定の二重的な意味の中で否定の意味が強いともいえる。
41　(韓)中央日報、SUNDAY、2011年3月20日。
42　(韓)中央日報、2011年12月5日、'日本再生か、衰亡か'参照。

［参考文献］

〈韓国語資料〉
宋浣範(2011)「「日韓強制併合百周年」から新たな百年に」『ジャパンレビュー2011』図書出版ムン
宋浣範(2011)「民の対蹠点に立つ「王権」の表象──「天皇」と「征夷大将軍」」『日本思想』20号
宋浣範(2011)「「3.11」以後の日本、そして東アジア」『東北アジア歴史問題』50号
(韓)毎日経済
プレシアン(http://www.pressian.com/)
ファイナンシャル・ニュース(http://www.fnnews.com/)
(韓)連合通信
(韓)中央日報

〈日本語資料〉
日本警視庁ホームページ(http://www.npa.go.jp/archive/keibi/biki/index.htm)
ウィキペディア日本語版「東日本大震災」「貞観地震」「歴史地震」
日本地震学会ホームページ
読売新聞
小林清治(1985)『伊達政宗』吉川弘文館
星亮一(2005)『会津戦争全史』講談社
地震・防災,あなたとあなたの家族を守るために

(http://www5d.biglobe.ne.jp/~kabataf/mokuji.htm)
竹中平蔵・船橋洋一編(2011)『日本大災害の教訓』東洋経済新聞社
朝日新聞
毎日新聞
『日本三代実録』
静岡大学防災総合センター 古代中世地震史料研究会
(http://sakuya.ed.shizuoka.ac.jp/erice/)
歴史学研究会(2011)『歴史学研究』884号
国立歴史民俗博物館『展示通信――歴史・人間・災害』(http://www.rekihaku.ac.jp)
多賀城市埋蔵文化財調査センター(2000)「市川橋遺跡現地説明会資料」
多賀城市史編纂委員会(1997)『多賀城市史1 原始・古代』

論考3

東日本大震災と日本経済
円高と財政問題を中心として

金 奎 坂
対外経済政策研究院日本チーム研究委員

1 概観

(1) 東日本大震災と日本経済

2011年の日本経済は、2008年のグローバル金融危機の衝撃から逃れられないなか、東日本大震災とタイ洪水、そして円高とヨーロッパの財政危機などの様々な苦境に見舞われた。とりわけ、世界経済がヨーロッパの財政危機に翻弄されるなか、東日本大震災と福島原発事故は、日本政府に災害からの復興と国家再建という至上課題を与えたといえよう。

東日本大震災は日本の東北地域に当たる岩手、宮城、福島、茨城など四つの県に集中し、これら地域の建物はもとより、生活基盤の施設やインフラ施設、そして農林水産関連の施設にも甚だしい被害をもたらした。日本内閣府が震災発生の3カ月後に推計した経済的損失額は、16.9兆円（最小16兆円、最大25兆円）にも達するが、この損失額は1995年1月に発生した阪神・淡路大震災の経済的損失額、9.6兆円の約2倍に相当するものである。

東日本大震災が日本経済に与えた影響については、供給サイドと需要サイドに分けて考えることができる。日本経済は、長期的には民間企業の設備投資や政府の公共投資等の復興需要の拡大によって本格的な成長軌道に乗ることができるものの、短期的には地震と津波、しかも福島原発事故に伴う電力不足の問題で製造業を中心とした産業全般にまたがる生産減少を

表1 東日本大震災における被害額の推計(2011年6月24日)

項目	被害額 東日本大震災[1]	被害額 阪神・淡路大震災[2]
建築物等 (住宅・宅地、店舗・事務所、工場、機械等)	約10兆4千億円	約6兆3千億円
ライフライン施設 (水道、ガス、電気、通信・放送施設)	約1兆3千億円	約6千億円
社会基盤施設 (河川、道路、港湾、下水道、空港等)	約2兆2千億円	約2兆2千億円
農林水産関係 (農地・農業用施設、林野、水産関係施設等)	約1兆9千億円	約5千億円
その他 (文教施設、保健医療・福祉関係施設、廃棄物処理施設、その他公共施設等)	約1兆1千億円	
総計	約16兆9千億円	約9兆6千億円

注:1)内閣府の推計値、2)国土庁の推計値。
出所:内閣府(2011a)をもとに作成。

余儀なくされ、また、需要サイドから見ても原発事故による消費および投資心理の萎縮や輸出減少の問題が表面化すると予想された。

以上のような短期的景気予測は(表2)に示された主要マクロ経済指標から確認できるが、日本の2011年実質GDPの成長率は−0.4%と予測されている。東日本大震災の発生以前に、日本の民間経済研究所が2011年実質GDPの成長率を1.5%〜1.6%と見込んだことを勘案すると、東日本大震災は日本の経済成長率を少なくとも1%程度は引き下げたといえよう。

(2) 製造業におけるサプライチェーンの寸断

東日本大震災は農水産業やサービス業にも莫大な被害を与えたが、製造業におけるサプライチェーンの寸断問題には日本の製造業の競争力といった観点から非常に大きな関心が寄せられた。製造業の中でも、被害が大きかった部門は自動車、電機・電子、産業機械であったといえるが、たとえ

表2　日本の主要マクロ経済指標の推移

	2010	2011[1]	2010 Q3	2010 Q4	2011 Q1	2011 Q2	2011 Q3	2011 Q4[1]
実質GDP（前期比、%）	2.4	−0.4	0.5	0.0	−1.7	−0.5	1.4	0.3
個人消費（〃）	1.0	0.3	0.4	0.4	−1.2	0.3	0.7	0.1
設備投資（〃）	4.2	−0.8	0.5	−0.7	−0.9	−0.5	−0.4	1.2
公共投資（〃）	−9.8	4.4	0.4	−4.2	−1.9	6.7	−1.0	0.5
輸出（〃）	17.1	−0.4	0.7	−0.1	−0.0	−5.9	7.3	0.4
輸入（〃）	10.9	5.6	1.7	0.2	1.1	0.4	3.5	1.5
GDPデフレーター	−2.0	−1.8	−2.0	−1.9	−1.9	−2.4	−2.2	−1.7

注：1）みずほ総合研究所の予測値。
出所：内閣府（2011c）およびみずほ総合研究所（2011）をもとに作成。

ば、トヨタ自動車の場合、素材・部品である特殊ゴムやリチウムイオン電池、そして半導体の生産業者が直接に被害を受けるか、あるいは特殊ゴムの素材であるエチレンや半導体の素材であるシリコンウェーハと半導体洗浄用過酸化水素の生産業者が被害を受けることによって、素材や部品の供給が中断される状況に陥った。[1]とりわけ、シリコンウェーハの世界生産量の66％を占めるルネサスエレクトロニクスの茨城県那珂工場の被災は、日本国内において、自動車はもとよりIT家電や産業機械部門の生産にまで支障をもたらしたといわれている。

　（図1）は、ある素材や中間部素材業の被災が、自動車、電機・エレクトロニクス、産業機械部門の生産や操業の中断につながるプロセスを示している。ところが、こうしたサプライチェーンの寸断と同時に、日本の大手企業におけるサプライチェーン管理にも問題があったと指摘されている。2011年1月に発表した経済産業省の調査結果[2]によると、回答企業2815社のうち、2次、3次等々すべてのサプライヤを把握している企業は22.4％に過ぎず、1次サプライヤだけを把握している企業が46.7％と主流を占めていた。トヨタ自動車の場合、東日本大震災の発生以降、2次以下のサプライヤの把握に約1カ月の時間が費やされたといわれている。これを見ても、1990年代以降、日本製造業の生産におけるサプライチェーンが複雑化するなか、大手メーカーによるサプライヤの把握の限界が露呈したといえよう。しかも、こうしたサプライチェーンの寸断といった問題は、

日本の抱える地理的リスクをさらに浮き彫りにすることとなり、さらには、日本の素材や部品メーカーの海外移転に伴う産業空洞化をめぐる議論を引き起こす契機となった。

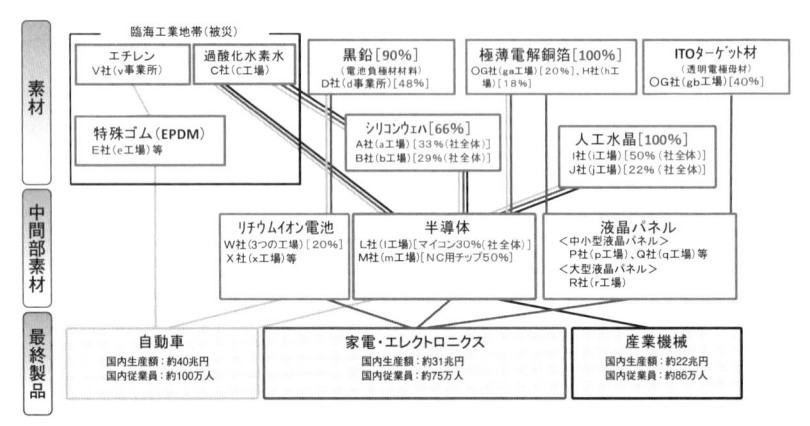

図1　東日本大震災による製造業のサプライチェーンの寸断（例示）
注：[　]内の％数値は、該当企業の世界市場シェア。
出所：経済産業省・厚生労働省・文部科学省（2011）p.64をもとに作成。

(3) 第2次石油危機以来、最初の貿易赤字

東日本大震災の日本経済に対する悪影響は貿易収支にも現れた。2012年1月、財務省が公表した貿易統計速報（通関ベース）によると、2011年の日本の貿易収支は2兆4927億円の赤字であった。第2次石油危機直後の1980年に貿易収支が赤字に転落して以来、31年ぶりのことである。(図2）からわかるように、日本は1985年のプラザ合意以降の円高にもかかわらず、1986年には13.7兆円の貿易黒字を記録し、また、2000年以降になってからはその規模は縮小しているものの、2008年のグローバル金融危機以降にも貿易黒字の基調は保たれていた。

ところが、こうした日本の貿易収支が2011年に赤字に転落する。しかし、だからといって、日本の輸出競争力が著しく低下したのかというと、そうとも限らない。2011年の日本の輸出内訳を見ると、東日本大震災とタイ洪水の被害が甚だしかった自動車部門の輸出額も前年に比べて2.7％の減

少にとどまった。この貿易赤字は、輸出の減少というよりも、福島原発事故による原子力発電所の稼働中止に伴って、石油や液化天然ガス（LNG）のような火力発電向け燃料の輸入量が急増した結果だと受け止められる。これからも、こうした輸出減少と輸入急増といった傾向が続くならば貿易赤字の問題は解消されないものの、日本の製造業それ自体の競争力が維持される限り、貿易赤字の問題は近いうちに収束するとも予測できる。

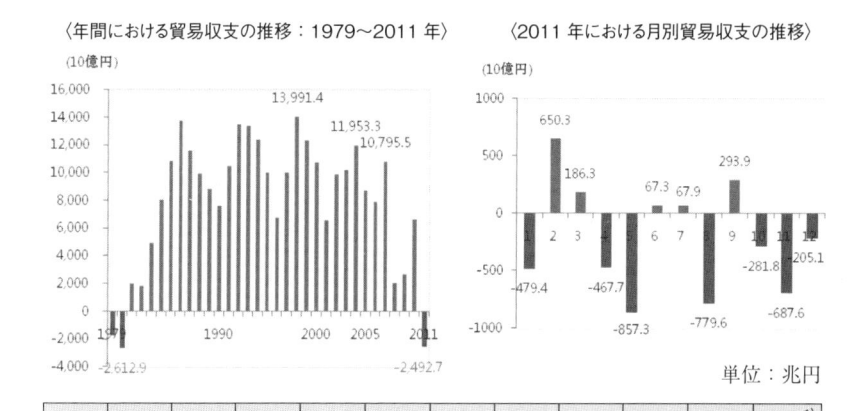

〈年間における貿易収支の推移：1979〜2011年〉　〈2011年における月別貿易収支の推移〉

単位：兆円

1979	1980	1986	1990	1998	2004	2006	2007	2008	2009	2010	2011[1)
−1.7	−2.6	13.7	7.6	14.0	12.0	7.9	10.8	2.1	2.7	6.6	−2.5

注：1）2011年の数値は、12月分が財務省（2012）の速報値であるため、確定値ではない。
出所：財務省貿易統計（http://www.customs.go.jp/toukei/info/）をもとに作成。

図2　日本の貿易収支の推移

2　東日本大震災以降の円高——どう受け止めるべきか

(1) 円高の推移

まず、東日本大震災を前後とした円/ドルの名目為替レートの動きから見てみよう。(図3)に示したように、2011年2月には81円〜84円台であった円/ドル為替レートは、東日本大震災の直後、つまり3月17日には一時77.15円にまで跳ね上がり、翌日G7財務相・中央銀行総裁が為替市場への協調介入に合意すると81.35円に下落したものの、6月以降には再び

本格的な円高局面へ転換した。

　東日本大震災以降の円高は二つの局面に分けて見ることができる。第１の局面は、大震災直後の円高であるが、これは日本の損害保険会社が地震保険支払いのため、海外資産を大量売却せざるをえないとの噂を背景に、海外の巨大ヘッジファンドが円高を見込み、円を大量買入れした結果として受け止められている。こうした円高現象は、地震と津波、そして原発事故による日本経済のファンダメンタルズの悪化は円安を招くという予想を裏切るものでもあった。第２の円高局面とは６月以降のことであるが、ヨーロッパの財政危機が収まらないなか、８月７日にはＳ＆Ｐ社による米国国債の格付け引き下げ（AAA → AA+）もあって、為替市場では流動性が豊富で安全資産としての日本円に対する評判が高まり、その結果円高傾向が一層強化されたのである。[3]

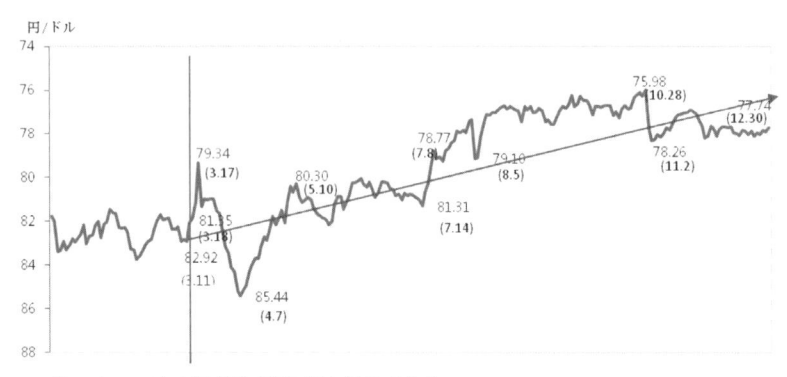

注：カッコ内の数値は2011年の月日である。
出所：三菱UFJリサーチ＆コンサルティング、外国為替相場
（http://www.murc.jp/fx/exchange.html）をもとに作成。

図３　円／ドルの名目為替レートの推移（2011年1月から12月）

（２）日本政府の円高対策

　日本政府の円高対策は、為替市場への介入による円高阻止と中小企業に対する支援策に焦点を合わせた。まず、日本政府は前述した通り、3月18

日に為替市場に円売り介入したほかにも、円／ドル為替レートが7月中旬より70円台に突入すると、8月と10月それぞれ4.5兆円と10兆円という史上最大の円売り介入を断行した。続いて、11月には為替介入の原資となる外国為替資金証券の発行枠を150兆円から165兆円に拡大することによって、ドル買い拡大による円高阻止を試みた。しかし、こうした為替介入は日本政府の円高阻止への意思を示すシグナルに過ぎず、実際、介入効果はそれほど大きくなかったといわれている。

　もう一つの円高対策である中小企業に対する支援策は、政府が10月21日に発表した円高総合対策[4]に含まれている。中小企業は大手企業より円高の悪影響にさらされがちであるため、不況業種に属するうえに円高で売上高の減少が見込まれる中小企業には、信用保証と低利融資を拡大するという方針である。さらに、2008年11月より運用中である雇用調整助成金を通じて、企業が景気悪化にもかかわらず従業員を解雇せず休業などを行う場合、企業側の負担金の一部、つまり大手企業は2/3、中小企業は3/4を支援するほか、給付要件も緩和するという方針である。

(3) 東日本大震災後の円高はどれだけ深刻なのか

　日本の製造業の立場からすると、東日本大震災後の円高は福島原発事故による電力不足に劣らず企業の競争力を損なうものであろう。こうした危惧は、1990年代中盤のような円高局面が再現する場合、製造業の生産拠点の海外移転が加速化し、日本国内における産業空洞化問題が深刻化するといった世論に現れている。

　ところが、これまでの円高に関する議論はあくまでも名目円／ドル為替レートに限るものであった。しかしながら、厳密にいえば、名目の円／ドル為替レートは日本製品の輸出競争力または価格競争力を表す指標としては限界がある。まず日本の輸出先は米国もあれば中国やEUもあるし、また、これら輸出先の物価水準は不変のまま、日本の物価水準のみが下がるとそれだけ日本製品の輸出競争力は高まる。言い換えれば、日本製品の輸出競争力を正確に捉えるためには、為替レートの算定時、米国のドルだけではなく、すべての日本の輸出先の通貨に拡大し、その輸出先の物価水準

もすべて考慮に入れて為替レートを実質化すべきである。こうした二つの条件を満たしている概念が実質実効為替レート（Real Effective Exchange Rate）である。[5]

図4　日本円の実質実効為替レートの推移
（1994年1月から2011年12月、月平均）

注：円／ドル為替レートと実質実効為替レートともに月平均値であり、実質実効為替レートはBISの推計値である。ただし、実質実効為替レートは2010年の平均値を100にして求めた指数であり、為替レートの実質化は消費者物価指数（CPI）を用いて行われた。
出所：日本銀行およびBISをもとに作成。

　（図4）は1994年1月から2011年12月まで日本円の実質実効為替レートと名目円／ドル為替レートの月平均値の推移を示している。ただし、日本円の実質実効為替レートはBISが推計したものである。名目円／ドル為替レートだけを見ると、確かに東日本大震災以降の円高局面が1995年の円高局面を圧倒するものの、日本円の実質実効為替レートの推移を見ると、最近の円高は1995年の円高を遥かに下回っていることがわかる。東日本大震災以降の名目円／ドル為替レートは1995年中旬の80円台より低い70円台を辿っているが、これは2000年に入ってから日本の巨大な貿易相手国であるアジア諸国の消費者物価の上昇率が日本より高かったためである。さらに、2008年のグローバル金融危機以降に限ると、名目円／ドル為替レートの急速な円高とは裏腹に、日本円の実質実効為替レートは横

ばいの状態を保っていることがわかる。

このような実質実効為替レートからのアプローチは、東日本大震災以降、日本企業が直面する為替リスクを過小評価するわけにはいかないものの、日本企業の海外移転に伴う産業空洞化の問題が、1990年代中盤の円高局面ほど深刻でないことを示唆する。

3　東日本大震災と財政危機の可能性

日本の政府債務比率、すなわち政府の負債残高対GDP比率は東日本大震災が発生する以前の2010年にはすでに200％を超え、先進諸国の中では最高水準であったものの、巨額の経常収支の黒字と対外純資産、そして安定的な低金利と内国人による国債保有などによって、極端な財政危機には陥っていない。

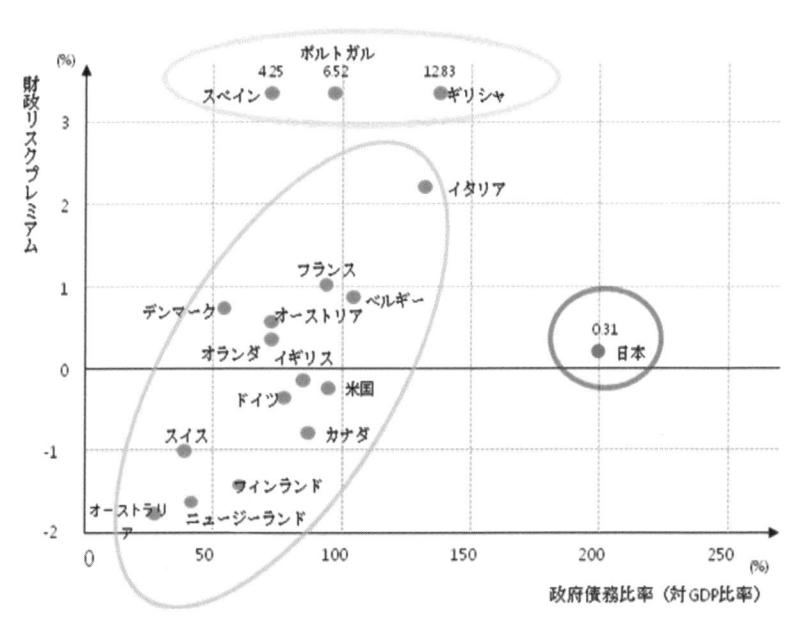

注：財政リスクプレミアム＝長期金利ー名目GDP成長率。長期金利は3月14日の値。名目GDP成長率と政府債務比率はOECDの2011年予想。
出所：週刊東洋経済（2011）、p.37をもとに作成。

図5　世界主要国の政府債務比率と財政プレミアムリスク

（図5）は日本財政の安定性をよく示している。周知の通り、2011年にはギリシャを皮切りにポルトガル、スペインとヨーロッパ諸国が財政危機にさらされた。ところが、日本の場合、政府債務比率も高く、東日本大震災に伴う追加的財政負担も重いにもかかわらず、ヨーロッパの諸国に比べて財政リスクプレミアムが低いため、財政危機を免れることができたといえよう。ここでいう財政リスクプレミアムとは、長期金利から名目GDP成長率を差し引いたもので、実質的な政府の国債償還能力を示す指標である。

　東日本大震災以降、日本政府が4回にわたって編成した補正予算案と2012年度当初予算案を見ると、莫大な復興財源の調達が財政危機につながらないよう非常に注意を払っていることがうかがわれる。東日本大震災は、先述の通り、16兆円から最大25兆円の財産被害をもたらしたが、その復興と経済活動の正常化には少なくとも19兆円の財源が必要だと予想されている。こうした復興財源は、とりあえず4回にわたる補正予算に合わせて約13兆円が反映された。つまり、5月2日に成立した第1次補正予算には4兆円、そして7月25日に成立した第2次補正予算には2兆円、11月21日に成立した第3次補正予算には12兆円の歳出予算を設けており、さらに、2012年2月に成立すると予想される第4次補正予算案は約2.5兆円の歳出予算を想定しているが、それぞれの予算案のうち、復興予算は合計13兆円と予想されている。復興に追加的に必要な財源は2012年度当初予算案に反映されると見られる。

　それでは、日本政府はこうした復興財源をいかなる手法で賄う方針であろうか。日本政府は、東日本大震災の発生後、復興財源の調達方法については非常に慎重な姿勢を崩さなかったが、（表3）からわかるように、結局は増税よりも復興債の発行や歳出削減に依存することになった。復興債は、最終償還期間が25年に及ぶ特別長期国債である。もちろん、復興債の償還財源は増税に依存せざるをえないものの、日本政府が復興財源確保法（11月30日成立）に明示した増税措置は一般の増税措置とは異なり、所得税の増税率も低く、課税対象も広く、かつ増税期間も25年間に限る時限的措置であることは評価できると思われる。さらに、日本政府が歳出

を削減したことや、積極的に税外収入を確保したことも財政悪化の食い止めに役立つと思われる。

表3　日本政府の東日本大震災復興関連財政対策（補正予算）

	第1次 (5月2日)	第2次 (7月25日)	第3次 (11月21日)	第4次 (12年2月)[1)]
歳出総額	4兆153億円	1兆9,988億円	12兆1,025億円	2兆5,345億円
主要歳出項目	－災害経費:4兆153億円 （災害救助:4,829億円、ガレキ処理:3,519億円、公共事業:1兆2,019億円、融資:6,407億円）	－原発損害賠償:2,754億円 －災害救助:3,774億円 －災害復旧、復興予備費:8,000億円-地方交付税交付:5,455億円	－災害救助:941億円-ガレキ処理:3,860億円 －公共事業:14,734億円 －災害融資:6,716億円 －地方交付税交付:16,635億円 －東日本大震災復興基金:15,612億円 －原発災害復旧:3,558億円	－災害対策:1,406億円 －中小企業資金支援:7,413億円 －高齢者医療費支援、育児、福祉:4,939億円 －TPP農業支援:1,574億円 －エコカー補助金:3,000億円
主要財源調達の手法	－税外収入:3,051億円 （日本高速道路保有、債務償還機構納付金:2,000億円, 公共事業費負担金収入:551億円等々）	－前年度余剰金:19,988億円	－復興債:11兆5,500億円 －税外収入:187億円 －歳出削減:1,648億円	－国債費余分:12,923億円 －税収:11,030億円 －歳出削減:1,304億円

注：1) 2012年1月25日現在、国会提出の状態
出所：財務省（2011a～d）をもとに作成。

日本政府が東日本大震災以降、財政悪化の防止のため注意を払った根拠は、2012年度当初予算案からもうかがえる。2012年1月24日、国会に提出された2012年度当初予算案（一般会計基準）を見ると、予算総額は90兆3330億円で前年度に比べ2.2%減少している。ただし、2012年度には3兆7754億円の東日本大震災復興予算を特別会計として編成した上で、基礎年金の国庫負担比率50%を守るために、2兆6000億円の財源を一般会計には計上せずに'年金交付国債'のかたちで賄うことにしていて、事実上96兆円を超える史上最大の予算案として受け止められている。にもかかわらず、2012年度当初予算案は中期財政計画で策定した44兆円以下といった新規国債発行枠を守っていることは、財政健全化の視点から評価できると思われる。

表4　当初予算案の推移

(億円)

		2008年度	2009年度	2010年度	2011年度	2012年度[1]
歳入	税収	535,540	461,030	373,960	409,270	423,460
	その他収入	41,593	91,510	106,002	71,866	37,439
	新規国債発行	253,480	332,940	443,030	442,980	442,440
	合計	830,613	885,480	922,992	924,116	903,339
歳出	国債費	201,632	202,437	206,491	215,491	219,442
	基礎的財政収支対象経費	628,981	683,043	709,319	708,625	683,897
	社会保障	217,829	248,344	272,686	287,079	263,901
	地方交付税交付等	156,136	165,733	174,777	167,845	165,940
	合計	830,613	885,480	922,992	924,116	903,339

注：1）2012年1月24日、財務省が国会に提出し、1月25日現在、未確定の状態
出所：財務省 財政関係基礎データ（http://www.mof.go.jp/budget/fiscal_condition/basic_data/index.html）および財務省（2011e）をもとに作成。

東日本大震災以降における日本政府の財政対策は、市場の反応を見ても多少は成功したと評価できる。2012年1月現在、日本の国債利回りは10年物の場合0.9%～1.0%台で、東日本大震災が発生する以前である2011年2月の1.2%～1.3%台より低い。20年物や30年物の国債利回りもそれ

ぞれ大震災以前の2.0％台と2.1％台から1.7％台と1.9％台に低下した。こうした現状は2011年、1年中ヨーロッパ財政危機が拡散するなか、生命保険会社や年金基金のような日本の機関投資家における日本国債に対する嗜好がより強まった結果でもあるし、日本政府が予算編成の過程で財政健全化原則を貫いた結果でもあると思われる。

4　今後の展望

2012年の日本経済は、円高やヨーロッパの財政危機、そして電力不足などの問題を抱えているものの、東日本大震災と福島原発事故といった危機を乗り越えるなかで生まれる復興需要に対する期待によって景気回復が予想される。

にもかかわらず、日本経済が'失われた20年'といわれる長期不況から脱却するためには、単なる災害復旧にとどまらず、家計と民間企業による消費・設備投資が立ち直り、民需中心の経済成長が何よりも重要であろう。しかし、今後の日本経済を展望するうえで、最も大きなリスク要因は財政不安である。日本経済がヨーロッパ諸国とは異なって財政破綻を免れたとはいえ、日本の抱えている政府債務の問題が消え去ったものではない。

2012年1月、日本政府が社会保障・税の一体改革案を発表して以来、消費税増税をめぐる民主党内部や与野党間の対立を思い浮かべると、世代間および階層間の公平性を保ちながら社会保障財源を賄うことが非常に難しいと実感する。特に、民主党が財政健全化のため掲げている消費税増税案が頓挫した場合、社会保障制度の持続可能性（sustainability）が疑われるだけではなく、財政危機の可能性も一層高まるだろう。しかも社会保障制度がセーフティネットとしての機能を失った場合には、民需中心の経済成長も遠ざかると思われる。

1990年代以降の日本経済を振り返ると、財政不安または財政危機論を払拭するためには、経済改革よりは景気回復が一層重要であることがわかる。日本における財政危機をめぐる論争は、とりわけ金融危機に陥った1990年代後半と、グローバル金融危機にさらされた2008年以降に激しかったが、いまだに財政危機論が交わされているのは景気が依然として回復し

ていないためである。結局、日本政府としては財政不安問題を払拭するには、民間消費と設備投資を拡大する経済環境をつくり上げ、景気回復を図る必要があると思われる。

[注]

1 東日本大震災後の日本国内における自動車生産量は急減したが、2011年3月には前年同月に比べ、54.1万台(57.3%減)、4月には44.0万台(60.1%減)、5月には19.7万台(32.5%減)、そして6月には12.0万台(16.2%減)ずつ減少した。
2 経済産業省(2011)、p.63.
3 東日本大震災以降の円高について、安達(2011,p.30)は日本銀行による金融緩和策の打ち切りが円高をもたらしたと批判する。つまり、彼によると、日本銀行は3月14日、東日本大震災の直後に国債を含む金融資産の買入れ基金の規模を5兆円から10兆円に拡大する金融緩和策をとることによって3月の円高局面を阻止することができたが、4月以降には流動性の供給を次第に縮小し、しかも2011年度第2次補正予算が成立した7月25日からは流動性の供給をさらに減らし、本格的な円高局面が始まった。
4 円高総合対策は中小企業への支援策以外にも、円高のメリットを活かすための日本企業による海外M&Aや資源開発支援プログラムも含んでいる。このプログラムは、まず日本政府が外国為替資金特別会計のドル資金をJBIC（国際協力銀行）に提供し、JBICはその資金を民間金融機関に供給することによって、民間金融機関が海外M&Aや資源開発でドル資金を必要とする日本企業に低利融資を行う枠組みである。財務省は8月24日、このプログラムの下に1000億ドルの円高対応緊急ファシリティといった基金を設置した。また、JBICは、10月5日、三つの民間銀行に合わせて430億ドルのクレジットラインを設け、11月には二つの海外LNG確保・開発プロジェクトに6億ドルの融資を行った。より具体的な円高総合対策については、内閣府(2011)を参照せよ。
5 BIS（国際決済銀行）と日本銀行が公表している実質実効為替レートは輸出物価(貿易財の物価指数)ではなく消費者物価指数を用いて名目為替レートを実質化するところに限界があるものの、こうした限界はデータの制約

のためであり、日本製品の輸出競争力を計るうえにおいては、名目円/ドル為替レートよりは優れた指標であることには間違いないと思われる。日本銀行の 実質実効為替レートの測定方法については日本銀行調査統計局(2011)を参照せよ。

[参考文献]

BIS (2012), BIS Effective Exchange Rate Indices, (http://www.bis.org/statistics/eer/index.htm) 2012.1.17 (検索日: 2012.1.20)
OECD (2011), Economic Outlook, No.90, 2011.11
安達誠司(2011)「自ら円高を招く日本のポリシー・ミックス」『エコノミスト』2011.8.9
経済産業省(2011)『通商白書2011』2011.10.26
経済産業省・厚生労働省・文部科学省(2011)『2011年版ものづくり白書』2011.10
佐久間浩司(2011)「円高とどう向き合うか」『Newsletter』No.25, 国際通貨研究所、2011.10.24
財務省(2011a)「平成23年度補正予算(第1号)フレーム」2011.4.22 (http://www.mof.go.jp/budget/budger_workflow/budget/fy2011/sy230422/hosei230422a.pdf) (検索日: 2012.1.25)
─────(2011b)「平成23年度補正予算(第2号)フレーム」2011.7.5 (http://www.mof.go.jp/budget/budger_workflow/budget/fy2011/hosei231021a.pdf) (検索日: 2012.1.25)
─────(2011c)「平成23年度補正予算(第3号)フレーム」2011.10.21 (http://www.mof.go.jp/budget/budger_workflow/budget/fy2011/hosei231021a.pdf) (検索日: 2012.1.25)
─────(2011d)「平成23年度補正予算(第4号)フレーム」2011.12.20 (http://www.mof.go.jp/budget/budger_workflow/budget/fy2011/hosei231220a.pdf) (検索日: 2012.1.25)
─────(2011e)「平成24年度予算フレーム」2011.12.24 (http://www.mof.go.jp/budget/budger_workflow/budget/fy2012/seifuan24/yosan002.pdf) (検索日: 2012.1.25)
─────(2012)「平成23年12月分貿易統計(速報)」2012.1.25

週刊東洋経済（2011）「Xデーが迫る国債バブル」2011.4.2
第一生命経済研究所（2011a）「平成23年度第3次補正予算の基本方針」『Economic Trends』2011.10.12
─── （2011b）「疑惑の交付国債──2012年度予算案の焦点」『Economic Trends』2011.12.28
内閣府（2011a）「東日本大震災における被害額の推計について」（http://www.bousai.go.jp/oshirase/h23/110624-1kisya.pdf）2011.6.23（検索日：2011.1.10）
─── （2011b）「円高への総合的対応策──リスクに強靭な社会の構築を目指して」（http://www5.cao.go.jp/keizai1/keizaitaisaku/2011/1021_endaka_saishu.html）2011.10.21（検索日：2011.1.5）
─── （2011c）「四半期別GDP速報」（http://www.esri.cao.go.jp/jp/sna/toukei.html#jikei）2011.12.9（検索日：2011.1.10）
西村陽造・田中順（2010）「円の実質実効為替相場にだまされるな──円高の深刻度を読み解くヒント」『Newsletter』No.32, 国際通貨研究所、2010.9.1
日本銀行（2011）「主要時系列統計データ表」（http://www.stat-search.boj.or.jp/ssi/mtshtml/m.html）（検索日：2012.1.20）
日本銀行調査統計局（2011）「実質実効為替レートについて」『日銀レビュー』2011-J-1, 2011.2
日本自動車工業会：JAMA, Production & Export Summary（http://www.jama-english.jp/statistics/production_export/2011/110729.html）（検索日：2012.1.20）
本多佑三（2011）「試練の財政・金融政策──増税と併せ量的緩和を」経済教室、日本経済新聞、2011.10.19
みずほ総合研究所（2011）「2011．12年度内外経済見通し」2011.12.12

論考4

東日本大震災後の日本経済と北東アジア経済協力の進路
TPP政策を中心に*

金 暎 根

高麗大学校日本研究センター HK 教授

I 日本の通商政策の概観

　3.11東日本大震災後、日本の経済政策の変化や、世界で最もダイナミックなアジア太平洋地域における TPP(Trans-Pacific Partnership、環太平洋パートナーシップ/環太平洋経済連携協定)交渉に関する関心が高まっている。特に、北東アジアにおける TPP や自由貿易圏構想を通じて経済統合の新たな制度的基盤を整備することができるかは、大きな関心事であることは間違いない。それにもかかわらず、先行研究には北東アジアでの二国間交渉における阻害要因分析や、FTA 締結による経済的な要因分析などの断片的な研究が一般的な状況である。[1]しかも、TPP 政策を中心にした3.11東日本大震災後の日本経済と北東アジア経済協力に関する先行研究はほとんど見当たらないのが現状である。2011年3月11日に、日本の東北地方で起きた大規模な地震は未曾有の大災害を招いた。これは「複合連鎖危機」とも呼ばれる融合的リスクであった。そして、これは日本の問題だけにとどまらず、ヒューマニズム(人間を巡る政治・経済・社会・文化などの側面を含めた)という観点から国際的な関心と協力の必要性が求められている。そのようななか、「災害」を東アジアという視点から再認識し、山積する北東アジアにおける経済協力のための進路模索と、大災

害からの復興への視座を提示することが求められている。したがって、本論文は日本の通商政策をはじめとし、北東アジア経済協力の現状とTPP制度、特に日本のTPP構想についても視野に入れ、北東アジアにおける経済協力の進路を総合的に再検討することを目的とする[2]。そのため、まず日本の通商政策におけるFTA構想、および日本における北東アジア経済協力に関する研究動向を明らかにする。そのうえで、日本のTPP構想をめぐる国内外の政策を分析し、北東アジア経済協力の進路を模索する。まず、日本の通商政策の目的と内容を概観することにする。

日本財務省の発表（2012.1.25）によると、2011年の日本の貿易収支は、1980年の赤字（2兆6000億円）以来、31年ぶりの赤字（2兆4927億円／約36兆円）を記録したという[3]。このような貿易赤字をもたらした主な背景として、3.11東日本大震災の発生が指摘されている。3.11東日本大震災以降、自由貿易協定であるTPPへの参加を通じて日本経済の再生・復興のための貿易自由化を促進するという日本政府の計画が成功するかどうかが注目されている。東日本大震災の課題を解決するために、日本政府の対外通商政策の確定・移行と実効性が問われている。

1995年のWTO設立以来、日本の通商政策は次のような変化を見せてきた。主な特徴は、WTOを中心とした自由貿易体制と、特定地域との経済協力強化を通じた地域間協力の推進、二国間の経済協力を含めた多層的な通商戦略の構想である（図1参照）。

周知のように、1990年代以前の日本と東アジアの政治経済協力は、主に日本と特定国の関係、つまり、両者関係を重視する政策基調をもとに、経済先進国である日本が東アジアに資本と技術を供与するというかたちをとっていた（現代日本学会2007：512）。しかし、20世紀後半、アジアの新しい経済秩序が形成されることになり、日本の立場は、以前と比べて水平的な関係で競争と協力が共存する多層的な関係へと変化した。そして、日本はアジア諸国に対して、以前とは異なり、アジア地域主義の流れから孤立または排除されることを憂慮し、できる限り地域主義の枠組みの中で影響力を発揮しようと努力している。このような変化は、アジア地域において地域主義が多様化し、多国間の経済関係がより活発に展開したことに

	2008	2009	2010-2011	2012-
WTO DDA 交渉	年内妥結を推進→失敗	→失敗	→失敗	署名、批准（見通し不透明）
EPA/FTA	・日－ASEAN間のEPA署名（2008.4） ・ベトナム、インド、オーストラリア、スイス、GCCと交渉	2009年初まで12カ国以上の地域とEPA締結	・EPA締結国との貿易額の割合を25％以上に拡大 ・TPPの関係9カ国（P9）との協議開始（2011.12）	TPP参加（米国主導のTPP活用）
	・東アジア自由貿易圏、東アジア包括的経済連携、アジア太平洋自由貿易圏構想Frameworkに関する研究の検討及び積極的な参加			
	OECD等への投資・競争政策・気候変動・貿易等、新たな政策課題（アジェンダ）への対応推進⇒WTO中心の自由貿易体制を補完			
「アジア経済・環境共同体」構想	・「アジア経済・環境共同体」構想をスタート（2008.5） ・「東アジアASEAN経済研究センター（ERIA）」設立（2008.6）	⇒ERIA[4]活用「アジア経済・環境共同体」構想の推進（2010年、日本APEC議長国）		

出所：日本経済産業省『通商白書』(2008-2011)、内閣府（2010）

図1　2008-2012、日本の主要な通商政策の方向

起因する。また、日本の通商政策において注目すべき点は、WTO成立以降、日本の通商政策は、これまでの米国の通商法301条をもとにした両国間の交渉に応じる受動的な対応から脱し、能動的・積極的にWTO体制を利用する方向に転換したということである。[5] たとえば、日米富士・コダックフィルム紛争の過程で、日本政府と日本公正取引委員会（Japan Fair Trade Commission）は具体的で実証的な資料を提示するとともに、WTOの紛争解決制度を通じた対応という政策基調に基づいて、国内の紛争要求に対しても積極的に対応した。また、日・米フィルム摩擦の初期に、米国

は富士フィルムの行為をWTOの管轄外の分野と規定し、301条の枠組みの中で解決を図ろうとしたが、日本は応じなかった。[6]

　一方、日・米フィルム交渉の過程においてWTOの成立（国際制度の法制化）が決定的な役割を果たしたことに関しては、日本の政策決定者らの認識と発言からもよくわかる。たとえば、WTO設立以降、通商産業省（現、経済産業省）橋本龍太郎大臣は、1995年6月28日、日・米間の自動車および自動車部品に関する協議が約2年間にわたる交渉を経て合意にいたったことについて、「WTOの自由貿易原則を通じ、日本政府の主張を貫くことができた。日本政府は、WTOの国際規範を遵守し、今後も規制緩和をさらに進め、日本の市場開放に向け取り組んでいく見込みであり、また世界貿易の発展のため貢献したい」と述べた（橋本通産大臣の談話1995.6.28）。

　1995年以来、WTOの成立による法制度化の進化とともに日本はWTO制度を積極的に支持する政策へと変化した。WTO紛争解決手続が強化された90年代半ば以降、WTO紛争メカニズムを通した紛争解決が始まったのである。特に頻繁な通商摩擦を起こした米国の301条は、WTOとの整合性があるものとみなされていない。したがって、米国の301条政策の正統性に対する不信感がWTO加盟国間に広がり、WTO（制度）の影響力が増大した現在の状況で、日本のWTO利用が可視化されたのである。[7]

　最近、日本の通商政策は次のような変化を見せている。日本は、以上のようなWTO優先政策とWTO体制の不安定な状況に対応するために、FTA（Free Trade Agreement、自由貿易協定）政策を2004年に公式化し、2010年11月9日の「包括的な経済連携（EPA）[8]に関する基本方針」を通じて、通商政策の基調を再確立した。「包括的な経済連携に関する基本方針」によるFTA政策の基調は、TPP、EU、中国などの巨大先進経済圏を重視する立場であり、韓国のFTA政策とほぼ類似していると思われる（金良姫2011：157）。

　このような日本の新たなFTA政策において、最も大きな比重を占めているのがTPPである。2010年TPPを「第3の開国」と宣言し、TPPへの関心を表明した菅直人前総理大臣に続き、2011年11月には野田佳彦総

理大臣が「TPP交渉参加を目指して関係国との協議開始」を表明した。その後、TPPは日本の外交通商政策における主たるアジェンダになった。日本のTPP構想と対内外の政策については第Ⅲ章で詳しく扱う。

以上のように、日本の通商政策は1995年のWTO成立後、WTO優先政策とFTA/EPA政策、特に最近にいたって、積極的にTPPへの参加宣言をする政策へと変化してきた。

第Ⅱ章では、日本の通商政策の変化とFTA構想を分析し、第Ⅲ章では、日本のTPP構想と国内外の政策を分析する。特に、北東アジア経済協力の現状と日本のTPP構想（日本がTPPを通して日本経済の進路を模索している経緯）を探り、TPP参加宣言後の日本国内の産業と日米経済関係、日中韓経済協力など、対内外政策の変化およびメカニズムを分析する。また、3.11東日本大震災後、日本の新たな突破口として想定されているTPPに対する激しい賛否両論の要因と、TPP参加を宣言した背景、そして、これらを取り巻く対内外の利害関係などを考察する。結論として、第Ⅳ章では、新たなアジア経済秩序におけるTPP交渉の方向および課題を提示し、今後の展望として北東アジア経済協力の進路を模索する。

Ⅱ　日本の通商政策の変化とFTA構想

1　日本の通商政策とEPA/FTA

日本政府は、自国に有益な国際環境の形成、経済的利益の確保、相手国および地域の状況などを考慮したEPAとFTA交渉方針を堅持してきた。[9] EPA（Economic Partnership Agreement、経済パートナー協定）とは、特定の二国あるいは複数国間で、人・モノ・資本移動の自由化と円滑化を実現するために国境や国内規制の撤廃、各種経済制度の調和など、幅広い経済関係の強化を目的とする協定を意味する。[10]

このため、日本は自国に有益な国際環境の形成を模索してきた。たとえば、この点は東アジア共同体の形成と繁栄に貢献し、日本の経済力の強

化や政治外交上の課題の解決に役立つという目標に顕著に現れている。また、WTOなどの国際交渉においても、日本は国および地域との連携・協力による自国の立場を強化するという思惑を有しているとして捉えられている。今後、日本は経済的利益の確保、相手国および地域の状況を考慮したEPAとFTA政策を展開するのは必至であろう。[11]

2011年12月現在、日本のFTA推進の具体的な現状を見ると（表1参照）、発効・署名済みの国（地域）は、シンガポール、メキシコ、マレーシア、チリ、タイ、インドネシア、ブルネイ、ASEAN（Association of Southeast Asian Nations、東南アジア諸国連合）、フィリピン、ベトナム、スイス、インド（署名済み・未発効）、ペルー（署名済み・未発効）であり、交渉中の国（地域）は、オーストラリア、GCC[12]である。研究・論議中の国（地

表1 日本のFTA推進現況

（2012年6月現在）

年	2006	2007	2008	2009	2010	2011

発効・署名済：シンガポール、メキシコ、マレーシア、チリ、タイ、インドネシア、ブルネイ、ASEAN、フィリピン、スイス、ベトナム、インド（署名済・未発効）、ペルー（署名済・未発効）
研究・議論中：ASEAN+6、ASEAN+3、日中韓、モンゴル、EU、カナダ、コロンビア（JETRO）
協議中：TPP

国・地域	経緯	現状
韓国	03年12月交渉開始／04年11月以降交渉中断	現在交渉は中断。交渉再開に向け、実務者レベルの協議を開催している。
GCC	5月準備会合／9月交渉	重要な資源・エネルギー供給国であるとともに、製品・サービスの市場としても重要。
豪州	05年11月政府間研究開始／4月共同研究／交渉	エネルギー・鉱物資源の安定確保など更なる経済関係の強化を目指す。
日中韓	03年6月民間研究開始／日中韓FTA民間共同研究会／5月産官学共同研究	10年5月、9月、12月、11年3～4月に産官学共同研究を開催。2011年末に共同研究を終了させることとする。
東アジア【ASEAN+3(EAFTA)】【ASEAN+6(CEPEA)】	共同専門家研究会フェーズ1／5月EAFTA共同専門家研究会フェーズ2／6月CEPEA民間専門家研究会フェーズ1／11月CEPEA民間専門家研究会フェーズ2／政府間での議論	【EAFTA/CEPEA】09年10月の経済大臣・首脳の合意を受け、4分野（原産地規則、関税品目表、関税分類、税関手続、経済協力）についてWGを設置し、政府間での検討を開始。10年10月には首脳に検討状況を報告。CEPEAについては、10年8月に日本からCEPEAを進める提案（「イニシャル・ステップス」）を行った。
EU	10月民間研究会／7月共同検討作業／5月スコーピング	日EU間の経済関係強化のためハイレベルグループで共同検討作業を実施。11年5月の日EU定期首脳協議で交渉のためのプロセス開始に合意。交渉の範囲と野心のレベルを定める作業（「スコーピング」）を、可能な限り早期に実施。
モンゴル	6月官民共同研究／（11年3月に研究完了）	官民共同研究を2010年6月、11月、2011年3月に実施。3月末に報告書をとりまとめた。
カナダ	3月共同研究	11年3月、共同研究を開始。
TPP	12月協議	10年12月、関係9か国との協議を開始。

出所：日本経済産業省『通商白書』［図 第5-2-1-7 日本のEPAの取組状況］p.253から再引用。

域）は、ASEAN +3（日本・中国・韓国）、ASEAN+6（日・中・韓・オーストラリア・ニュージーランド・インド）、日中韓、モンゴル、EU、カナダ、コロンビアなどであり、韓国との交渉は中断している。

『通商白書』（2008-2011）によれば、日本の対外経済政策の方向は、通商環境の変化に対応し、持続可能な発展のためにグローバルな問題の解決を先導し、アジア域内の統合に中心的な役割を果たすことであるとされてきた。しかし、最新の『通商白書』（2011年）では、世界経済危機後の世界貿易構造の一つの軸を担ってきた日本に代わり、2008年には中国が台頭したことを認め、ASEANが東アジアの生産ネットワークに新たな軸として位置づけられているとまとめている。したがって、日本は国内ですべてを完成させることができる経済・産業構造を脱し、財貨やサービスを輸入する構造に変化せねばならないことを直視した。また、国内の生産活動や雇用確保のために、輸出拡大戦略や直接投資先からの収益を還元する政策を展開しなければならないとも力説している（日本経済産業省2011年：viii 86-115）。

日本の経済連携（EPA/FTA）に関しては、基本的に「現在交渉中の二国間（GCC、オーストラリア）EPAを早期に妥結し、研究・議論中の広域経済連携の交渉を開始、まだ交渉の段階に入っていない主要国・地域とのEPAを推進するとともに、TPP協定に関しても情報収集をしていく必要があり、早速に国内の環境整備を推進する。さらに、TPPの関係国との協議を開始する」という立場である（日本経済産業省2011：248）。

現在世界3位の経済大国である日本が、2011年、APEC首脳会議においてTPP参加宣言した後のアジア・太平洋地域の経済協力会議としてのTPP制度に関心の高まりについては、次章で詳しく述べる。今後TPP交渉が妥結し、各国で批准された場合、EUとNAFTA（北米自由貿易協定：North American Free Trade Agreements）を上回る世界最大経済規模の地域貿易協定（RTA：Regional Trade Agreement）になると予想される。一方、日本はWTO設立以降、二国間の通商摩擦を協議で解決できない場合は、WTO提訴で対応するという姿勢（WTO優先政策）を堅持してきた。しかし、最近の『通商白書』（2011年）によると、日本はWTO協定に違

反する外国政府の政策・措置について、二国間交渉や WTO 紛争解決手続など、あらゆる手段で改善を図るという立場をとっている。紛争解決の手段として、二国間交渉も明示している（日本経済産業省 2011：272）[13]。

以上、日本の通商政策に関する分析をもとに、今後の変化を展望するためには、現在進められている日本の TPP 参加のプロセスおよび国際貿易交渉の重要なアジェンダとなっている直接投資、技術、ODA、農業・サービス・知的財産権の貿易などに注目する必要がある。さらに、グローバル経済時代における WTO 交渉の停滞と主要国間の FTA 拡大などの変化について政策対応が明確にされていない状況を認識し、日本における政策変化を展望することが重要である。

2　TPP の概要

TPP とは、農産物などの商品やサービスに対する関税および非関税障壁の撤廃を目指す高いレベルのアジア・太平洋地域の多国間貿易協定である。2005 年、シンガポール、ニュージーランド、チリ、ブルネイ

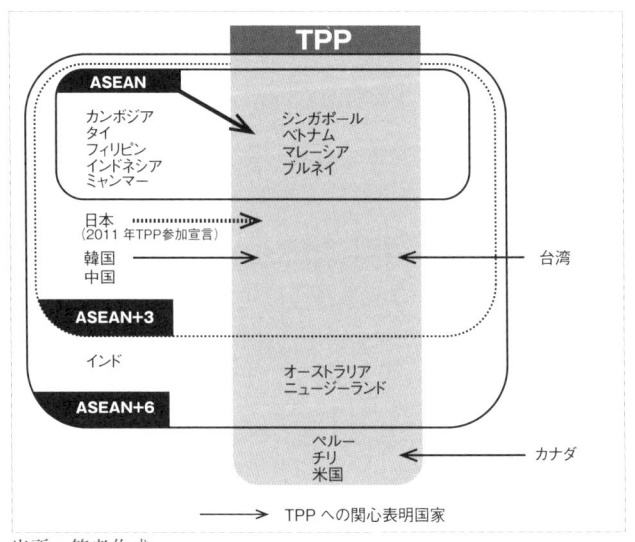

出所：筆者作成。

図2　TPP をめぐるアジア・太平洋地域の経済協力関係

の4カ国体制の環太平洋戦略的経済連携協定（Trans-Pacific Strategic Economic Partnership Agreement）が発足（別名P4協定の発効）した。これは、2015年までにすべての貿易障壁を撤廃することを目的としており、参加国は9カ国（P9）に増え、シンガポール・ニュージーランド・チリ・ブルネイ・米国・オーストラリア・ペルー・ベトナム・マレーシアとなっている（2012年6月現在）。加えて、近年、協定参加に関心を示している国はカナダ・日本・フィリピン・台湾・韓国などが挙げられる（図2参照）。

TPP協定は、アジア太平洋地域における高いレベルの自由化を目指し、非関税分野や新しい分野を含む包括的な協定として交渉を進めている。協定交渉のため議論されている分野としては、市場へのアクセス（工業、繊維・衣料品、農業）、原産地規則、貿易円滑化、SPS（Sanitary and Phytosanitary Measures、衛生検疫措置）、TBT（貿易の技術的障害に関する協定：Technical Barriers to Trade)[14]、貿易救済（セーフガードなど）、政府調達、知的財産権、競争政策、サービス（国境を越えるサービス、金融、電気通信、商用関係者の移動）、電子商取引、投資、環境、労働、制度的事項、紛争解決、協力、「分野横断的事項」などがある。

TPPをめぐるアジア・太平洋地域の経済協力関係（図2参照）について、ASEAN+3、あるいはASEAN+6との関係を中心に見ると、TPPの関係国と参加希望国との間には複合的な力学関係が存在していることがわかる。

当初TPPは、それほど影響力の大きくない多国間自由貿易協定であったが、2008年9月、米国がTPP参加を表明し、2009年12月14日、TPP交渉に参加すると宣言したことから注目されることになった。その後、2010年、菅前首相が関心を表明し、3.11東日本大震災後の復旧・復興戦略の一つとして野田首相がTPP参加を表明したのが起爆剤となった[15]。日本政府は、「TPP協定は原産地規制、投資、サービスなどの各分野を横断的に検討する。また、実際に事業を展開している企業が外国に直接投資を実施し、アジア・太平洋域内に製品やサービスを供給する場合に発生する各国との規制の違い、あるいはサプライ・チェーン（supply-chain：部品供給網）など、複数の阻害要因をできる限り減らし、自由な貿易・投資環

境を構築しようとする試みである」という立場を明らかにした[16]。つまり、従来の FTA/EPA には見られなかった新たな制度として、TPP 協定を高く評価しているのである。

3.11 東日本大震災が日本の TPP 参加に影響を与えたかどうかについては研究されていないが、大震災の復興と TPP 参加は矛盾するという主張から見ると、ある程度、3.11 東日本大震災と TPP は関連づけられていると思われる（中野 2011、34-51）。また、『通商白書』（2011）でも東日本大震災以降の日本の「政策推進指針」は、「環太平洋パートナーシップ（TPP）協定交渉参加の判断時期については総合的に検討する」という立場をとっている（日本経済産業省 2011、260）。特に、震災後、産業共同化の加速化に対する懸念が一層高まっているなか、日本は今後、「基本方針」（内閣府 2010.11.9）の基本的な政策枠組みを維持し、震災からの復興と日本全体の経済再生に取り組む必要があると主張している[17]。TPP 交渉参加の判断時期を含め、包括的な経済連携に関する具体的な手順については、あらためて「FTAPP（アジア太平洋自由貿易圏）・EPA 推進閣僚会議」などで検討するとしている。

3　3.11 大震災からの復旧・復興と TPP 参加

3.11 東日本大震災の被害規模は、死者・行方不明者 2 万人（緊急災害対策本部 2011 年 11 月 29 日現在は死者 1 万 5840 人、行方不明 3607 人、負傷者 5951 人）を上回ったという。これは、6434 人の死者を出した阪神・淡路大震災（1995）の 2.5 倍以上の規模であり、福島県、宮城県、岩手県の東北地方に被害が集中した。3.11 東日本大震災後、深刻な国内被害状況も考慮し、TPP に関する議論は中断された。しかし、2011 年 11 月 12 日、APEC 会議で野田首相が TPP 参加への強い意志を表明することにより日本の通商政策の変化が見え始めた。この TPP 参加宣言は、3.11 大震災の復旧と復興の手段として活用し、不安定な国際金融の状況による円高に伴う日本経済の低迷などから脱するための出口戦略の一つとして注目されている。大震災後、円高により日本の輸出が苦戦している現状を打破するために、輸出市場の拡大が問題解決のキーとして捉えられ、このような状況

で TPP が議論されるようになったのである。

　TPP が日本に及ぼす経済効果に関する分析によれば、TPP 参加が実現した場合（100％自由化を前提）、輸出の増加および日本国内の投資増加、雇用の確保などにつながり、今後 10 年間、日本の実質国内総生産（GDP）は 2 兆 4000 億円から 3 兆 2000 億（0.48％から 0.54％前後）まで伸びると予想されている。[18]一方、日本政府は、多角的な自由貿易体制の推進と戦略的な対外経済関係の構築を政策基調としており、3.11 東日本大震災を乗り越えて経済再生を図るという目標を設定した。『通商白書』（2011 年）は TPP について、次のように述べている。

　　我が国企業はグローバルサプライ・チェーンの中で、他国の企業と重層的な関係を構築しており、また競争力のある中間財を輸出する我が国企業には今後もその供給責任が求められる。
　　したがって、海外における事業活動及び貿易において存在する様々な障壁を取り除き、国境をまたぐ経済活動における広義のコストを減らすため、経済連携等の戦略的な対外経済関係を構築していくためと取り組みが必要であり、また、TPP 協定交渉参加の判断時期についても総合的に判断する（日本経済産業省 2011、242）。

　一方、竹中平蔵教授はマクロ経済面で東日本大震災と日本の経済について、「東日本大震災後、GDP の成長が大幅にマイナスとなっており、企業の生産活動も大きく低下した。今後の日本経済と経済政策の課題は、市場機能が重視される政策の実施と 3.11 大震災後の復興プロセスを日本改革と関連付けて行うべきであろう」と論じている（竹中、2012、182）。[19]さらに、3.11 東大震災以降の経済政策として、TPP や開放政策の推進、規制緩和などの競争政策の推進を促している。

III 日本のTPP構想と国内外の政策

　日本のTPP参加表明は、国内外の政治経済的環境の変化と関連していることはいうまでもない。[20]日本の外交通商政策は単に首相の対外認識だけで決定されるものではなく、派閥政治家、外務省や経済産業省などの関係省庁、産業界などの国内要因はもちろん、米国やASEANを含むアジア、EUなどの国際的要因（アクター）が関与する意思決定過程を経て構成されてきた。また今後も影響を及ぼすだろうということにも異論はない。したがって、ここでは、1) TPPと日本国内の産業、2) TPPと日米経済関係、3) TPPと日中韓の経済協力の問題に分けて、日本のTPP構想と国内外の政策を検討する。

1　TPPと国内産業

　TPPをめぐる日本国内の政治経済の変化と外交政策について考察してみよう。

　TPPは、日本が2010年11月6日の閣僚会議で交渉に参加することを表明したことにより注目されることになった。また米国は加盟国として加入することによって、TPPを将来の最も大きい、ダイナミックな貿易共同体として拡張していく戦略であることを明らかにした。このような対内外の環境の変化のなかで、日本のTPP参加は、米国を含むアジア・太平洋地域の諸国家との自由貿易を同時に推進する多国間貿易交渉が進められることになり、相対的に競争力の弱い日本の農業界にとっては深刻な問題であるといえる。

　前述のように、菅前首相がTPP参加の検討を公表したことから始まったTPPに対する賛否論争は、3.11大震災後の日本の経済復興と相まって、議論が加速化した。日本は韓米FTAの発効による米国市場での自国企業の競争力劣位を挽回するための布石として、TPP交渉を戦略的に推進するという解釈もある。しかし、国内政治と密接に連関するTPP参加表明以降、日本国内の賛否を問う世論については、様々な解釈ができる。TPP

参加を通じて日本の国際競争力を生かし、日本経済を再編しようとする賛成派と、輸入品の価格下落によって打撃が懸念される農業団体、医療機関など、強く反対している反対派に分けられている。具体的な TPP 賛成派と反対派の論理を検討してみよう（表2参照）。

表2　TPP 賛成派（推進派）と反対派の主な行為者とその背景

	TPP 賛成派（推進派）	TPP 反対派
主な行為者 （支持勢力）	・日本の経済産業省および製造業（競争優位産業界） ・財団法人国際経済交流財団など関連経済団体 ・田中明彦東京大学教授	・農水畜産業など比較劣位産業 ・農業団体、医療団体 ・松原隆一郎東京大学教授
背景 （理由）	・TPP 参加を通じ、日本の国際競争力を生かし日本経済を再編 ・TPP 参加を「日本再生」の起点（第3の開国）：「失われた10年あるいは20年」からの脱却 ・関税撤廃による輸出の増大効果 ・輸出不振と経済不況から脱却するためには TPP 交渉参加を優先 ・経済協力の活用手段として TPP への高い支持率	・TPP 交渉が3.11大震災復旧と経済復興における阻害要因として作用すると予想 ・輸入被害、失業者増加の原因など、否定的効果 ・「比較劣位にある農業や他の産業でも、存在だけで社会的に意味がある分野は持続的に存在（保護）すべき」

出所：筆者作成。

(1) TPP 賛成派（推進派）

TPP 賛成派や推進派は、大震災後、TPP 参加を「日本再生」の起点（第3の開国）とし、「失われた10年あるいは20年」と呼ばれ、弱体化した今の日本の状況から脱却するための手段として考えている。菅前首相と野田首相が、農産物をはじめとする全ての商品の関税100％撤廃を目標としている TPP に参加すると宣言したのも、このような脈絡である。日本政府は、2010年11月9日の閣議で、米国をはじめとする関係国と TPP に参加することを主な内容とする「経済連携協定基本方針」を確定した。何よりも日本が重視してきた WTO 体制下のドーハ開発ラウンド（DDA：Doha Development Agenda）の見通しが多少不透明な状況になったことと相まって、主要国間の FTA 拡大などの変化に対する日本の対応が遅れ

ていることを考慮し、成長ベースの再構築の必要性が提起された。

　日本の経済産業省とメーカー関連の経済団体などは、TPP 加盟におおむね賛成する立場である。賛成・推進派は、その根拠として関税撤廃による輸出の増大効果を挙げている。TPP 賛成派の東京大学田中明彦教授は、日本が対外貿易にほぼ依存しているだけに、国際的交渉は重要な役割を果たすものであり、TPP も国際経済関係の一つの手段として考えるべきであると主張している。特に日本の多くの兼業農家の生活は製造業に依存しており、製造業が衰退すると、兼業農家も困難に陥る可能性が大きいと主張し、TPP を支持している（田中明彦 2011.11.29、94-95）[21]。

　一方、日本で競争優位を構築している産業界は、輸出不振と経済不況から脱却するためには TPP 交渉参加を優先すべきであると主張している。（財団法人）日本国際経済交流財団の世論調査結果によると、経済協力の活用手段として TPP への支持が最も高かった。FTA/EPA の締結を希望する国家・地域として、TPP 域内間 75.7％、中国との FTA が 62.2％、米国 40.5％、EU33.1％の順で支持している（（財）国際経済交流財団「競争環境の変化に対応した日本産業の競争力強化に関する調査研究」日本経済産業省 2011 年、169 再引用）。

(2) TPP 反対派

　日本政府が TPP 賛成派や推進派の論理を代弁している一方、日本国内の反応のほとんどは反対派の主張と一致している。政策決定のプロセスにおいて反対の主張が受け入れられるかはともかくとして、単純に日本国内での著書、論文、またはインターネット上での主張の大半は、反対派に属する[22]。反対派は、TPP 交渉が 3.11 大震災復旧と経済復興における阻害要因として作用すると予想している。輸入被害はもちろんのこと、失業者増加の原因など、否定的効果が挙げられている。特に農水畜産業を主産業とする東北地域は、震災の被害が集中しており、TPP 交渉による主要産業への弊害が懸念されるため、より一層反発している。

　松原隆一郎東京大学教授は、比較劣位にある農業や他の産業であっても、社会的に存在意義がある分野は持続的に保護すべきであると主張して

いる。つまり、経済効率だけで社会は成立せず、比較優位や効率性、社会的な必要性などのバランスこそが政治に求められるべきであるという。したがって、一連のバランスを崩しかねない輸出産業を重視するTPP参加に反対するという立場となる（松原 2011.11.29、96-97）。このような反対派の主張を克服したTPP交渉推進のために、政府にとっては何よりも、FTA推進の阻害要因として作用してきた農業分野（特に、米／コメ）の国際競争力向上のための対策が急務である。

2　TPPと日米経済関係

米国が主導的に推進してきたAPEC中心のアジア・太平洋地域の経済統合が遅れている現実を考えると、TPPはオバマ政権の代表的な通商政策となっている。具体的には、米国が2009年12月TPP交渉参加宣言後、TPPは最も注目される地域間貿易交渉として浮上しており、日本のTPP参加の背景には、対米関係の強化（あるいは回復）と日米経済関係の回復が挙げられる。すなわち、TPPは、米国と日本の同盟関係（政治）を含むFTAの一環であると考えられる（星野三喜夫 2011、203; ク・ボンゥァン 2011.4.15）[23]。

米国のアジア政策は、東アジア共同体形成よりAPECやAPECをより厳格な制度に進化させるFTAAP（Free Trade Area of the Asia-Pacific、アジア太平洋自由貿易圏）に力を入れること、あるいは日本が参加を宣言したTPP（環太平洋戦略的経済連携協定）などを強化することに主眼を置いている（日本経済産業省 2011年：246）。このように、民主党政権の選択肢の一つである東アジア共同体は、その実現可能性は低いと見られる。言い換えれば、TPP締結の可能性が東アジア共同体実現より高いといえる。

民主党政権樹立後の米国政府が、鳩山首相の「開かれた地域主義」に基づいた東アジア共同体構想に若干批判的であったこと、「世界的な経済危機以降、景気低迷と失業率上昇に困難に瀕する米国経済を救うために、オバマ政府が新たに提示した輸出の増大策の一環としてTPPが進められている」（チェ・ウォンギ 2010：7）。特に、オバマ大統領は米国を太平洋国

家として位置づけ、「米国はTPPに参加する国とともに幅広い21世紀型貿易協定に相応しい高いレベルを持つ地域協定を目指した取り組みを引き続ける」ことを強調している。[24]これらのことを考慮すると、日本としてはTPP交渉を日米経済関係の改善のきっかけにし、積極的に推進するという見通しが可能である。[25]ただし、一連の俗説に見られる「米国では民主党政権が登場すると、日本の外交はうまく行かない」という指摘のように、1990年代のクリントン政権時代には、いわゆる「日本叩き（Japan Bashing）」と呼ばれた現象があり、周知のようにオバマ政権では「ジャパン・バッシング」の再現が懸念される状況が広がったことがある。[26]なぜなら、米国は現在、大統領選挙モードに入っており、大統領選の最大の関心事は国内の経済問題、とりわけ労働（雇用確保）の問題である。したがって、80年代の半ばに、日米貿易摩擦が最も激化していた際の「日本叩き」が再現されうる可能性もある。たとえば、米国にとっては、TPP政策が国内における雇用創出にプラス効果がないと判断した場合、TPP優先政策が俎上に上がることはまずない。このため、TPP発効あるいは東アジア共同体実現に最も重要なことは、日本が米国との関係をどのように設定するかという点である。

3　TPPと日中韓の経済協力

　日本を含む東アジアの経済協力の構造は、中国という新たな変数によって多様な変化の可能性を持っている。最近、このような変化を反映するかのように、各国ごとの多国間経済協力構想や二国間FTA締結の動きが活発である（星野2011）。たとえば、中国共和国商務部によれば、中国は2012年2月現在、10の国や地域とFTAを発効させており、九つの国や地域と交渉中、さらに九つの国や地域を対象にFTAを検討している。[27]特に中国は、日本のTPP参加宣言後、韓中FTA妥結に積極的な立場を表明している。一方、韓国は2012年2月現在、発効したFTA（チリ、シンガポール、EFTA、ASEAN、インド、EU、ペルー、米国）は8カ国（地域）であり、7カ国（地域）と交渉中、12カ国（地域）とはFTA交渉に関する共同研究中である。[28]

東アジアの経済協力構造の枠組みのなかでの日本と中国との関係は、「少し距離を置いた経済的パートナー関係」ということができる。両国は、第2次世界大戦による政治的なわだかまりがまだかなり残っている。また、アジアにおける政治、経済の主導権をめぐって競争する関係にもある。日本は中国との経済協力が活性化し利益を得たとしても、中国への依存度が高くなるのは長期的に見ると望ましくないと判断している。また、日本と中国の利害関係が衝突することもありうるが、両国の利益のためには、中長期的には推進すべき課題も少なくない（松野豊・林淑貞、2003年）。このような状況を考慮すると、日本は中国との経済協力を断念する状況ではないということになる。現在、北東アジアは新たな協力と競争の新時代を迎えている。したがって、日本のTPP交渉構想が地域の政治・経済的優位性を固めるための動きとして判断される場合や、日本のTPP交渉参加が日中経済協力または日中韓経済協力の阻害要因として作用する場合に備えた慎重な政策の推進が必要である。

周知のように、日・中・韓の3カ国はすでに東南アジア諸国連合（ASEAN）と自由貿易協定を締結しており、韓国がどの国と自由貿易協定を推進するのか、または日中韓FTAの推進とASEAN+3FTA推進の動向によって、北東アジア経済協力はもちろん、東アジア経済統合の可能性が開かれる。その過程で、EUが政治的統合まで志向している状況を直視し、EU統合の推進事例を参考にする必要がある。日・中・韓を中心とした東アジア経済共同体を推進するうえで、財貨やサービス取引の自由化、人的移動の自由化、通貨および金融制度の整備などが重要アジェンダになっている。通貨面では、将来の「アジア共通通貨」の実現を目指し、アジア債券市場の設立のための協力を強化していく努力も必要であるといえよう。

しかし、日中韓経済協力をめぐる対内外の環境要因のなかで、関心を集めているのがTPP交渉問題である。韓国・中国・日本間のFTA交渉の過程で出てくるTPP参加に関するパズルは複雑なようである。特に日本のTPP参加理由の一つに、中国に対する牽制という解釈が多く、これは尖閣諸島問題と関連するレア・アース（希土類）問題など、中国への過度な依存が日本に弱点となっている現状を反映したものと見られる。また、

日本が、東アジア諸国との関係に大きな影響力を及ぼす変数として位置づけている中国との関係をどのように設定するかは、日・中・韓の経済協力とTPPの進路においても重要である。北東アジア経済協力体は、市場の拡大に伴う経済的利益だけでなく、域内の政治安保の緊張関係を解消するという観点からも必要であるという点については共通認識を持っている。

日韓・日中・日朝FTA締結やTPP推進の正当性は、日本経済の高い貿易依存度、グローバル化などを考慮すると、競争力の弱い部門もある程度は克服できると判断される。つまり、日本政府としては、国際競争力の回復と経済的効果の最大化などを考慮するからこそ、TPPの推進がより推進力を持つ状況であるといえる。

4　TPPの展望（行方）

以下では、日本が日・中・韓のFTAの締結後、これを関税同盟に発展させ、最終的には北東アジアの統合市場を追求すべきか、あるいはTPP推進を急ぐべきかについて考える。以上で分析したアメリカ、中国、日本、韓国4カ国のアジアの自由貿易協定への戦略をまとめたのが（表3）である。

表3　各国のアジアの自由貿易協定への戦略

アメリカ	中国	日本	韓国
TPP交渉に韓国、中国、カナダ、メキシコを参加させ、アメリカ主導の多国間貿易協定を推進	中国主導でASEANや韓国、日本を参加させるASEAN+3推進	ASEAN+6（日中韓＋豪州・インド・ニュージーランド）推進	韓米・韓EU優先＋中国と日本との個別FTA推進
中国へ知的財産権の保護など国際的規範の遵守を要求	自国産業を保護するためのアメリカ主導のTPPへ拒否感	中国を牽制するためのTPP参加	多国間貿易協定より二国間貿易協定交渉を優先

出所：筆者作成。

日本は何よりも経済的利益を考慮したTPP選択を優先する可能性が高い。「日本はTPPに参加することによって、アジア、南米の輸出市場を拡

大しうるだけでなく、GDPの直接増加率が上昇する効果も得られる。また、9カ国とFTAを締結することにより、韓国や中国よりもFTA推進が遅れ、相対的に不利な状況にある日本国内の批判世論を鎮める効果も期待できそうである」（ク・ボングァン：2011）。

　日本経済団体連合会は、3.11東日本大震災を乗り越え、活力のある経済社会の再構築を通じ、新たな日本の実現のためにTPP交渉への早期参加を促した（日本経団連：2011）。TPP参加への背景は、今後のFTAAPの構築を視野に入れている（APEC首脳会議：2011）[29]。また、日中韓FTA、ASEAN+6の促進とともに、EUとの「日本EU経済統合協定（EIA：Economic Integration Agreement）」交渉を早期に開始することを提言した。ただ、2012年、日本、カナダ、メキシコのTPP交渉参加と、日中韓FTAとASEAN +3（6）交渉が開始されるとしても、発効までに紆余曲折が予想される（高橋俊樹：2012）。特にTPPに関しては、すでに九つの加盟国（P9）間の交渉が開始され、2011年11月、APEC会議で包括的な合意が成立したにもかかわらず、具体的な分野別（サービス、知的財産権、労働環境など）協議のための基本的な進め方などが明確でないことがTPP推進の阻害要因となっている。さらに、日本の農産物自由化の問題、カナダの乳製品や鶏肉などの供給管理政策に関する自由化問題などが交渉アジェンダに追加される場合、迅速なTPP発効は難しいと考えられる。もちろん、米国内にも、伝統的に保護政策を要求してきた農業分野や繊維産業などからはTPP参加に批判的な声も存在する。したがって、アジア太平洋地域における高いレベルの貿易自由協定をめざしているアメリカ、あるいは日本がFTA（自由貿易協定）に加えてTPP交渉を高い水準のFTAとして位置づけていると仮定すると、必ずしも日本の通商政策の選択としてFTAとTPPを区別する必要はないと考えられる。

Ⅳ　今後の展望——北東アジア経済協力の進路

　以上、日本の通商政策をはじめとし、北東アジア経済協力の現状と

TPP構想、日本のTPP構想について考察した。また、TPPと日本国内の産業と日米経済関係、日中韓経済協力など、対内外の政策変化とメカニズムを分析した。そして、3.11東日本大震災後、日本の新たな突破口と想定しているTPPに対する激しい賛否両論の要因と、TPP参加を宣言した背景、そして、これらを取り巻く対内外の利害関係などを考察した。

3.11東日本大震災後、日本経済は未来を予想する重要な転換期を迎えているともいえる。世界で最もダイナミックなアジア太平洋地域でTPPを発効させ、経済統合の新たな制度的基盤を整備することができるかは、大きな関心事であることは間違いない（米国上院金融委員会 "Testimony of United States Trade Representative Ron Kirk Before the Senate Finance Committee":2010）。特に日本は今、TPPを通して、日本経済の進路を模索しているといっても過言ではない。しかし、TPP発効までのハードルを乗り越えるために、日本政府はTPP参加に対する日本国民の様々な疑問に、明確な解答を提示しなければならない。また、経済危機を打開するためという大義名分で、無条件的なTPP参加を推進するのではなく、TPPの参加を通じて日本の将来像はどのように変わるのか、3.11大震災による日本の復興にどのような影響を与えるのか、より慎重な議論と検討を行なったうえでTPPを進めなければならない。

日本のTPP参加表明は、国内外の環境変化に対応するための複合的な対応であるといえるが、その実現可能性を高めるためには、解決すべき課題が多い。日本はすでにEPA/FTA交渉とWTOドーハ・ラウンド（DDA）交渉の過程で、国内的に解決すべき農産物の関税水準や制度改革など多くの要因を抱えている。さらに、3.11大震災の復興に力を注がなければならない民主党の政治的リーダーシップを、TPPを通じて克服することができるかどうかの疑問や、世界貿易体制におけるリーダーシップの確保などの課題（要因）を解決しなければならない（ジャパン・レビュー 2011：157、金良姫 2010：1-7）。ただし、北東アジアの貿易関係におけるグローバル化の進化と地域統合化の進展・進化プロセスは、トレード・オフの相互対立的な関係ではなく、主として自由貿易化や経済統合を進めていくうえで、相互補完的な関係として同時に進行すべきことであろう。この論理

をふまえると、日本の通商政策において FTA と TPP という選択肢に関する分析も、両者選択よりも日本の地域統合（あるいは地域主義）と関連し、TPP 交渉も FTA 交渉の一環として展開されていたことも視野に入れる必要があろう。

　最後に、以上の議論に基づき、北東アジア経済協力の進路について考察したい。結論からいえば、しばらくは東アジア地域の経済統合構想は実現可能性が低いと予想される。そのような可能性を低下させる国内的要因としては、鳩山元政権と菅直人前政権に続き、野田首相にとっても、東アジア地域経済統合構想や東アジア共同体構想の実現に向けた、具体的な戦略とイメージが不在であることが挙げられる。しかし、東アジア共同体構想に対する米国以外の周辺国の対応が協力的であり、日本が具体的な戦略に基づいてアプローチをするならば、実現の可能性はあると考えられる。たとえば、2002 年にカンボジアで開催された日中韓首脳会議で、中国の提案がきっかけになった日中韓 FTA 共同研究は、2012 年末までの終了を目標にしている。また、2012 年 5 月 13 日に北京で開かれた日・中・韓 3 カ国の首脳会談では、自由貿易協定（FTA）の年内交渉開始に連携して対応することで合意し、北東アジアにおける経済協力の可能性の余地を残している。

　以上で述べた日本の経済と北東アジア経済協力の停滞を乗り越えるためには、日米間の信頼回復、日本の国内対応（農業問題の解決など）と具体的な実践案提示など、多くの阻害要因をどのように解決するかが最大のキーポイントとなるであろう。今後、「日本が日・中・韓協力（FTA）を優先して地域統合を追求するか、あるいは米国が主導する TPP プロセスを重視した外交通商政策を展開するのか」という選択肢が挙げられるが、しかし、何よりもアジアの「運転席」を希望している ASEAN やアメリカをどのように説得するかが重要であると考えられる。

[注]

*　本論文は、『저팬리뷰 2012: 3.11 동일본대지진과 일본／JAPAN RIVIEW 2012――3.11 東日本大震災と日本』(도서출판 문, 2012年)に収録した、金暎根「3.11 동일본대지진 이후 일본 경제와 동북아 경제협력의 진로: 환태평양경제동반자협정(TPP)을 중심으로／3.11 東日本大震災後の日本経済と北東アジア経済協力の進路――TPP政策を中心に」(韓国語)を大幅に修正·加筆した日本語版である。

1　先行研究としては、次の論文が挙げられる。鄭仁教・趙貞蘭(2007)「韓日FTAは可能なのか――韓国のFTA政策分析及び韓日FTA交渉に対する示唆」『ERINA REPORT』76号；金都亨(2007)「한일 FTA 협상 대립구도와 재협상 조건 정비 방향」『2007年度経済学共同学術大会発表論文集』；金基石(2007)「일본의 동아시아 지역주의 전략: ASEAN+3, EAS 그리고 동아시아 공동체」『국가전략』제13권 1호.; 金基石(2009)「동아시아 지역협력의 현황과 한국의 전략」『전략문제연구』제9권 4호.; 金基石(2010)「일본은 왜 동아시아 정상회의를 선택했는가?: 경로의존성, 전략적 이익, 또는 지역정체성」『국가전략』제16권 3호, pp.37-66.

2　たとえば、北東アジアにおける経済協力に関する先行研究としては、次の論文参考にすること。金暎根「北東アジアにおける経済協力の進路――日韓‐中韓‐南北FTAの停滞要因と推進戦略」『日本研究』高麗大学校日本研究センター、2012年2月、17巻, pp.275-298.

3　「経常収支(Current Account Balance)」は、国家間の商品(財貨)やサービスの輸出入、資本、労働などの生産要素の移動に伴う対価の収入と支給を総合的に表したもので、「国際収支」を構成する重要な要素である。貿易収支(商品収支)は、商品の輸出と輸入の差額を表す数値を意味する。

4　ERIA (Economic Research Institute for ASEAN and East Asia)は、東アジア・ASEAN経済研究センターを指す。同組織については、日本経済産業省『通商白書』2011年、p.256参照。

5　たとえば、事例研究としては次のようなものが挙げられる。金暎根「세계무역기구(WTO) 체제하의 일본 통상정책의 변화: 후지‐코닥 필름 분쟁을 중심으로」『통상법률(通商法律)』법무부, 통권 제81호, 2008년 6월호, pp.170-198；金暎根「미일통상마찰의 정치경제학: GATT/WTO 체제하의 대립과 협력의 프로세스」『일본연구논총(日本研究論叢)』현대일본학회, Vol.26, 2007, pp.71-111

6　これに対しアメリカは、関連する問題をWTOに訴えたが、最終的には、

WTO紛争解決手続のパネルで敗訴する。その後、WTOがカバーする分野以外の紛争事例で301条が発効される事例はなかった。
7　法制度化(legalization)の進展に関する代表的な議論は、Judith Goldstein, Miles Kahler, Robert O. Keohane and Ann-Marie Slaughter, eds., *Legalization and World Politics,* Cambridge, MA：MIT Press、2001などが挙げられる。一般的に法制度化(legalization)は「義務性」「明確性」「権限の委譲」の三つの要素により定義される。義務性とは「規則や合意が行為者を拘束する程度」、明確性とは「規則や約束が明確に規定されている程度」、権限の委譲とは「規則の解釈、紛争処理、規則の改正等の権限が第三者に委譲されている程度」を指す。つまり、法制度化が進んだ状況とはこの三つの要素が高まった状態であるといえる。
8　日本政府(経済産業省)は、EPA/FTAについては、次のように定義している。つまり、EPAとFTAをほぼ同一な自由貿易協定として認識している他国の一般的解釈とは異なり、日本(政府)はEPA（経済連携協定)とは、貿易自由化制度や経済活動の一体化のために着手する対象分野が非常に幅広い協定であることを強調している。「自由貿易協定(FTA)は、締約国間の関税その他の制限的通商規則などの撤廃を内容とする協定を指し、経済連携協定(EPA)は、FTAの要素に市場制度や経済活動の一体化のための取組も含む対象分野の幅広い協定を指す。通商白書においては、特に断りがない場合、EPAまたはFTAに関税同盟(域内の関税その他の制限的通商規則を撤廃し、かつ域外に対する関税その他の制限的通商規則を共通にする単一の関税地域を設定する協定)を含めた総称として、FTA/EPAと表記する」(日本経済産業省『通商白書』2011, p.viii)。つまり、EPAとFTAをほぼ同一な自由貿易協定として認識している他国の一般的解釈とは異なり、日本(政府)はEPA（経済連携協定)とは、貿易自由化制度や経済活動の一体化のために着手する対象分野が非常に幅広い協定であることを強調している。
9　日本の対外経済関係に関する外交政策は、外務省経済局(Economic Affairs Bureau in Ministry of Foreign Affairs of Japan)が主に担当している。
10　日本政府の公式的な立場を見ると、特定の国や地域間での商品の関税、サービス貿易の障壁等の削減・撤廃を目的としているFTA（Free Trade Agreement、自由貿易協定)は、EPAの主な内容の一つである。
11　日本の主要な対内外の経済産業政策に関しては、日本の経済産業省が発行する白書レポートに詳しく示されている。たとえば、『通商白書』『製造基盤白書(ものづくり白書)』『中小企業白書』『エネルギー白書』などがある(日本経済産業省ホームページhttp://www.meti.go.jp/report/)。
12　GCC（Gulf Cooperation Council)とは、ペルシャ湾沿岸の産油国が政治、

経済、軍事などの各分野で協力し、総合的な安全保障体制を確立するために、1981年5月設立した機構をいう。

13 日本のWTOに関する公式ホームページ（経済産業省対外経済政策総合サイト）は2009年12月9日付けのWTO閣僚会議の首相演説の概要を最後に、更新が行われていないということから、日本政府の関心は低下したようである（日本経済産業省ホームページhttp://www.meti.go.jp/policy/trade_policy/wto/index.html）。日本の通商政策における積極的なFTA/EPAやTPP政策は、グローバルな自由貿易システム代替案としての台頭したものではなく、相互補完的な通商政策である。WTOなどの多角的自由貿易体制の推進ならびに選択される戦略的な対外経済関係の構築ための一つの手段としてTPP協定交渉参加が議論されたのである。

14 TBT協定は、東京ラウンドにおいて1979年に「GATTスタンダードコード」として合意し、ウルグアイラウンドにおいて1994年にTBT協定として改定合意されて、1995年に世界貿易機関を設立するマラケシュ協定（WTO設立協定）に包含した標準化に関する条約（WTO/TBT協定）である。加盟国全てに対して、強制規格、任意規格、適合性評価手続について適用することを求め、規格類を国際規格に整合化することで、不必要な貿易障害を取り除くことを目的としている。詳しくは次を参考にせよ。世界貿易機関（WTO）附属書1A（E）http://www.wto.org/

15 東日本大震災は、日本の経済社会が極めて脆弱な基盤のうえに成り立っていたことを白日のもとにさらした。未曾有の大震災によって日本が直面している危機的状況を踏まえ、復旧・復興プロセスにおいて各種の提言が行われている。中でもTPP交渉への参加という選択肢が多くの支持を得たという経緯がある。

16 より具体的な内容は日本経済産業省『不公正貿易報告書2011年版』2011年、pp.495-496参照。

17 2011年5月17日の閣議で決定された「政策推進指針：日本の再生に向けて」の全文については、日本の内閣官房国家戦略室のホームページ（http://www.npu.go.jp/policy/pdf/001.pdf）を参照。

18 TPPが日本に及ぼす経済効果は、内閣府経済社会総合研究所、経済産業省、農林水産省がそれぞれ独自の立場からシミュレーション分析を行ったデータをもとに、内閣官房がまとめた内容である（内閣官房「EPAに関する各種試算」2011.10.18）。

19 このほか、日本の経済復興に関する著書（論文）には、二神壮吉・横山禎徳（2011）『大震災復興ビジョン——「先駆的地域社会」の実現』オーム社；岩田規久男（2011）『経済復興——大震災から立ち上がる』筑摩書房、などがある。

20 日本の通商政策プロセスにおける決定メカニズム（政策デザインと合意形

成)に関して、次のような分析アプローチに基づく分析が必要であろう。詳しくは、次の論文を参考にせよ。内山融(2010)「日本政治のアクターと政策決定パターン」『季刊政策・経営研究』Vol.3, pp.1-18.
21 TPP参加に賛成する主張は、萩原伸次郎『TPP──第3の構造改革』かもがわ出版、2011; 萩原伸次郎『日本の構造「改革」とTPP──ワシントン発の経済「改革」』新日本出版社、2011 参照。
22 TPP反対派の主張は、「TPP批判──何が起きるか」『世界』2011年4月号、岩波書店; 農文協編『TPPと日本の論点』農山漁村文化協会、2011; 農文協編『TPP反対の大義』農山漁村文化協会、2010参照。
23 星野は、「日米安全保障協定を基に日米同盟を結び、米国と利害を共有する日本にとり、米国抜で安全保障を重要な要素とする地域統合や共同体を形成することは望ましくない」と主張する。星野三喜夫(2011)『「開かれた地域主義」とアジア太平洋の地域協力と地域統合──APECの適切性と親和性についての実証的研究』パレード、p.203
24 The White House, "Remarks by President Barack Obama at Suntory Hall (in Japan)," November 14, 2009 (オバマ大統領のアジア政策演説(日本)).
25 TPPについて「米国の戦略的な目標は、アジア太平洋地域の経済統合を主導する足がかり(platform)を用意すること」と主張している(チェ・ウォンギ2010、7)。
26 もちろん、今年(2012年)、米国は大統領選挙を控えているため、第2期のオバマ民主党政権誕生、あるいは共和党の政権奪取いかんによって、対日政策も変化する可能性がある。
27 中国のFTA推進の現状に関しては、商務部の公式サイト参照(中国商務部の自由貿易構想に関するホームページ http://fta.mofcom.gov.cn/)。
28 韓国のFTA推進の現状に関しては、外交通商部の公式サイト参照(韓国外交通商部のホームページ http://www.fta.go.kr/)。
29 日本経済団体連合会の政策提言と調査報告サイトの中で、「アジア太平洋地域における経済統合の推進を促す」『アジア太平洋地域における経済統合の推進を求める──2020年のアジア太平洋自由貿易圏(FTAAP)実現に向けて』2011.12.13, 報告書参照。日本貿易振興機構アジア経済研究所(IDE-JETRO)も「TPPはFTAAP実現のための近道」であると主張している。平塚大祐・鍋嶋郁(2011)「アジア太平洋自由貿易圏(FTAAP)実現の道筋としてのTPP」

[参考文献]

外務省(2009)『日本の経済連携協定(EPA)交渉——現状と課題』外務省経済局
ク・ボングァン(2011)「日、FTAの代わりにTPPを選択するか？」サムスン経済研究所
関西大学社会安全学部編(2012)『検証：東日本大震災』ミネルヴァ書房、金暎根他訳(2012)図書出版ムン
金基石(2010)「일본은 왜 동아시아 정상회의를 선택했는가？：경로의존성, 전략적 이익, 또는 지역정체성(日本はぜ東アジア首脳会談を選んだのか——経路依存性・戦略的利益・地域停滞性)」『국가전략(国家戦略)』제 16권 3호, pp.37-66
金良姫(2011)「日本FTA政策の提示と今後の展望」『ジャパン・レビュー 2011』図書出版ムン
―――(2010)『今日の世界経済——日本の包括的なEPA基本方針の評価と示唆点』第10-29号, 対外経済政策研究院
金暎根(2008)「세계무역기구(WTO) 체제하의 일본 통상정책의 변화：후지-코닥 필름 분쟁을 중심으로(WTO体制下における日本通商政策の変化——富士・コダックフィルム紛争を中心として)」『통상법률(通商法律)』법무부, 통권 제81호, 2008년 6월호, pp.170-19
―――(2007)「미일통상마찰의 정치경제학：GATT/WTO 체제하의 대립과 협력의 프로세스(日米貿易摩擦の政治経済学——GATT/WTO体制下の対立と協力のプロセス)」『일본연구논총(日本研究論叢)』현대일본학회(現代日本学会), Vol.26, pp.71-111
竹中平蔵・船橋洋一編(2011)『日本大災害の教訓——複合危機とリスク管理』東洋経済新報社、金暎根訳(2012)図書出版ムン
チェ・ウォンギ(2010)『主要国際問題分析』No.2010-24、外交安保研究院
現代日本学会(2007)『日本政治論』現代日本学会
韓国外交通商部ホームページ(http://www.fta.go.kr/)
APEC首脳会議(2011)「アジア太平洋自由貿易圏(FTAAP)への道筋」経済産業省
内山融(2010)「日本政治のアクターと政策決定パターン」『季刊政策・経営研究』Vol.3, pp.1-18.
岩田規久男(2011)『経済復興——大震災から立ち上がる』筑摩書房
緊急災害対策本部(2011)「平成23年(2011年)東北地方太平洋沖地震(東日本大震災)について」(http://www.kantei.go.jp/)
経済産業省『通商白書』2008-2011年度

国家戦略室(2011)「政策推進指針——日本の再生に向けて」(平成23年5月17日閣議決定)(http://www.npu.go.jp/policy/pdf/001.pdf)
『世界』編集部(2011)『世界』4月号、岩波書店
高橋俊樹(2012)「TPP、日中韓FTAの今後の行方」『フラッシュ』150、国際貿易投資研究所(http://www.iti.or.jp/flash150.htm)
田中明彦(2011)「激突誌上対論　TPP参加の是非」『エコノミスト』、第89巻54号(通巻4203号)、毎日新聞社
内閣官房(2010)「EPAに関する各種試算」国家戦略室(http://www.npu.go.jp/policy/policy08/pdf/20101027/siryou2.pdf)
内閣府(2010)「包括的経済連携に関する基本方針」(平成22年11月9日閣議決定)
中野剛志(2011)「震災復興とTPPは矛盾する」『現代思想』6月号、Vol.39-8、青土社、pp.34-51
日本経団連(2011)「アピール2011——大震災を乗り越え、新生日本の創造に向けて」日本経済団体連合会(http://www.keidanren.or.jp/japanese/policy/index.html)
日本貿易振興機構(2010)「環太平洋戦略経済連携協定の概要」日本貿易振興機構(JETRO)
農文協(2011)『TPPと日本の論点』農山漁村文化協会
————(2010)『TPP反対の大義』農山漁村文化協会
萩原伸次郎(2011)『TPP——第3の構造改革』かもがわ出版
————(2011)『日本の構造「改革」とTPP——ワシントン発の経済「改革」』新日本出版社
橋本通産大臣談話(1995)『日米関係資料集1991-2011』東京大学東洋文化研究所(http://www.ioc.u-tokyo.ac.jp/~worldjpn/documents/indices/JPUS/iindex91-10.html)
平塚大祐・鍋嶋郁(2011)「アジア太平洋自由貿易圏(FTAAP)実現の道筋としてのTPP」2011日本貿易振興機構アジア経済研究所(IDE-JETRO)ホームページ(http://www.keidanren.or.jp/japanese/policy/2011/110/index.html)
二神壯吉・横山禎徳編著(2011)『大震災復興ビジョン——先駆的地域社会の実現』オーム社
星野三喜夫(2011)『「開かれた地域主義」とアジア太平洋の地域協力と地域統合——APECの適切性と親和性についての実証的研究』パレード
松野豊・林淑貞(2003)「知的資産創造——中国企業のグローバル化と対日進出」『知的資産創造』pp.38-45
松原隆一郎(2011)「激突誌上対論　TPP参加の是非」『エコノミスト』第89巻54号、毎日新聞社、pp.96-97

Judith Goldstein, Miles Kahler, Robert O. Keohane and Ann-Marie Slaughter, eds（2001），*Legalization and World Politics*, Cambridge、MA: MIT Press

US Senate Finance Committee（2010）"Testimony of United States Trade Representative Ron Kirk Before the Senate Finance Committee", 2010, March 10

論考5

東日本大震災、そして日韓両国の危機管理体制

徐 承 元
高麗大学校日語日文学科教授

1 概観

　2011年の日韓政府間関係は、春までは非常に良好な状態を維持していたが、夏以降はやや対立的な様相を呈し始めた。2011年初めに両国政府のなかでは、1998年の「日韓パートナーシップ共同宣言」(いわゆる金大中・小渕共同宣言) を発展的に継承するとの内容の「新日韓共同宣言」の発表が進められた。また、3月の東日本大震災発生直後は、韓国側が史上初の対日支援と声援を送り、日本側がそれを快く受け入れることで、日韓関係の新たな転換点となった。こうした友好ムードは、その後の独島（日本名、竹島）問題と関連した日本政府の中学校教科書検定合格（3月）、外交青書（4月）および防衛白書（8月）の発表によって一時的な停滞に直面した。
　しかし、両国ともに東日本大震災への支援問題と独島問題を切り離したかたちで対応し、メディアも比較的に自制した反応を見せたことで、それ以上の関係悪化は見られなかった。韓国の李明博政権は、政権発足以来の日本重視姿勢を相変わらず維持した。9月に発足した日本の野田佳彦内閣は、菅直人内閣と同様に、韓国重視姿勢を堅持した。野田首相も就任後の最初の訪問先として韓国を選択し、菅内閣が約束した朝鮮王室儀軌の返還についても前向きな姿勢で臨んだ。しかし、後半に入り、政府間関係は、従軍慰安婦問題をめぐって対立が再燃する兆しを見せ始めた。韓国憲法裁

判所の違憲判断を背景に、韓国側が個人請求権問題についての政府間協議を提起したからだ。結局、12月に京都で開かれた日韓首脳会談も新日韓共同宣言、日韓FTA/EPA、対北朝鮮政策協調といった重要案件には触れず、従軍慰安婦問題をめぐる応酬で終始した。

　一方、民間交流では、いくつかの質的な変化が見てとれた。人的交流の場合は、東日本大震災の影響によって、韓国人の日本訪問がやや停滞する様相が見られた。交流が最も活発な分野が文化交流であった。大地震後の韓国側の支援と激励、そして日本側の感謝表明は友好ムードの拡大に貢献した。韓国大衆文化の活発な日本進出も続いた。経済交流においては東日本大震災や円高などを背景に、韓国側が輸出競争力確保、日本企業の韓国投資および工場移転、対日貿易収支赤字の減少などといった反射利益を享受する状況が現れた。もちろん、影の部分も依然として存在していた。地方参政権問題は、日本民主党内の意見不一致によって全く進捗が見られなかった。本論では、まず、2011年にどのようなイシューおよび事件があったのか整理する。次に、日韓両国がいかなる危機管理体制を構築しており、それぞれどういう課題を抱えているかを概略的に点検してみたい。

2　主なイシューおよび事件

(1)　検討と構想だけで終わった「新日韓共同宣言」

　2011年初め、両国政府は「日韓新時代共同研究」報告書をもとに、1998年10月の「金大中・小渕共同宣言」を発展的に継承するかたちの新日韓共同宣言の発表について検討に入った。菅直人内閣が積極的に提案し、李明博政権が前向きに検討するという状況であった。新共同宣言の核心的な内容の一つは、韓国軍と自衛隊との間の平時協力の強化であった。不安定な北朝鮮情勢、国際テロ、国際貢献活動など、安全保障協力の重要性が増しているとの認識のもとで、①海外に派遣した韓国軍と自衛隊の間の軍需物資・役務提供を含む物品役務相互提供協定（ACSA）の締結、②軍事機密保全に関する規則を包括的に定めた軍事情報包括保護協定（GSOMIA）の締結をめざすものであった。

　1月10日の金寛鎮（キム・グァンジン）国防部長官と北澤俊美防衛相

の会談では、①ACSA 締結交渉の開始、②北朝鮮による武力挑発の不容認、③国防長官・次官級会談の定例化、④GSOMIA 締結と関連した実務レベル協議などが合意された（読売新聞 2011.1.11）。日韓 ACSA の場合、国連平和維持活動（PKO）や海外における大規模災害発生時に韓国軍と自衛隊が現地で物品・役務を提供するという、有事型ではなく、「平時型」が想定された。GSOMIA が締結されれば、北朝鮮の大量破壊兵器（WMD）などの情報を共有することになる。日本はこれを契機に、韓国軍との平時協力はもちろんのこと、今後有事協力にまで発展させる意向を示した（読売新聞 2011.1.4）。これに対し、韓国側は、それが軍事関係の格上げはもちろん、成熟したパートナーシップ関係の構築に役立つと期待しながらも、国内の反日感情などを理由に漸進的かつ段階的に推進するという、やや慎重な姿勢を見せた（朝鮮日報 2011.1.11）。

そもそも両国は、李明博大統領の日本国賓訪問に際して、新共同宣言を発表したいという構想を持っていた。しかし、国賓訪問はついに実現しなかった。北朝鮮の延坪島砲撃事件（2010.11）、東日本大震災（3.11）、日本政府の中学校教科書検定発表および外交青書・防衛白書の閣議決定（3月から8月）、韓国国会議員の北方領土訪問および日本自民党議員の鬱陵島訪問の試み（7～8月）など、状況が一向に好転しなかったからだ。国賓訪問に代わったのは 12 月 17 ～ 18 日の実務訪問（於京都）であった。これも特別な成果は出せなかった。首脳会談の席で、野田首相は日韓 FTAをめぐる論議の再開と ACSA などの安全保障協力を提起し、李明博大統領は従軍慰安婦問題を集中的に取り上げた。

結局、新共同宣言の発表は流れた。問題は、安全保障協力についての韓国側の立場がまとまらなかったことにあった。国内世論は、対日安全保障協力に依然として抵抗感を持っていた。政府内の立場も分かれていた。国防部は PKO 協力の経験と北朝鮮情報の共有などを考慮して積極的であったが、外交通商部は中国を刺激する恐れがあると判断した。政権としての決断を下すのも容易ではなかった。国内の政治的な争点になりかねない、非常にリスクの高い問題であったからだ。専門家たちのあいだでも、日韓軍事協定についての見解は真っ二つに分かれていた。慎重論者たちは、日

韓軍事協定が日米韓三角同盟のことを意味しており、海洋勢力と大陸勢力との間の対決構造をもたらしかねないと懸念した。賛成論者たちは人権、民主主義といった基本的な価値を共有し、両国が対米同盟の地域化、グローバル化に対応してこれまでの準同盟関係を越える必要があると主張した（徐承元 2011、381）。

(2) 東日本大震災と日韓協力の新しい転機

2011 年 3 月 11 日の津波映像は、日本はもちろんのこと、世界中に大きな衝撃を与えた。マグニチュード 9.0 という超大型地震と高さ 20 メートル以上の津波が北東部海岸地域を襲ったのに続き、福島原子力発電所の爆発事故と稼動中止、そして放射能汚染は、東京を含む関東地域に甚大な被害をもたらした。日本政府の 2012 年 1 月 10 日の発表によるとインフラ、住宅、工場設備などの固定資産の被害額は「16-24 兆円」に達した（3 カ月後に正確なデータをもとに発表された被害額は 16.9 兆円）。2011 年 8 月 31 日現在、人的被害は約 2 万 6000 名（死亡 1 万 5844 名、行方不明 3450 名、負傷 5891 名）であり、死者のうち津波による溺死が 92.4%、圧死・崩壊死 4.4%、焼死 1.1%、原因不明 2.0% であった。避難者数は 33 万 4786 人、建物被害は全壊 12 万 7212 戸、半壊 23 万 2458 戸、一部破壊 65 万 7742 戸であった。1995 年の阪神・淡路大震災（以下、阪神大震災）当時、死亡 6434 人（建物の崩壊・窒息・ショック死 83.3%、焼死 12.8%、原因不明 3.9%）、1923 年の関東大地震の場合、死亡者 10 万 5385 人（住宅全焼 10.5%、火災 87.1%、流失・埋没 1.0%、工場などの被害 1.4%）であった。今回の被害の大きさが見てとれる。

今回の大地震は、逆説的ではあるが、日韓関係の発展にとって新しいチャンスを与えた。韓国政府は事件直後、素早く政府を挙げての支援を決定した。1250 万ドル相当の緊急支援決定、世界に先駆けての 119 緊急レスキュー隊派遣（100 名以上の大規模な規模での派遣は史上初）、救援物資の提供、原発専門家の派遣などがそれであった。ホウ酸 52.6 トンおよび液化天然ガス（LNG）50 万トンなど、史上初の戦略物資支援も行われた。続いて李明博大統領は 14 日、「近い隣国である我々が一番先に行って助けなけれ

ばならない。今回の困難によって我々両国民が真の意味で新しい時代を切り開くことのできる契機になるかもしれないと思う」と述べ、18日には在韓日本大使館に用意された犠牲者弔問所を訪問した。大統領本人による日本大使館訪問も解放後初めてのことであった。また、日中韓首脳会談への出席のため訪日した李明博大統領は、5月21日、宮城県多賀城市と名取市をも訪問した。一方、国際社会による支援を見ると、米国はレスキュー隊のほかに、米軍による大規模支援作戦（航空母艦・艦船約20隻、航空機約160機、兵員約2万人以上の「トモダチ作戦」）を展開した。そのほか、世界163カ国・地域と43の国際機関が支援を表明し、63カ国・地域・国際機関が救援物資を提供した（表1参照）。

表1　海外救助隊・専門家派遣状況（2011年9月15日現在）

	国家・地域・国際機関	構成	到着	協力省庁	活動地域	備考
1	韓国	関係者5名, 救助犬2匹, 救助隊102名	3.12	警察庁, 防衛省	宮城県	3.23引き上げ
2	シンガポール	関係者5名, 救助犬5匹	3.12	警察庁, 防衛省	福島県	3.15引き上げ
3	ドイツ	救助隊41名, 救助犬3匹	3.13	消防庁	宮城県	3.15引き上げ
4	スイス	救助隊27名, 救助犬9匹	3.13	消防庁	同上	3.16引き上げ
5	米国	救助隊144名, 原子力委員会専門家11名, エネルギー部34名, PNNL2名	3.13	消防庁, 警察庁, 防衛省	岩手県, 東京都, 福島県	救助隊3.19引き上げ, 専門家活動中
6	中国	救助隊15名	3.13	消防庁, 防衛省	岩手県	3.20引き上げ
7	イギリス	救助隊69名, プレス8名, 救助犬2匹	3.13	防衛省, 消防庁	岩手県	3.17引き上げ（米国と合同活動）
8	ニュージーランド	先発隊7名, 救助隊45名	3.13	消防庁	宮城県	3.18引き上げ
9	UNDAC	災害調整専門家7名	3.13	なし	JICA東京	3.23引き上げ

	国家・地域・国際機関	構成	到着	協力省庁	活動地域	備考
10	UNOCHA	災害調整専門家 3 名	3.13	なし	JICA 東京	4.2 引き上げ
11	メキシコ	救助隊 12 名,救助犬 6 匹	3.14	警察庁	宮城県	3.17 引き上げ
12	オーストラリア	救助隊 75 名,救助犬 2 匹	3.14	消防庁	宮城県	3.19 引き上げ
13	フランス	救助隊 134 名	3.14	警察庁	宮城県,青森県	3.23 引き上げ
14	台湾	救助隊 28 名	3.14	警察庁	宮城県	3.18 引き上げ
15	ロシア	救助隊 75 名,81 名(第二陣)	3.14	警察庁	宮城県	3.18 引き上げ
16	モンゴル	救助隊 12 名,非常事態部長官 1 名	3.15	警察庁	宮城県	3.19 引き上げ
17	UNWFP	物流支援要員 25 名	3.15	なし	東京都,宮城県,岩手県,福島県	7.31 引き上げ
18	イタリア	調査隊員 6 名	3.16	なし	東京都	3.21 引き上げ
19	インドネシア	救助隊 11 名,医療・事務員 4 名	3.18	なし	宮城県	3.23 引き上げ
20	南アフリカ共和国	救助隊 45 名	3.18	警察庁	宮城県	3.25 引き上げ
21	IAEA	放射線計測専門家 16 名,海洋放射線計測専門家 1 名,IAEA 国際支援調整官 1 名,BWR 専門家 3 名,IAEA 調査官	3.18	文部科学省,保安院	東京都,福島県,茨城県	4.11 引き上げ
22	FAO/IAEA	食品モニタリング専門家 4 名	3.26	厚生労働省,農林水産省,自治団体	福島県,茨城県,栃木県,群馬県,東京都	4.1 引き上げ
23	トルコ	救助隊 32 名	3.19	警察庁	宮城県	4.8 引き上げ
24	イスラエル	医療支援チーム 53 名	3.27	なし	宮城県	4.10 引き上げ

	国家・地域・国際機関	構成	到着	協力省庁	活動地域	備考
25	インド	災害対応チーム46名	3.28	警察庁	宮城県	4.6引き上げ
26	ヨルダン	医療支援チーム4名	4.25	なし	福島県	5.12引き上げ
27	タイ	医療支援チーム4名	5.6		福島県	6.3引き上げ
28	スリランカ	復興支援チーム15名	5.12		宮城県	6.1引き上げ
29	フィリピン	医療支援チーム3名	6.28		岩手県, 宮城県	7.11引き上げ

出所：日本内閣府緊急被害対策本部（2012.1.10）をもとに作成。

　民間レベルの支援と義捐金募金もかつてないかたちで行われた。ソウルなど主要都市に「日本頑張れ！」と書いた垂れ幕がかかり、幼い子どもたちが応援のメッセージを書いた手紙を送った。東亜日報は第1面に「頑張れ日本！」を掲載しながら、支援キャンペーンをリードした。全国経済人連合会（全経連）をはじめとする経済5団体も、2005年当時の米国カトリーナ被害への支援規模を凌駕する、史上最大規模の特別義捐金を集めることを決定した。現代重工業は、電力不足を補うために、移動式発電機4基を支援した。その他にも芸能人、地方自治団体、宗教法人、教育機関、市民団体などによる義捐金が続いた。その義捐金の規模は1カ月で580億ウォンにも達した。こうした韓国政府および民間の支援に対し、菅直人首相は大韓赤十字社（3.23）ならびに韓国の主要日刊紙を介して、国を挙げての温かい支援に感謝の意を表明した。

(3) 平行線の独島・教科書・従軍慰安婦問題

　しかし、上記のような日韓友好ムードは、3月末以降ブレーキがかかり始めた。争点は、独島問題であった。日本文部科学省が3月30日に発表した中学校地理、公民教科書検定結果によると、地理、公民教科書11種のうち10種が独島を日本固有の領土であると記述した（2004年の検定で

独島問題を言及したのは公民教科書3種であった)。「韓国が独島を不法占拠している」という内容を盛り込んだのも従来の1種から4種に増えた。韓国の対日支援と教科書問題は切り離して対応するとした民主党政権の立場を反映したものだった。それに加えて、日本政府は4月1日に『外交青書（2010年版）』、8月2日に「日本固有の領土である北方領土と竹島（韓国名、独島）の領土問題が依然として未解決のまま存在する」との内容の2011年版『防衛白書』を発表した。一方、鳩山由紀夫前内閣が重点を置いた東アジア共同体構想については簡単に触れるだけであった。

韓国政府は対日支援と独島問題を切り離して対応する方針を表明しながらも、一方では独島への実効支配を強化する方案を発表した。国務総理室直属の「独島領土管理対策団」はヘリポート補強工事、独島教育展示会の実施、早急の総合海洋科学基地建設などを再度確認した。独島防波堤補強工事、水中観覧施設建設なども付け加えて発表された。7月には大韓航空機（KAL）が独島上空を試験飛行したことで、日本政府がそれを領空侵犯と規定し、抗議する場面もあった。日本外務省は7月18日から1カ月間、外務省の全職員に対し、公務遂行の際にはKAL機の利用を自粛するように指示し（朝日新聞 2011.7.14)、国際司法裁判所（ICJ）に独島問題を提訴する案について検討するとの意向も示した。

こうしたなかで、両国の政治家たちが偏狭なナショナリズムを刺激する動きも活発になった。菅直人首相側近である土肥隆一衆議院議員は、3月、国内の激しい批判に直面した。同議員は、日本政府が独島領有権主張を中止すべきたと発言したからだ。4月には、李在伍（イ・ジェオ）特任長官が教科書検定に抗議するかたちで独島を訪問する場面を演出することもあった。続いて5月には、姜昌一（カン・チャンイル）議員を含む「独島領土守護対策特別委員会」所属の国会議員3人が、日ロ間の領有権問題の対象となっている北方領土（択捉島）を国会議員として初めて訪問した。ロシアのビザを取得したうえでのことで、結果的にロシアの管轄権を認めるものであった。8月にはそれに応酬するかたちで、日本自民党「領土に関する特命委員会」所属議員3人（新藤義孝、稲田朋美、佐藤正久）が鬱陵島を視察する目的で金浦空港に到着した。自民党執行部は、国会日程な

どを理由に不許可の方針を通告した状態であった。韓国政府も身の安全を理由に、出入国管理法条項（対テロリスト）を適用して、その3人の入国を拒否した。

秋以降は、従軍慰安婦問題が水面上に浮かび上がった。8月の末、韓国の憲法裁判所が韓国政府の不作為（解決のために十分な努力を払っていない）を違憲として判断すると、それを受けて9月には、韓国政府が旧日本軍慰安婦の個人請求権問題に関連した政府間協議を日本側に提案したからだ。国連総会委員会では同月、14年ぶりに慰安婦問題が戦争犯罪などに該当する可能性があるとし、賠償請求権が存在するとの見解を表明した。金星煥（キム・ソンファン）外交通商部長官も、日本の玄葉光一郎外相とのニューヨーク会談で、この問題が「人道的な問題であり、被害者の平均年齢が86歳であることを勘案して、日本が大局的な決断によって解決策をつくる必要がある」と強調した。

そのフィナーレを飾ったのは12月18日の日韓首脳会談（於京都）であった。李大統領はその席上で「慰安婦問題は、日本政府が認識を変えればすぐにでも解決することのできる、法律以前の国民情緒、感情の問題だ。おばあさんたちは、あと何年もたてばみんな亡くなられるかも知れない。大局的な次元での政治的な決断を期待する」と、強い口調でその解決を促した。これに対して野田大臣は、今後も人道主義的な観点から知恵を絞るとしながら、従来の立場を繰り返すのにとどまった。なお、野田首相は12月14日、在韓日本大使館前に設けられた「平和碑」の撤去を要請した。平和碑は、1992年1月8日に始まった水曜集会の1000回を記念し、慰安婦少女をイメージした1.2メートルの大きさの銅像であった。李大統領からは、誠意ある措置がなければ、第2、第3の銅像が建てられるであろうという返答が返ってきた。

(4) 朝鮮王室儀軌など1205本を返還

日韓図書協定批准案は4月末に日本の衆議院で成立し、5月末には参議院で賛成多数で承認された。図書返還は2010年8月、菅直人首相による韓国強制併合100周年談話で約束され、同年11月の李大統領との会談で

合意したものであった。参議院において民主党、公明党、社会党は賛成（145票）を、そして自民党は反対（86票）を表明した。自民党の主張は「韓国にある日本の主要書籍についても返還を要求し、フランスのような長期貸与方式を考慮すべきだ」ということだった（朝鮮日報 2011.5.28）。批准案が通過した後の10月19日に訪韓した野田首相は、書籍1205冊のうち、まず5冊を返した。大礼儀軌、王世子家礼図鑑儀軌、正廟御製の3種5本だった。野田首相は過去の朝鮮総督府所蔵文献について、「韓国にも日本と関連する文書があるので、それに対するアクセスの改善を期待する」と付言した（毎日新聞 2011.10.19）。かつて朝鮮総督府が所蔵していた古文献2万8000点が韓国に残っており、これを返してもらわなければならないとする日本国内の主張を意識した発言であった。残りの147種1200冊は、12月6日に返還された。返還図書は、①朝鮮王室儀軌81種167本、②伊藤博文搬出図書66種938本、③増補文献備考2種99本、④大典会通1種1本だった。

　図書返還に決定的な貢献をしたのが慧門（ヘムン）僧侶をはじめとする民間団体の献身的かつ不断の努力であった。慧門は2006年春、朝鮮王朝実録還収委員会を構成し、同年7月に東京大学から同実録を取り戻すことに成功し、9月からは文化財返還委員会を組織して宮内庁が所蔵している朝鮮王室儀軌返還運動を展開した。図書返還の大きな礎であった。　日本側も笠井亮（58）日本共産党の衆議院議員などの役割が少なくなかった。彼は2007年に宮内庁に保管されていた朝鮮王室儀軌を直接調査し、朝鮮総督府による搬出許可の判子を確認した人であった（朝鮮日報 2011.4.29）。ちなみに、8月中旬に開かれた国立中央博物館図書特別展（「145年ぶりの帰還、外奎章閣儀軌」）は、開幕1カ月で来場者10万人を突破した。

(5) FTA（EPA）交渉の停滞、そして経済交流の変化

　日韓FTA交渉は2010年10月、韓国側が中国とのFTAに先立って推進しようという日本側の要請を受け入れた後も、それほどの進展はなかった。韓国が1990年代後半の東アジア金融危機以降、規制緩和や自由貿易促進など、グローバリズム路線をとってきたのに対し、日本は農業保護な

どといった内向きの姿勢を固守した。当然、韓国の対日FTAへの関心も低下した。国内製造業基盤の瓦解、対日貿易赤字への懸念も依然として存在した。対日貿易においては、すでに関税が大幅に引き下げられており、FTA締結による利益もそれほど大きくないと思ったのが、日本よりは、EU、米国、インド、中国などとの間でのFTAを好んだ理由であった。しかし、両国経済界では徐々にFTAについての共感が広がっていた。9月末にソウルで開かれた韓日経済人会議の場で、双方は「経済統合を通じて両国を一つの経済圏に結ぶことが望ましく、それは膨大なマーケット創出の効果をもたらすだろう」(趙錫来[チョ・ソクレ]日韓経済協会会長)、「アジアの二大先進国が先に自由経済圏を形成し、それを通じて東アジア経済を一体化させることが重要だ」(佐々木幹夫日韓経済協会会長)と指摘しながら、FTA交渉の速やかな再開を促した(朝鮮日報 2011.9.29)。

10月の野田首相の訪韓を契機に交渉再開の兆しも現われた。両首脳が、2004年以降中断のままであるFTA交渉の再開で意見が一致したからだ。菅直人内閣が安保協力を重視したのに比べ、野田内閣は環太平洋戦略的経済連携協定(TPP)および日韓FTAをより重視していた。この時、野田首相がレバレッジとして使ったのが日韓通貨スワップの拡大であった。通貨スワップの利用実績はなかったものの、ヨーロッパ経済危機の拡大に備え、通貨スワップ規模(130億ドル)を5倍以上(700億ドル)に拡大する内容であった。外貨調達の3割をヨーロッパ系銀行に依存する韓国の銀行業界が困難に直面する場合を念頭に置いたものであった(読売新聞 2011.10.20)。韓国側も「ウォン」の価値が急落し、外貨が不足する可能性を懸念していた(毎日新聞 2011.10.20)。それにもかかわらず、交渉再開の具体的な日程を決めることはできなかった。

一方、東日本大震災後、日本企業が活発に韓国への進出を始めたのは興味深い。韓国の上半期における対日部品素材輸出は、前年度同期比35.1%増の84億ドルを記録した。また円高、火力発電用エネルギーの輸入急増などにより、韓国の対日貿易収支赤字は前年度比29%減となった(韓国経済新聞 2012.1.25)。海外インフラ事業の受注においても、両国企業間の協力の事例が増加した。三井物産と大宇建設は、モロッコの石炭火力発電

所事業（1000億円規模）を共同で受注した（東亜日報 2011.8.26）。日本の先端産業の韓国への生産基地移転と合弁会社の設立、株式投資も増加傾向を見せ、研究開発（R&D）センターの設立も増加した。炭素繊維分野の世界1位の企業であるTORAYの生産工場(亀尾、10年間で1兆3000億ウォン)、東京エレクトロンの研究開発センター（華城、670億ウォン）、住友化学スマートフォン用タッチ・パネル工場（平沢、サムスン電子との共同生産、2600億ウォン）、ULVAC超材料（平沢、サムスン電子/LG電子と共同開発）、およびソフトバンクのインターネットデータセンター（釜山）などがそれである(朝鮮日報 2011.6.29)。韓国知識経済部の統計によると、日本の韓国への投資（新規投資、増額投資、長期借款、Dummyを含む）は、2005年612件（18億8079万ドル）、2006年584件（21億1104万ドル）、2007年470件（9億9029万ドル）、2008年460件（14億2394万ドル）、2009年370件（19億3425万ドル）、2010年422件（20億8263万ドル）、2011年499件（22億8428万ドル）で持続的な増加傾向を示した（知識経済部外国人投資統計）。

(6) 人的、文化的交流の進展

　人的交流においては多少流動的な状況を見せた。韓国観光公社出入国統計（2011.1～11）によると、日本人の韓国訪問は、前年度比7%増の298万9982人、韓国人の日本訪問は32.3%減の138万2527人であった（日本政府観光局1～12月の統計によると168万8100人）。日本人の韓国訪問の増加は、円高、再訪問者および高価買い物客などの増加を反映したものだった。韓国人の日本訪問減少は、世界的な金融不安、円高とウォン安、韓国内の物価上昇、そして何よりも東日本大震災とそれに続く福島原発事故の影響が大きかった。付け加えると、個人や団体訪問の大規模なキャンセル、韓国外交通商部による被災地への渡航自粛勧告、放射能汚染などと関連した韓国メディアの大々的な報道がマイナス要因として働いた。参考に、韓国人の中国訪問は3.5%増の358万4500人、タイ訪問は33.7%増の86万4410人、米国訪問は4.1%増の87万7088人であった（旅行新聞 2012.1.16）。ただし、それにもかかわらず、2011年に日本を訪れた外国人

のうち、韓国（26.7%）は、中国（16.8%）、台湾（16.0%）、米国（9.1%）、香港（5.9%）に比べて圧倒的な割合を維持した（日本政府観光局 2012）。

文化交流は、一層複雑な様相を呈した。9月末にはすでに定例化したソウル広場での「日韓交流おまつり」が「ありがとう韓国！頑張れ日本！」というテーマで盛況のうちに開かれた。大衆文化の場合は、日本国内のK-POPブームが続いた。東方神起、ビッグバン、KARA、少女時代などのアイドルグループの進出は、日本の「韓流ブーム」が日本社会のメールストリームにアクセスする第3期に入ったとの指摘もされた（鄭求宗[チョン・グジョン]、2011年 79-90）。同時に2011年の秋、日本の右翼団体をはじめとする2000人余りがフジTVの建物の前で「反韓流」デモを展開するなど、韓流ブームがナショナリズムを刺激する現象も現れた。興味深いことに、他局に比べて多くの韓国ドラマを放映するフジTVは、産経新聞の大株主であり、新しい歴史教科書をつくる会の教科書を出版する扶桑社の親会社でもあった。また、「マンガ嫌韓流」シリーズは、2005年の出版以来100万部以上も販売された。

3　争点――日韓両国の危機管理体制

2011年3月11日、東日本地域を襲った大地震、津波、そして原発事故は、天災と人災が重なった複合的な大災難であった。また、その被害が周辺諸国にまで波及した超国家的な危機でもあった（御厨 2011、30）。それでは、日本の危機管理体制は果たしてどのように整備されているか。それと関連して韓国の危機管理体制はどのようになっているか。以下では、法制を中心に、両国の危機管理体制の現状と課題を点検してみたい。本論に入る前に、危機（crisis）、危機管理（crisis management）などの概念を簡単に整理しておこう。「危機」とは「危険な瀬戸際または時期」（韓国国立国語院標準国語大辞典）ないし「悪い結果が予測される危険な時・状況」（広辞苑）を意味する。社会科学では、「政策決定者が認識する最上位の目標が脅かされており、対応の時間は限られ、全く予期せぬ状況」（Herman 1969、21-36）、または「自分が保有する価値が損害を被る可能性が高い状況」（Baldwin 1997、22-3）として定義される。一方、「危機管理」は、安全

(security) 管理、脅威 (threat) 管理とともに、広義のリスク (risk) 管理に含まれるが、通常リスク管理と同じ意味で取り扱われる。なお、危機管理は、危機発生前の危機統制（事前対策行動）と発生後の事態管理（事後対応行動）に分けられることもある（大泉 2008、405-9）。

(1) 韓国の危機管理体制

韓国において国家危機とは、国家の主権・政治・経済・社会・文化体系など、国を構成する核心的な要素や価値に深刻な危害が加えられる可能性があるか、加えられている状態として定義される。一方、国家危機管理は、全面戦争を含めて、日常的な事態の展開を超えたすべての緊迫した状況を安定的に克服し、危機的な状況や規模の悪化およびその拡大を防ごうとする政府の諸活動のことをいう（イ・ジョンソク、イ・サンヒョン 2002、1-2）。危機管理体制は、そのほとんどが憲法や法律に明示されている。その大まかな構成は次の通りである。

○国家緊急権関連
　——大統領緊急命令（憲法第51条、非常措置権）、大統領緊急財政経済命令（憲法第76条）、戒厳（憲法第77条、非常戒厳および警備戒厳）および戒厳法、国家安全保障会議（憲法第91条）および国家安全保障会議法
○物的動員関連
　——非常対備資源管理法、徴発法
○人的動員関連
　——兵役法、郷土予備軍設置法、民防衛基本法
○その他
　——戦時待機法令案、統合防衛法、大統領訓令（国家戦時指導指針、国家危機管理基本指針、国家対テロ活動指針など）
○災害関連
　——災難および安全管理基本法

危機管理体制の根幹をなすのが憲法（第6共和国憲法、1987年改訂）上の国家緊急権である。代表的な国家緊急権は、①大統領緊急財政経済命令および緊急命令（第76条）、②戒厳（第77条）および戒厳法、③国家安全保障会議（第91条）および国家安全保障会議法がある。大統領緊急命令とは、内政上の重大な危機や交戦発生時に、大統領に内政・外交・国防・経済・財政・司法など、国政全般にわたる非常措置権限を付与するものであり、戒厳は戦時・事変・国家非常事態に対して、大統領に物理力を動員した戒厳令を宣布することができるようにしている。国家安全保障会議（NSC）は、対外政策・軍事政策と国内政策の策定について大統領の諮問に応じる。

ここで特筆すべきことが盧武鉉政権（2003.2-2008.2）時代に法令、組織改編などを通じて21世紀型の危機管理体制の基盤が用意された点である（ギム・ヨルス 2005、27）。NSCの拡大・改編、NSC事務処傘下に国家危機管理センターの設置、国家危機管理基本指針および類型別の災難対応標準マニュアルの作成などが行われ（表2を参照）、災難関連の諸法律を統廃合した「災難および安全管理基本法」も制定された。伝統的な安全保障分野だけでなく、災難・国家核心基盤麻痺などを国家級危機に含めたことは注目に値する。2008年の李明博政権の発足によって、NSC事務処や国家危機管理センター廃止など、危機管理体制への関心が一時低下したが、金剛山観光客射殺事件（2008.7）、北朝鮮の延坪島砲撃事件（2010.11）などを経ながら、国家危機管理基本指針の改正（2008.10）、廃止された国家危機管理センターの国家危機管理室への拡大・改編、そして「国家安全保障会議の運営等に関する規則」の改正（2010.12）が行われた（世界日報 2008.10.19; マネー・トゥデイ・インターネット版 2010.12.21）。その結果、盧武鉉政権当時に整備された危機管理体制の機能が大部分に回復された。

次に、平時・戦時の資源動員を定めたのが非常待備資源管理法（1984.8制定）と徴発法である。前者は人的・物的資源の効率的な活用のためのもので、物資の消極的な調査のみならず、重点管理業者を積極的に指定できるようにする非常時「対備策」を規定する。最近、非常対備業務（乙之練習・忠武訓練、備蓄・動員物資調査、職場民防衛・予備軍業務など）の重要性

表2　領域別危機類型の分類

危機発生領域			危機類型分類
対外的	対北朝鮮関係	軍事的[領域1]	(1) 全面戦争勃発の危機 (2) 北朝鮮の局地挑発 (3) 武装兵力の浸透 (4) 特定目的への北朝鮮の攻撃と脅威態勢 (5) 南北の軍事力均衡状態への深刻な脅威 (6) 北朝鮮と周辺国間の軍事的衝突
		非軍事的[領域2]	(7) 北朝鮮内の政治急変 (8) 北朝鮮内の深刻な社会的混乱状態 (9) 集団脱北者や大量難民の対南流入 (10) 北朝鮮内の韓国民資産に対するテロ、抑留と拘禁 (11) 突発的な北朝鮮の対外政策と対南政策の変化 (12) 我が方の国民や資産に対する北朝鮮側のテロ
	対周辺国関係	軍事的[領域3]	(13) 周辺国の北朝鮮に対する核心的な戦略兵器の支援 (14) 地域における大量破壊兵器の拡散 (15) 海上または空中における周辺国との偶発的な軍事衝突 (16) 周辺国のわが国に対する意図的な軍事圧力／挑発行為
		非軍事的[領域4]	(17) 周辺国間の戦略的な均衡状態の急変 (18) 周辺国の対韓半島政策の急変事態 (19) 北東アジア以外の地域における周辺国との戦略的利害の対立
	対国際関係	軍事的[領域5]	(20) 北東アジア以外の地域において軍事的な介入が不可避な事態 (21) アメリカの対韓国軍事支援の力量上において重大な欠陥をもたらす事態 (22) 海上および空中の輸送路上の危害事態
		非軍事的[領域6]	(23) 国際的な経済危機による安保上の脅威発生事態 (24) 国際貿易上の深刻な経済的衝突 (25) 超国家集団による不特定な混乱事態
対内的		軍事的[領域6]	(26) 不純勢力による軍事クーデター (27) 国内における武装蜂起
		非軍事的[領域7]	(28) 深刻な国内政治・社会的な混乱事態 (29) 要人暗殺などによる突発的な安全保障の脆弱事態 (30) サイバーテロと情報システムの撹乱 (31) 国内の未確認主体による公共施設破壊 (32) 生態系・環境破壊ならびに深刻なエネルギー問題 (33) 天災事変および大規模な災難災害

出所：ギル・ビョンオク、ホ・テヒ（2003, 343-4）を概略的に整理。

が弱くなるにつれて、国務総理傘下の国家非常企画委員会が廃止され、関連業務は行政安全部の災害安全室に吸収された（2008.2）。徴発法は、非常時の「対策」に当たるもので、食糧などの消耗品以外に船舶、航空機、車両などの非消耗品、さらに軍事作戦に必要な特許権などの諸権利の場合もその対象に含まれる。

　一方、人的資源に関連したものとしては兵役法（有事の際の予備役・補充役などの招集）、郷土予備軍設置法、民防衛基本法などがある。民間防衛基本法（1975制定）によると、「民防衛」とは「敵の侵攻や、全国または一部地方の秩序を危うくする災難から、住民の生命と財産を保護するために、政府の指導下で、住民が実行すべき防空、応急的な防災・救助・復旧および軍事作戦上必要な努力支援など、あらゆる自衛的な行為」のことをいう。安全保障はもちろんのこと、災害関連の危機管理を包括する法律であるといえる。そのほかにも戦時待機法令案、統合防衛法、大統領訓令（国家戦時指導指針、国家危機管理基本指針、国家対テロ活動指針）などがある。

　以上で取り上げたのが安全保障危機管理を主な目的とするものであるとすれば、自然災害や人為的な災害に関連したものが「災害および安全管理基本法」（2004.3制定）である。民防衛基本法、農漁業災害対策法、消防法、鉄道法、道路法、建築法などの個別の諸法令が、1990年代後半に自然災害対策法（自然災害）と災難管理法（人為的災害）というかたちで分野別に統合され、これがまた基本法として統合されたわけだ（国家記録院）。そしてまもなく、消防防災庁（2004.6）も設置された。同基本法が災害管理を「災害の予防・対備、対応および復旧のために行うあらゆる活動」と規定しているだけに、予防・対備関連112本、対応関連55本、そして復旧関連22本など、非常に多くの関連法令が存在する（中央民防衛防災教育院）。

　〇災害一般
　　――災害および安全管理基本法、危険物安全管理法、緊急救助対応活動および現場指揮に関する規則、多重利用店舗の安全管理に関する特別法、大韓消防控除会法

○民防衛
　　──民防衛基本法
○消防
　　──消防基本法、消防施設工事業法、消防施設の設置維持および安全管理に関する法律、義務消防隊設置法、消防産業の振興に関する法律
○自然災害
　　──急傾斜地災害予防に関する法律、小河川整備法、自然災害対策法、災害軽減のための企業の自主活動支援に関する法律、災害救護法、災害危険改善事業と移住対策に関する特別法、風水害保険法、地震災害対策法、貯水池・ダムの安全管理と災害予防に関する法律
○その他
　　──消防公務員法

　以上で、いくつかの特徴を指摘することができる。第1に、安全保障危機管理体制が比較的にしっかり整備されており、その割合も圧倒的に大きいということだ。韓国戦争、南北間の長い軍事的な対立、冷戦終焉後の不安定な北朝鮮情勢などを背景に、軍事的な対応態勢を重視してきた結果だといえる。しかし、否定的な結果も少なくはなかった。憲政史は、人権侵害を伴う反立憲主義的な国家緊急権の乱用ケースが少なくなかったことを示している。解放後、9回にわたる戒厳法宣布のうち、戦時に関するものは韓国戦争当時のただ1回に過ぎなかった（ギム・ギョンジュ 2002、197-8）。第2に、災害に関連した危機管理体制の整備が非常に遅れたことである。聖水大橋崩壊、三豊百貨店崩壊（501人死亡）、大邱地下鉄火災事故（192人死亡）など、1990年代半ば以降「災害共和国」という汚名を残しながらも、その本格的な整備は21世紀に入ってからやっと行われるようになった。

　第3に、それにもかかわらず、危機管理体制は依然として「統合型」ではなく、「分散型」にとどまっている（ギム・ヨルス 2005、27-8）。法制は、民防衛基本法、非常対備資源管理法、災害および安全管理基本法などの分

野別に分かれており、その業務においても行政安全部、消防防災庁、国家情報院などにそれぞれ分かれている。さらに、政府部署間の行動綱領および状況別の措置事項、危機管理執行や計画体系もいまだに混在している状態である（ギル・ビョンオク、ホ・テヒ 2003、344-5）。こうした状況は、効率的な危機管理のために「危機管理基本法」を制定し、米国連邦非常事態管理庁（FEMA）や国土安全部（DHS）のように、既存の諸機関を統廃合して「国家安全管理部」をつくるべきだという主張の根拠となっている。

(2) 日本の危機管理体制

　日本内閣法（第15条2項）は、「危機管理」を「国民の生命、身体または財産上の重大な被害が発生し、または発生する可能性がある緊急事態への対処およびその事態の発生を防止」することとして規定している。緊急事態は、大規模な自然災害（地震、風水害、火山災害、雪害など）、重大事故（船舶・航空機事故、大規模火災、爆発事故、原子力事故、毒劇物などの大量流出など）、重大事件（暴動、パニック、ハイジャック、大量破壊型テロ事件など）、およびその他の緊急事態（武力攻撃、治安出動・海上警備活動を要する事態など）に分類される（消防防災庁 2004）。韓国と同様に災害（自然災害や人為的災害）と有事（戦時および準戦時）に区分される。

　日本の危機管理体制は、韓国とは異なり、災害防止体制が比較的よく整備されている。これは自然災害が頻発する日本列島の自然条件を反映している。その基本構造を定めたのが災害対策基本法（1959.11制定）である。同基本法は、第一義的に地方自治団体長が住民避難、救命および被害者救助措置を講じ、被害規模が甚大な場合、中央政府の非常災害対策本部（担当大臣が本部長）、さらに緊急災害対策本部（首相が本部長）を設けるようにしている（総務省法令データ提供システム）。韓国に比べて地方分権が相対的に強い日本政治体制の特徴を示す。加えて、災害対策の基本的な枠組み、災害予防、災害応急対策、災害復旧・復興および財政金融措置、災害対策組織などに関連する約60の法律が存在している（浜田、2006、

5-10)。阪神大震災後、首相官邸への報告の遅れ、被害規模の把握の困難、自衛隊派遣の遅れなどを教訓に、情報集約センター、危機管理監が設置されるなど、内閣府の権限が大幅に強化された。

○災害対策の基本的な枠組み
　──災害対策基本法、大規模地震対策特別措置法、原子力災害対策特別措置法、その他
○災害予防
　──活火山対策特別措置法、地震防災対策特別措置法、台風常習地帯災害防災特別措置法、その他
○災害応急措置
　──消防法、水防法、災害救助法、その他
○災害復旧・復興および財政金融措置
　──激甚災害対処のための特別財政援助等に関する法律、防災のための集団移住促進事業に関する国家財政上の特別措置に関する法律、その他
○災害対策組織
　──消防組織法、海上保安庁法、警察法、自衛隊法、その他

　韓国に比べて比較的遅れて整備されるようなったのが、日本の安全保障危機管理体制である。1990年代半ば以降、日本ではPKO協力法、ガイドライン関連法(自衛隊の米軍後方支援)、自衛隊法・海上保安庁法改正(不審船およびテロ対策)が、9.11テロ後はテロ対策特別法とイラク復興支援特別措置法が成立した。そして2003～4年、武力攻撃事態法と国民保護法を二つの柱とする有事関連法制が成立した。こうした法制化の共通した目標は、米軍の活動に対する側面支援であった。有事法律を細分すると、まず武力攻撃事態対処法(2003.6制定)を基本法とし、安全保障会議設置法と自衛隊法改正案で構成される有事関連3法がある。国家緊急事態と関連した法制の概要は次の通りである(カッコは未整備)。

○自然災害および不作為による重大事案（上記の災害防止体制と同じ）
○作為による重大事案
　——（緊急事態対処基本法）、化学兵器・物質規制法、火薬類取締法、火炎瓶使用等処罰法、原子炉等規制法、原子力災害対策特別措置法、破壊防止法、テロ対策特別措置法、イラク復興支援特別措置法、テロリスト爆弾使用防止法
○周辺事態
　——（国際平和協力基本法）、PKO法、ガイドライン関連法（周辺事態安全確保法、自衛隊法の一部改正案、自衛隊と米軍間の後方支援・物品・役務相互提供協定）、船舶検査法、国際緊急援助隊派遣法、特定船舶入港禁止特別措置法など
○有事法制
　——（安全保障基本法）、武力攻撃事態対処法、自衛隊法および防衛庁職員給与に関する法律一部改正、安全保障会議設置法の一部改正に関する法律、国民保護法、特定公共施設利用法、捕虜法、処罰法、臨検・拿捕法、米軍新法
○以上を包括する法律
　——安全保障会議設置法、自衛隊法および関連法、海上保安庁法、漁業法、警察職務遂行法、航空法、消防法、船舶法、道路交通法など

　付け加えると、武力攻撃事態対処法は、武力攻撃を受けた場合、中央政府・地方自治団体の措置、首相の地方自治体の首長に対する要求措置、武力攻撃を退けるための武力行使などを定める。これまで有名無実であった内閣安全保障会議は、1998年の内閣法改正により危機管理監が設けられ、安全保障・危機管理室が改変された。続いて、小泉純一郎内閣時期の9.11事件への対応、有事関連法制の整備、新防衛大綱改正等を経て、安全保障会議と内閣官房の役割がさらに強化された。自衛隊法は湾岸戦争（1991～2）、北朝鮮のテポドン・ミサイル（北朝鮮名、光明星1号）発射事件（1998）、不審船事件（2001年）、そして9.11を経て、日本国民輸送規定、

海上警備行動時の武器使用権限、米軍基地など対する警備出動規定、弾道ミサイル破壊権限（2005年）が追加・新設された。そのほかに、最新鋭ミサイル艦艇の導入、特別警備隊の配置、P-3Cの情報機能強化なども行われた。従来の「存在する自衛隊」（抑止力・抑止効果を重視）から「もっと機能する自衛隊」（抑止力・抑止効果＋対処能力）に変換される様子を観察することができる（鈴木2008、448-9）。

続いて2004年6月には、有事関連法制のもう一つの柱である国民保護法および関連7法・3条約が成立した。これにより、有事関連法制整備が一段落したといえる。国民保護法は、住民の避難や救助をはじめ、事業者の協力、重要施設の防護、修復、そして関係機関による協力の義務化など、全体的に強力な内容を盛り込んだ。国民保護法施行に際し、閣議で国民保護基本指針が決定されたのは注目に値する（2005.3）。同ガイドラインは、国民の人権と自由・権利に対する制限の最小化、正確な情報の提供、言論・表現の自由への配慮、高齢者・障害者への配慮、国際人権法に準ずる外国人の安否確認などを内容とした（浜谷2008、460-1）。第2次世界大戦当時の人権侵害や言論の自由への侵害などを思い浮かばせる、否定的なイメージが依然として少なくないことを意識したものだった。

大まかな特徴として次の3点を挙げることができる。第1に、1990年代半ば以降、とりわけ橋本龍太郎内閣時期に、首相の権限および首相官邸機能の強化など、内閣の危機管理機能が大幅に強化されたにもかかわらず、少なくない課題も抱えているとのことである。その中でも、過度の官僚的な対応と省庁間の縦割り主義、地方自治団体の第一義的責任などは、迅速な初動体制の構築と政治的リーダーシップの発揮を阻害する主な要因として指摘される（Furukawa 2000、3）。東京電力による原発情報の歪曲、放射能汚染水放流などはその良い例である。とはいえ、災害防止システム（地震波到達前の警告発令等）など、すばらしいシステムが整っていることも事実である。

第2に、安全保障危機管理体制の整備は、基本的に日米同盟と連動したかたちで行われてきた（表3参照）。実際、有事法制は米軍を支援するための法制とも呼ばれる。特に、武力攻撃事態対処法では「武力攻撃予測事態」

表3　日米安保協力分野と事態

協力分野	日米協力場面	日本防衛および周辺事態への対応 日本防衛	日本防衛および周辺事態への対応 周辺事態	国際平和協力など 人道・復興支援	国際平和協力など テロ対策・PSI
0	島々防衛、特殊部隊対処など	●	▲		
1	防空	●	●		
2	ミサイル防衛	●	●		
3	拡散対処（PSI など）		▲		●
4	テロ対処	▲	▲	▲	●
5	機雷戦，船舶検査	●	▲	▲	●
6	捜索救助	●	●	▲	▲
7	情報・監視・偵探	●	●	▲	●
8	人道支援活動			●	▲
9	復興支援			●	▲
10	PKO・他国能力開発 支援			●	▲
11	インフラ防護（米軍施設含む）	●	●		●
12	WMD 廃棄・汚染除去など		▲	▲	●
13	相互 後方支援（補給・輸送）	▲	▲	●	●
14	施設などの提供	●	●		▲
15	NEO（施設提供・医療支援）	▲	▲	▲	▲

凡例：■＝軍事的活動、■＝準軍事的活動、白＝非軍事的活動。
●＝大規模・本格的な協力活動、▲＝限定的・間接的な協力活動、空欄＝該当なし
注：NEO＝非戦闘員待避活動、PSI＝大量破壊兵器拡散防止構想、WMD＝大量破壊兵器
出所：山口昇（2006, 31）をもとに作成。

という概念を導入し、台湾海峡、朝鮮半島などで周辺事態が発生した時に、米軍を支援するかたちで自衛隊の防衛出動や武力行使を可能にした。第3に、主な基本法が不在であることを理由に恒久的な基本法が必要だという見解が少なくない。2004年5月、自民党、民主党、公明党の3党は緊急事態基本法の制定に合意しており、現在与党の民主党もその基本法試案を公開しているが、まだ実現にはいたっていない状況である。民間において領有権侵害、海上輸送路の阻止、島嶼侵攻、SLOC攻撃、大規模な破壊工作、

妨害活動、テロ、拉致、原発攻撃、感染症、サイバーテロ、生物化学剤攻撃などといった作為・不作為の事態に対処するために、包括的な法体系が必要だとの主張が強い。しかし、憲法上の根拠が不明な点が具体的な法体系の整備に大きな制約として働いている（田村 2008、423-4、森本 2008、600-1）。現行憲法は、非常事態ないし有事の規定を有していないからである。

4　今後の展望と課題

　2012 年の日韓両国の国内政治は、その見通しが非常に不透明である。韓国は春に国会議員総選挙、そして冬に大統領選挙を控えている。日本の場合も、野田民主党内閣が通常国会（1 〜 3 月）中に大震災復旧を名分に消費税増税法案を提出し、法案が成立する場合、増税を実施する前に総選挙を実施すると約束している。おおむね夏を前後として、短命内閣の限界を越えるか否かが決まるだろうとの予測が少なくない。したがって、特別な契機がない限り、2011 年に推進したことのある新日韓共同宣言の発表は、決して容易ではないと思われる。なお、選挙局面に不利に作用する公算が大きい日韓 FTA の場合も、交渉が再開されるとしても妥結にまでつながるかは未知数である。独島、教科書、従軍慰安婦問題なども、国内情勢と相まって、さらなる関係悪化を招く可能性が高い。ただし、ナショナリズムを刺激することで得られる政治的な利益が相対的に減少しただけに、2005 年当時のような反日／嫌韓の悪循環はある程度改善しているように見える。

　日韓両国の危機管理体制は、憲法上の国家緊急権規定の有無などの違いもあるが、少なくとも法制の側面からすると、類似した方向に収斂されていることがわかる。危機管理体制において中央政府は、その中でも最高意思決定権者（青瓦台と首相官邸）の権限が強化されたこと、安全保障危機管理と災害関連危機管理が統合されていること、そして両国の安全保障危機管理体制が実質的に対米同盟のレベルで強化されてきたことなどがそれである。一方、マクロ・レベルにおいて注意すべきことは、9.11 後の米国がそうであったように、「3.11」（東日本大震災）以前の日本とその後の日

本が非常に変わっていく可能性が高いということだ。これを例えて、敗戦以降の時期である「戦後」が終わって、災害の以降、つまり「災後」が始まったとの指摘もある（御厨 2011）。興味深いことに、「災後」の日本語発音は、最後の発音と同じである。大震災の復旧・復興にとどまらず、日本を再建するという意志が見てとれる。日本は果たして「失われた20年」と大震災の苦難を乗り越え、再びドリームを見ることができるのか、それとも挫折が続くのだろうか。これから我々はどのようなプリズムを通して日本のことを見なければならないのか。

[参考文献]

〈韓国語文献・参考資料〉

김열수(2005) "한국의 위기관리체제: 평가와 대책"『정세와 정책』10월호, pp.26-28（ギム・ヨルス(2005)「韓国の危機管理体制:評価と対策」『情勢と政策』10月号、pp.26-28）

길병옥・허태희(2003) "국가위기관리체계 확립방안 및 프로그램 개발에 관한 연구"『국제정치논총』제43집 1호, pp.339-358（ギル・ビョンオク、ホ・テヒ(2003)「国家の危機管理システムの確立方策とプログラムの開発に関する研究」『国際政治論叢』第43集1号、pp.339-358）

남창희(2009) "한미동맹과 미일동맹의 동조화와 한일 안보협력"『한일군사문화연구』제8집, pp.65-99（ナム・チャンヒ(2009)「韓米同盟と日米同盟の同調化と日韓安保協力」『日韓軍事文化研究』第8集、pp.65-99）

서승원(2010) "한일 관계의 진전, 그리고 내셔널리즘의 유혹"『저팬리뷰 2010』도서출판 문（ソウ・スンウォン(2010)「日韓関係の進展、そしてナショナリズムの誘惑」『ジャパン・レビュー 2010』図書出版ムン）

서승원(2011) "21세기 동아시아 지정학과 한일 안보협력"『일본연구』제15집, pp.379-401（ソウ・スンウォン(2011)「21世紀東アジア地政学と韓日安保協力」『日本研究第15集、pp.379-401）

이덕로・오성호・정원영(2009) "국가위기관리능력의 제고에 관한 고찰: 비상대비 업무기능 강화의 관점에서"『한국정책과학회보』제13권 제2호, pp.233-254（イ・ドクロ、オ・ソンホ、チョン・ウォンヨン(2009)「国

家の危機管理能力の向上に関する考察：非常対備業務機能強化の観点から」『韓国政策科学学会報』第13巻第2号、pp.233-254）

이시원・김찬동(1996) "한신대지진에 대한 일본정부의 대응과정 분석"『한국행정학보』제30권 제1호, pp.177-190（イ・シウォン、キム・チャンドン（1996）「阪神大震災に対する日本政府の対応過程の分析」『韓国行政学報』第30巻第1号、pp.177-190）

이재은(2009) "한국 행정학에서의 위기관리 연구경향 실증분석"『한국콘텐츠학회논문지』Vol.9, No.6, pp.300-308（イ・ジェウン（2009）「韓国行政学における危機管理研究の傾向実証分析」『韓国コンテンツ学会論文誌』Vol.9、No.6、pp.300-308）

이종석・이상현(2002)『국가위기관리지침 작성 개요』세종연구소（イ・ジョンソク、イ・サンヒョン（2002）『国家の危機管理指針作成概要』世宗研究所

전진호(2010) "한일 안보협력의 새로운 모색：「냉전형 안보협력」에서「글로벌, 지역협력」으로"『일본연구』제13집, pp.441-461（チョン・ジンホ（2010）「日韓安保協力の新たな模索：『冷戦型安全保障協力』から『グローバル、地域協力』へ」『日本研究』第13集、pp.441-461）

정구종(2011) "「한류혁명」의 배경과 향후의 진로：일본사회의 메인 스트림에 접근하는 한류 제3기"『한일협력』（여름호), pp.79-90（ジョン・グジョン（2011）「『韓流革命』の背景と今後の進路：日本社会のメイン・ストリームにアクセスする韓流第3期」『日韓協力』（夏号）、pp.79-90）

대한불교조계종 중앙신도회 문화재환수위원회 "걸어온 발자취"（大韓仏教曹渓宗中央信徒会文化財還収委員会「歩んできた足跡」）（http://return.lba.or.kr/contents/intro/footprints.html?sm=4_3）（검색일：2011.11.15）

대한민국국회 법률지식정보시스템 "재난 및 안전관리 기본법(제13차 일부개정 2011.3.29 법률 제10467호)"（大韓民国国会法律知識情報システム「災害と安全管理基本法（第13回一部改正2011.3.29法律第10467号）」（http://likms.assembly.go.kr/law/jsp/law/Law.jsp?WORK_TYPE=LAW_BON&LAW_ID=A1852&PROM_NO=10467&PROM_DT=20110329&HanChk=Y）（검색일：2012.1.5）

대한민국국회 법률지식정보시스템 "비상대비자원 관리법(제11차(타)일부개정 2011.9.15 법률 제11042호)"（大韓民国国会法律知識情報システム「救急資源管理法（第11回(他)、いくつかの改正2011.9.15法律第11042号））（http://likms.assembly.go.kr/law/jsp/law/Law.jsp?WORK_TYPE=LAW_BON&LAW_ID=A1424&PROM_NO=11042&PROM_DT=20110915&HanChk=Y）（검색일：2012.1.5）

소방방재청 "일본의 위기관리 체제"（消防防災庁「日本の危機管理体制」）（www.kipe.re.kr/board/download/일본의%20위기관리%20조직.pdf）（검색

일: 2011.12.20)
중앙민방위방재교육원 "재난안전교육포털: 재난관련법령"（中央民防衛防災教育院「災害安全教育ポータル：災害関連法令」）(http://portal.cdi.go.kr/ndmi_cms_iba/show/show.asp?call_category_no=112)（검색일: 2011.12.20)
지식경제부 외국인투자통계 데이터베이스(知識経済部外国人投資統計データベース)(http://www.mke.go.kr/info/foreigner/sumTotal.jsp)（검색일: 2011.1.5)
한일산업기술협력재단 일본지식정보센터 "일본기업은 왜 한국에 투자하는가(2011.5.17)"（韓日産業技術協力財団日本知識情報センター「日本企業はなぜ韓国に投資するか(2011.5.17)」）(www.kjc.or.kr/cms/board/download.php?bid=issuebrief...p...)（검색일: 2011.9.19)

〈日本語文献・参考資料〉
大泉光一(2008)「危機管理の概念・理論・対応」森本敏(監修)『岐路に立つ日本の安全』北星堂、pp.399-419
李京桂(2002)「韓国における国家緊急権と有事法」全国憲法研究会(編)『憲法と有事法制』日本評論社、pp.197-200
鈴木敦夫(2008)「日本の危機管理――自衛隊の体制：現状と課題」森本敏、前掲書、pp.447-456
武田文男(2006)『日本の災害危機管理』ぎょうせい
田村重信(2008)「日本の危機管理――法体系と諸問題」森本敏、前掲書、pp.422-429
浜谷英博(2008)「日本の危機管理――地方自治体の取り組みと課題」森本敏、前掲書、pp.457-467
柳澤協二(2008)「日本の危機管理――全般政策と課題」森本敏、前掲書、pp.430-446
山口昇(2006)「平和構築と自衛隊――イラク人道復興支援を中心に」『国際安全保障』第34巻第1号、pp.17-34
松田康博(2009)「日本――安全保障会議と内閣官房」松田康博(編)『NSC国家安全保障会議――危機管理・安保政策統合メカニズムの比較研究』彩流社、pp.277-311
御厨貴(2011)「『戦後』が終わり、『災後』が始まる」『中央公論』(5月号)、pp.24-31
森本敏(2008)「今後の活動と展望」森本敏、前掲書、pp.599-605
森本敏「日本の安全保障と危機管理政策」(http://www.pref.kyoto.jp/kikikanri/resources/1186719349476.pdf)（検索日: 2011.12.12)

内閣府・緊急被害対策本部「平成23年(2011年)東北地方太平洋沖地震(東日本大震災)について(2012.1.10)"(http://www.kantei.go.jp/saigai/pdf/201201101700jisin.pdf)(검색일: 2012.1.15)

政府観光局「訪日外客数/出国日本人数──2011年推計値/2011年暫定値(2012.1.20)」(http://www.jnto.go.jp/jpn/downloads/12.0120_monthly.pdf)(검색일: 2012.1.23)

総務省法令データーベース提供システム(http://law.e-gov.go.jp/htmldata/S37/S37SE288.html)(검색일: 2012.1.23)

〈英語文献・参考資料〉

Baldwin, David (1997), "The Concept of Security," *Review of International Studies*, Vol.23, pp.5-26

Furukawa, Shunichi (2000), "An Institutional Framework for Japanese Crisis Management," *Journal of Contingencies and Crisis Management*, Vol.8, No.1 (March), pp.3-14

Herman, Charles F (1969), Crisis in Foreign Policy (New York: MacMillian Publishing Company, 1969)

Nakamura, Akira (2000), "The Need and Development of Crisis Management in Japan's Public Administration: Lessons from the Kobe Earthquake," *Journal of Contingencies and Crisis Management*, Vol.8, No.1 (March), pp.23-29

論考6

3.11以降の日本外交
再生の模索と現実主義路線の強化

朴 榮濬
国防大学校安保大学院教授

1　問題の提起——3.11東日本大震災と日本の岐路

　2011年3月11日、東北地方を強打したマグニチュード9.0の大地震、そしてこれによる津波と福島原子力発電所の運転停止および放射能漏れ事件は、日本人に極度の危機感を抱かせた。大地震や津波などで東北地方の福島県、宮城県、岩手県等の沿岸地域の市街地や農漁村が大きな打撃を受け、2万人余りの人的被害が生じた。この地域にあった自動車や電子業界等も大きな打撃を受け、工場の運転停止を余儀なくされ、日本の国内外の経済的な被害も拡大した。福島原子力発電所1-4号機の運転停止により電力生産に大きな狂いが生じ、関東地域の全体で制限送電を実施しなければならなかった。そのうえ、これらの原子力発電所からの放射能漏れにより、半径20キロメートル以内の近隣地域の住民に避難命令が出され、他の地域も放射能汚染被害の拡散による恐怖が広がった。

　未曾有の危機的状況に見舞われた日本人はこの事態をきっかけとして、今後、日本が追い求めるエネルギー政策だけでなく、日本が歩むべき方向に対して深く考えるしかなかった。ある者はこの事態を、日本が従来からの方向転換の必要性を促すことだと受け止めた。たとえば、菅直人首相が発足させた東日本大震災復興構想会議の特別顧問の哲学者、梅原猛氏は、今回の災害を欧州に由来する科学技術文明に依存した結果が招いた「文明

災」と規定、日本は将来、「悪魔のエネルギー」にほかならない原発から脱却し、過剰な電力消費を減らしながら、自然エネルギー開発を通じて活路を見出すべきだと主張した。小説家の五木寛之氏は、東日本大震災および原発事故に加え、日本が世界第2位の経済大国の地位を中国に追い抜かれたと指摘し、今の日本は「下山の準備」が必要だと主張した。[1]つまり、五木寛之氏は戦後の日本がもっぱら高度経済成長を目指し、まるで登頂するかのように上昇指向の目標を追求したとすれば、今の日本は成熟した下山を準備し、むしろこのプロセスで新しい指向点が見出されると提言している。[2]

一方、これに対する反論として、現実的に原子力発電を根幹としたエネルギー政策は維持すべきであり、ひいては自然災害にめげずに宇宙や海洋等の新しい成長分野を探り、再び日本が立ち直るべきだという公論が少なからず提起されている。[3]公営放送のNHKが2011年下半期、司馬遼太郎の原作『坂の上の雲』を放送したことも、東日本大震災以後危機感に陥っていた日本人を立ち直らせ、励まそうとした意図を持っていたと見られる。[4]

東日本大震災以後、日本社会が抱くようになった危機感は2011年8月30日、新たな民主党の野田佳彦首相の内閣発足時、朝日新聞の星浩編集委員が載せた"再生か没落か瀬戸際"のコラムによく表現されている。[5]星浩氏は野田内閣が大地震や津波による被害から効率よく復興し、税金と社会保障制度改革等に成功すれば、日本は再生の道を歩むことができるが、万一、財政再建が不十分で日本国債の国際的な信用が揺らぐ場合には、日本が没落しかねないと分析した。

言い換えれば、日本社会は福島の事態以後、国家の再生か没落かの瀬戸際に立たされていると思われるほどの危機感にとらわれるようになっていたのである。

では、この瀬戸際に立つ日本外交はどのように変化しているのか。本論考では、東日本大震災が日本外交にどのような影響を与え、8月末以後、菅直人内閣に代わり発足した野田佳彦内閣が、この状況の下でどのような対外政策を展開しているのかについて検討する。

2 被害復興政策と対外関係の萎縮

(1) 日本政府の被害復興政策

東日本大震災直後、日本政府は、菅前首相および関係閣僚が本部長や副本部長を務める緊急災害対策本部、原子力災害対策本部、被災者生活支援対策本部、電力需給緊急対策本部を相次いで設置し、政府レベルの対策樹立と支援に乗り出した。このような態勢のもと、菅前政府は直ちに10万人余りの陸海空の自衛隊を災害地域に派遣し、人命救助、捜索および被害復興の任務を遂行した。[6] 自衛隊員らは災害地域で、韓国、米国、オーストラリア等から派遣された救助隊と協力しながら被害復興活動を展開した。[7]

また、日本政府は5月2日、被害復旧に向けた4兆153億円規模の第1次補正予算を含め、同年11月まで3度にわたって総計15.2兆円規模の補正予算案を確保し、被害地域の港湾や道路の復旧、被災地住民のための仮設住宅の建設、救援活動の支援、被災地の学生に対する授業料免除等に当てた。[8] 大地震および津波被害の復旧に15兆円を上回る追加財政需要が発生し、政府・与党は追加に財源を確保するための対策づくりを講じなければならなかった。これによって、2009年、民主党政府が政権構想で掲げた、いわゆるマニフェストの柱である子ども手当の満額支給や高速道路無料化等の政権公約が見直された。[9]

一方、福島原子力発電所1-4号機が運転停止になり、被害地域の一部の火力発電所も運転中止になった状況に直面すると、東京を含む東日本全地域に電力供給不足の問題が起きた。日本政府はこの問題の解決に向け、主要産業施設および公共機関等への制限送電に踏み切り、電力の供給不足を打開しようとした。

さらに、日本政府は有識者による「復興構想会議」を立ち上げ、被災地の復旧・復興のあり方や、今後の日本のエネルギー政策の方向に対する提言を盛り込もうとした。これによって4月、政治学者として知られる防衛大学校校長の五百旗頭眞氏が議長に就任して、建築家の安藤忠雄氏が議長代理として委嘱された「復興構想会議」が、菅前首相の諮問機関として立ち上げられた。「復興構想会議」では数回の会議が行われ、5月14日に中

間報告書、6月に最終報告をとりまとめた。この報告によると、復興に必要な財源調達のため、消費税や所得税、法人税などの臨時増税が求められ、今後、原子力発電所への依存を縮小し、太陽光や風力など再生可能な自然エネルギーに重点を置く方向へのエネルギー政策の転換を求める方策が提起された[10]。特に、「復興構想会議」は、被害地域に最大規模の太陽光および風力発電設備を設置することを提言した[11]。

菅前内閣は「復興構想会議」で提起された方策に基づき、6月20日に復興基本法を制定した。この法案には首相を本部長とする「復興対策本部」を内閣に設置し、復興業務を担当する新しい機関として復興庁を設置して、被災地に対する法制上の支援措置を簡単にさせようとする復興特区制度を認める内容が盛り込まれている[12]。

特に、菅前首相は「復興構想会議」で提起された内容のなかで、将来のエネルギー政策の方向として原子力発電を見直し、再生可能な自然エネルギー利用を増やすことに大きな関心を示していたと見られる。菅前首相は5月10日の記者会見で、2010年に政府が公表したエネルギー基本計画における、今後2030年までに原子力発電所を14基以上増やして日本の総電力生産での原子力発電部門の比率を50％まで拡大するという目標と計画を、白紙に戻すことが求められると打ち出した[13]。菅前首相はその代案として太陽光、風力等の再生可能な自然エネルギーの積極的な活用を提案した。このような立場はこれ以降も繰り返し表明された。同年7月13日の記者会見でも、菅前首相は政府のエネルギー基本計画を白紙に戻し、将来の日本は原子力発電に頼らぬ社会を掲げるべきだと繰り返し強調したのである[14]。

菅直人前首相を筆頭とする「脱原発」への政策転換に対して、経済界と自民党はもとより、民主党内でも少なくない反論が提起された。主要経済団体の一つである経済同友会は7月15日、仙台で開催した夏季セミナーで"再生可能エネルギーの推進を目指す"という共同宣言を発したが、菅前首相が推進する「脱原発」ではなく、老朽化した原子力発電所を段階的に廃棄していく「縮原発」へのアプローチが求められると表明した[15]。自民党は7月20日、党内の国家戦略本部が『日本再興』と銘打った中長期政

策報告書を公表し、この文書では菅前首相が提起した「脱原発」政策を批判した。[16] 与党内ですら菅首相の「脱原発」方針への反対意見が提起された。同年6月、政府の国家戦略室は「革新的なエネルギー環境戦略」の草案を作成した。これによると、再生可能エネルギーの比率を増やすが、将来にも原子力が重要電力源の一つであり、従来の原子力発電所の建設方針は堅持すべきだと主張している。[17]

このように、3.11東日本大震災以後、民主党政府が被害復旧対策に集中しなければならなくなるなか、追加財源所要が増え、従来の原子力発電所の政策に対する根本的な見直しが行われている状況が、日本の対外関係に与えた影響も少なくなかった。

(2) 対外関係の萎縮

東日本大震災に直面した日本国民の毅然たる態度と秩序意識は、全世界に強烈な印象を残した。混乱と無秩序が起こりうる大災害直後の極限状況でも、日本国民は最大限に感情の表出を自制し、政策当局の遅々とした対応に自律的に秩序を保った。それにもかかわらず、福島原子力発電所1-4号機から放射能漏れが確認され、東京を含む大都市地域で電力使用制限の発動が長期間にわたって続けられている状況が、日本の国際的な位相および対外政策に悪影響を与え始めた。

まず、東日本大震災の直後、日本を訪れた外国人旅行者数が急減した。4月14日、日本政府観光局が発表した資料によると、3月末現在の訪日外客数は、1年前に比べて50.3％減少し、35万2800人となった。また、大震災直後の1カ月間、日本で開催予定の国際会議も中止されたり、取り消される事態もあった。[18] 3月22日、アメリカ食品医薬品局（FDA）は、福島県、茨城県、栃木県、群馬県等の福島原子力発電所の近隣地域で生産される乳製品、野菜と果物等の輸入を差し止める方針を明らかにした。欧州連合も日本産農産物の輸入を差し止めることを決定した。[19] このように、東日本大震災およびそれによる被害状況は日本と外国間の人的、物的交流に悪影響を与えた。

3月11日に発生した東日本大震災の直後、日本が限られた財源で補正

予算を編成して被害復旧を図る状況で、対外支援に充てられる予算支出も制約を受けることになった。3月24日、外務省は被害復旧に向けた補正予算の財源を捻出するため、2011年度予算に含められた政府開発援助（ODA）予算のうち、残余額で支援することを原則的に見合わせる方針を明らかにした。これによって、日本政府のODA総額の1割に当たる501億円の予算執行は棚上げになった。[20]大地震および津波被害復旧に向けた補正予算の編成が求められる状況のなか、日本の対外政策の柱となってきた政府開発援助の予算が削減されるという副作用が生じたのである。

東日本大震災の被害は、菅前内閣が2010年末から意欲的に推進してきた環太平洋戦略的経済連携協定（Trans-Pacific Partnership：TPP）への参加推進にも水をさすかたちとなった。2006年以来、TPPはシンガポール、ブルネイ、チリ、ニュージーランドに加え、米国、ペルー、オーストラリア、マレーシア、ベトナム等で議論されていた経済協力構想であり、加盟国のあいだで今後10年内に農業分野も含む関税撤廃を原則とし、ひいては金融、医療、サービス等の分野まで非関税障壁の撤廃をめざしている。このようなTPPに対し、菅前内閣は2010年11月、基本的に参加を決定した。[21]しかし、大地震および津波の被害を受けた状況の中で、日本の農民と漁民団体は政府のTPPへの参加方針に対して反発し始めた。このため、菅前内閣はTPPへの参加交渉に積極的に取り組むことができず、結局、8月15日の閣議決定を受けてTPP交渉参加の判断時期は見送ることに決定した。[23]

菅前首相が意欲的に打ち出した「脱原発」政策、つまり、日本が従来策定したエネルギー基本計画を見直し、原子力発電所の建設を中止して再生可能な自然エネルギー開発に重点を置こうとした政策方針も、従来、日本が表明した環境と関連した国際公約と衝突しうる可能性があった。民主党政府は、2009年、鳩山元首相の国連総会の演説を通して、2020年まで地球温暖化の主原因となっている温室効果ガスを、1990年に比べて25％水準まで削減するという約束を公表したことがある。この構想は2010年エネルギー基本計画に含まれ、原子力発電所の建設計画、つまり2030年まで原発を追加的に14基以上建設し、原子力発電が総発電量に占める割合

を 50％以上に増やすという計画とかみ合っていた。しかし、菅前首相が打ち出した通り「脱原発」を推進するようになると、地球温暖化のための日本の国際的な公約を果たせない事態が生じうる。2011 年 7 月 12 日、菅前首相は衆議院復興特別委員会における答弁でこのような可能性を認めた。菅前首相は「脱原発」を進めるかたわら、化石燃料の割合を高める必要があったため、「2020 年までに 25％減」の目標に手直しを加える場合もあると述べたのである[24]。この場合、日本は避けられない事情があったとはいえ、国際的な公約を果たせない国になりかねないであろう。

　福島原子力発電所の稼動停止および菅前内閣の「脱原発」政策の推進は、すでに日本が進めている国々との原子力協定締結を長引かせることになり、さらには国際原子力市場での日本の影響力を弱める結果を招く可能性があった。原子力協定とは、原子力関連機器と技術を輸出する際、核物質の軍事的な転用の防止に向けて、国際原子力機関（IAEA）の査察の受け入れを相手国に確認する規範の一つである。しかし、福島原子力発電所の廃止措置の後、従来進められていたインド、トルコ、ブラジル、南アフリカとの原子力協定交渉が長引く様相を呈した[25]。また、日本が「脱原発」政策を推進すれば、今後、国際社会で予想される 160 基余以上の新規原発建設市場での日本の影響力の弱化は避けられないと見込まれた[26]。

　以上述べたように、東日本大震災および福島原子力発電所の稼動停止・放射能漏れ事故は、多様な経路を通じて日本の対外交流、輸出政策、ODA 政策、TPP 政策、国際環境公約等に直接・間接的な影響を与えるようになった。もちろん、3 月 11 日以降、2011 年 9 月初めに野田内閣が登場する前まで、日本の外交政策が完全に冷え込んでいたとはいえない。日本は中国の台頭を牽制するため、中国と外交および国防担当相会議等を活発に行いながら「アメとムチ」の外交政策を推し進めてきた[27]。そして、米国との同盟体制を強化しながら、従来合意した日米同盟の再編構想を着実に行う努力をしたのである[28]。同時に、インドネシアおよびベトナム等の東南アジア国家との両者または多国間会談を活発に行いながら、中国の台頭に対して共同に取り組む態勢を構築した[29]。さらには、オーストラリアおよびインドとの安保協力の推進、ソマリアに派遣した自衛隊の基地建設等を

通して、グローバルな安保という側面での位相も強化していこうとした。[30]
そうした外交政策を進めていたにもかかわらず菅前内閣は、3月11日に発生した東日本大震災後、震災被害の復旧に万全を求められる状況のもと、同時期に起こった欧州発の財政危機やリビア内戦等、多くの国際懸案に対して消極的な対応をとるしかなかった。当時の日本のメディアは、菅前首相の存在感が薄くなっていき、国際社会の懸案に対する日本外交の対応姿勢の停滞が深刻さを増していることを指摘した。これは、大規模な自然災害後、萎縮した日本外交の様子を的確に示したことといえる。2011年8月31日、新内閣である野田佳彦内閣は、萎縮した日本外交にどのような変化をもたらそうとしたのか。次の章ではこの点を考えてみようと思う。

3　野田佳彦内閣の登場と外交安保の政策性向

(1) 野田政権の登場と政策決定の構造

　2011年6月4日、菅前首相が辞意を表し、政治日程上、具体的な辞任時期は8月と決まった。前任の鳩山元首相と同じく、菅前首相も在任期間およそ1年で辞任せざるをえなくなった。これにより、8月末に民主党代表選が行われた結果、野田佳彦財務相が党代表に選出された。野田代表は8月30日に衆議院・参議院の両院の本会議で第95代内閣総理大臣に指名された。

　新任の野田首相は、党幹事長に党内最大派閥の小沢グループに近い輿石東氏、党政策調査会長には前原誠司氏、党国会対策委員長には鳩山元首相の側近、平野博文氏を起用、党内の安定基盤を図ろうとした。続いて、9月2日には新たな内閣が発足した。外交安保関連部署の人選を見ると、内閣官房長官には藤村修前党幹事長代理、外務大臣には玄葉光一郎前国家戦略担当大臣、防衛大臣には小沢派の一川保氏を任命した。

　ところが、鳩山元首相と菅前首相の首相時代には内閣中心の政策決定方式を採択してきたことに反して、野田佳彦首相は民主党と内閣を密接に連携して重要な政策決定を下す方式に転換しようとした。このような構想から9月6日、野田首相は、あらゆる政府提出法案と議員立法は民主党内の各部門会議が事前審査し、最後には前原誠司党政調会長の裁可を仰ぐもの

とする政策決定構造を導入すると決定した。

この仕組みは重要な政策決定過程で政権政党が疎外されないようにと新任首相が配慮したことではあるが、結果的にはむしろ自民党時代の政策決定過程に戻したとの評価もあった。[31]この結果、野田首相の重要な政策決定過程、特に外交安保政策の決定過程に、内閣では野田首相と玄葉外相、党内では輿石幹事長のほかに前原政調会長の影響力が強力に反映される構造となった。

興味深い点は、野田首相、玄葉外相そして前原政調会長が、パナソニックの創業者である松下幸之助氏が人材育成を目的として私費を投じて設立した松下政経塾出身であるという点だ。[32]だとすれば、松下政経塾出身を共通とする野田内閣の外交安保関連の核心となる人物たちは、果たして日本の外交安保政策に対して何を構想してきたのであろうか。

(2) 野田政権の外交安保政策性向

松下政経塾は1979年に設立された。ナショナルを日本屈指のグループ企業へと成長させた創業者である松下幸之助氏は、将来の日本に寄与できる人材の育成という夢のため、私費を投じてある種の私塾を築き上げたのである。大学を卒業した志望者の中で、毎年10-20名規模で選抜された塾生は、少なくない給料を受け取りながら3年間、招聘人士の講演を聞いたり、自主的に研究テーマを選定して研究発表をしたりしながら社会人としての生活を準備する。入塾期間中、塾生が関心を持つ事柄は、設立者である松下幸之助の影響下で、おのずと日本の現状と将来への課題に集中していく。松下は塾生に具体的に何になるかを求めたりはしなかったが、学歴とは無縁でありながらも巨大企業を築き上げた松下氏の関心事は、自然に日本の安定と発展となり、このような松下氏の考え方が知らず知らずのうちに塾生に影響を与えたといえる。このため、相当数の卒業生が、政界や官界等の公共領域に進出しているのは偶然ではないだろう。

早稲田大学を卒業後、松下政経塾の1期生として入塾した野田首相の場合、政経塾の卒業後、千葉県の地方議会議員に選出され、草の根レベルでの議員活動の経験を重ねた。この経験に基づき、90年代以後には日本新

党、新進党に所属・活動しながら、細川連立政権の誕生や政治改革で主導的役割を担った[33]。政経塾8期生である玄葉光一郎外相も、政経塾の卒業直後、福島県議会議員に当選して政界入りし、29歳で第40回衆議院議員総選挙に旧福島県第2区から無所属で出馬、初当選して中央政界に入ることになった[34]。

　このように、民主党内閣の外交安保政策を担当するようになった核心メンバーたちは、従来の自民党議員とは異なるいくつかの特徴を有している。まず、第2世代政治家が主流を占めていた従来の自民党議員や一部の民主党議員とは違い、日本の中間層家庭で育っている。家柄ということではなく、自らの能力と情熱でもって政治家としての経歴を積んできたという特徴がある。また、戦後日本の高度経済成長の恵みを享受しながら成長した世代でもある。彼らが修学した松下政経塾も、高度経済成長の結果があったからこそ設立できた大手企業オーナーの私塾という性格を持っている。つまり、彼らにとっては、高度経済成長とそれに伴う日本の国際的な地位の向上は、前提とすべき国家政策の目標となるわけである[35]。

　「現実主義」が、国家生き残りの基本単位と認識し、国家を脅かす外的な要素に対して、警戒感を持って国家安保を強化するための施策を積極的に講ずる政策性向を指すことと定義すれば、彼らはともに日本の国家理念と国家利益に対して現実主義的な性向を共有すると見られる[36]。父が陸上自衛隊第1空挺団自衛官であった野田首相は、領土と領海問題に対しては一貫して原則主義を標榜した。日中間で摩擦になっている尖閣諸島は「歴史的に見て日本の領土」と主張し、日本は固有領土および領海を守るために断固として行動すべきだと述べた[37]。歴史問題に関しては、小泉首相が強行した靖国神社参拝に対し強力に批判し、本人は公式的に神社参拝をしないことを明らかにしたが、A級戦犯に対しては、すでにサンフランシスコ講和条約を通して名誉は回復されたため、今は戦犯とはみなされないという認識を示したこともある[38]。

　野田首相、そして前原政調会長は、中国に対しては持続的に強い警戒感を表明してきた。野田首相は中国が経済成長に基づき、ナショナリズムを扇動する傾向がありうると警戒し、中国の軍事力増強と活動範囲が日本だ

けでなく、地域内での最大憂慮事項となっていたと指摘した[39]。前原政調会長も以前から中国海軍力の増強等、軍事力膨張を警戒してきたし、最近では海洋の自由のような国際規範に対しても挑んでいると認識した[40]。

　日本が直面する潜在的な脅威要因に対応するため、野田首相および前原政調会長等は一貫して、国内的には集団的自衛権容認および武器輸出3原則の見直し、対外的には日米同盟強化等を主張した。野田首相は、2009年7月に刊行した著書で集団的自衛権の行使に当たる施策をとらなければならないと述べた。また、1902年に締結した日英同盟が日露戦争の戦勝をもたらし、この解消が太平洋戦争の敗戦に帰結したと指摘し、このような歴史的な省察を根拠として、今後も日本の外交安保政策の基軸は日米同盟の深化にあると主張した[41]。前原政調会長も新内閣の発足直後である2011年9月7日、米国のあるシンポジウムでの講演で武器輸出3原則を見直し、日本と米国だけでなく、韓国も参加して戦闘機の共同開発プロジェクトを推進する必要があるとの提言もした[42]。

　特に、野田首相は今後、この内閣が推進すべき外交安保政策課題として、日米同盟の深化以外に海洋および宇宙開発構想もあると明らかにした。2011年8月28日、党代表選の前、首相が配布した政策集には、米国のNASAのような日本の機関として「宇宙庁」のような組織を立ち上げて小型衛星とロケット開発を積極的に推進し、排他的経済水域の範囲内での希土類（rare earth）のような物質の開発も国家的に推進すべきだと提言した[43]。実際に、野田首相は首相選出前の財務大臣時代から松下政経塾の活動と連携して、宇宙および海洋開発を日本が推進しなければならない主要政策課題の一つとして提起した。このため、2010年に松下政経塾内で自身が座長を務める国策研究会を立ち上げ、2カ月に1回開催された研究会で集中的に宇宙および海洋開発政策を取り上げてきた[44]。

　では、野田内閣のこのような政策性向は内閣が発足以来、実際の政策に反映されてきたのだろうか。東日本大震災以降、萎縮傾向を見せた日本の外交政策にはどのような変化が現れたのだろう。

4　野田政権の現実主義的な外交安保政策

(1) 国内的安保態勢の強化

　新しく政権を取った内閣が執行していく政策には、実際に2種類の政策が混在している場合が多い。一つは、以前の内閣が推進してきた政策を確定したり、実行する場合であり、もう一つは、新内閣が主導権を取って新しく発案し推進する場合である。野田政権の場合もこのように区分できる。国内安保態勢と関連し、野田政権の登場以降、決定された政策のなか、たとえば、独自的無人飛行機の開発、次世代戦闘機としてF-35の購入、1万9500トン級のヘリ搭載艦の購入決定等は、以前から日本が推進してきた政策がこの時期に最終決定した事例である。

　2011年8月、日本政府は2012年度予算にも、無人飛行機開発予算を含めることを決定した。[45]米国が遂行したアフガン戦争では、全域において無人飛行機の効果が認められており、以降、多くの国々が競争してその開発に乗り出している機種である。[46]しかし、東日本大震災当時、米国がグアムのアンダーソン空軍基地で無人偵察機のグローバルホークを発進させ、被害状況を把握したことから、菅前政府が従前に推進された無人飛行機開発事業に格別な関心を持つようになり、2012年度以降にも、開発予算の確保が決定された。1万9500トン級のヘリ搭載護衛艦（DDH）も、すでに2010年度にその第1号艦の建造が決定されていたのである。野田政権の登場以降である2011年9月、防衛省は同級の第2号艦の建造を決め、関連予算を2012年度に反映することにした。[47]航空自衛隊が保有していたF-4戦闘機の後継機を決める次期戦闘機（F-X）事業は、以前から候補機種であるF-35、FA-18、ユーロファイター等を視野に入れ検討してきた事項であった。しかし、野田政権の登場以降である2011年12月20日、結局F-35に最終決定がなされた。[48]

　野田政権の登場以降に、国内安保体制の強化に関連して、新たに推進され決定された事項としては武器輸出3原則の見直し、宇宙開発政策の強化等が指摘される。前述したように、野田首相を含め前原政調会長ら野田内閣の主要メンバーは、武器輸出3原則の見直しが日米同盟の強化や日米

韓の安保協力の強化のために求められる政策だと認識していた。このような認識下で野田政権発足以降、日本政府は内閣官房、外務省、防衛省、経済産業省等を中心に武器輸出3原則の見直しのための実務作業を行い、結局12月17日、閣議決定および官房長官の談話を通して、平和構築と人道主義的目的のためであれば、第三世界の国家への武器輸出も可能であるという声明を発表するにいたった。[49] その結果、日本は1967年以降、厳しく規制してきた海外への武器輸出禁止規範から脱し、米国やNATO等、友好国との共同武器開発および輸出が可能となるような変化を選ぶにいたった。

野田首相を含め主要メンバーが、宇宙開発政策に積極的な関心を持っていたという事実は前述した通りである。野田政権は発足直後、宇宙開発構想を積極的に政策に反映しようとした。2011年11月、閣議決定に基づく機関である国家戦略会議に、海洋および宇宙政策を議論する分科会を設置することにし、宇宙政策を総合的に推進するための宇宙戦略室を内閣府に直接設置することも決定した。[50] これに加え、2012年度予算に宇宙準天頂衛星、GPS衛星システム開発に106億円、そして、情報収集衛星の整備および運用に630億円の予算を新規編成する決定を下した。[51] 野田政権はこのような宇宙開発政策が、単純に安保体制を強化する意味を持つだけでなく、日本再生を促進する重点的な事業の一つになるものと判断し、積極的な予算割り当てと推進体制を強化している。

(2) 強固たる日米同盟

民主党は2009年9月の政権交代以降の鳩山元首相当時、「より対等な日米同盟関係の構築」を提唱しながら、すでに合意された基地再編構想の見直しおよび地位協定の改善等を推進した。しかし、結局このような試みは泡のように消えてしまい、菅前首相は日米同盟に関する現実主義的路線に変えた。[52] さらに、前章でも述べたように、野田首相も日米同盟と関連して、前任者の現実主義的な政策を受け継いだかたちとなった。

例えば、野田政府は、菅前政府当時の2011年6月21日に日米間で合意した「2+2」共同宣言に従い、沖縄の普天間基地の代替施設として合意さ

れた辺野古地域移転方針案を持続的に推進してきた。玄葉外相が就任直後である９月５日のインタビューで、普天間基地移転問題は従来の日米間の合意に基づき推進するという立場を明らかにし[53]、野田政府は藤村官房長官、玄葉外相、一川防衛相、安住財務相、川端沖縄担当相等で構成された「普天間飛行場辺野古移転問題を協議する関係閣僚会議」を随時招集しながら、日米間合意事項を移行する措置を講じた。９月26日には、沖縄県に対する一括交付金3000億円を創設する方針を決定して、沖縄地方へのある種の手切れ金のような措置をとり、10月17日には一川防衛相が辺野古移転のための環境影響報告書を2011年内に沖縄県に提出するという方針を通告した[54]。このような措置は現行の普天間基地の辺野古地域移転のための行政手続き上不可欠な措置として、野田政府が日米間の合意事項を移行しようとする意思を持っていることを国内外に示したといえるだろう。

一方、野田政府は日米同盟の「より対等な関係」構築にも関心を見せた。2011年11月24日、玄葉外相は在日米軍に勤務する米民間人が公務中罪を犯した場合、日本が裁判権を行使することができるよう、日米地位協定を見直すことについて日米両国が合意したと発表した[55]。終戦の日米地位協定によると、米軍や民間軍務員（軍属）が公務中に事故を起こした場合には第１次裁判権が米国にあると規定されていたため、このような改正の実現は「より対等な関係」構築というスローガンに付合する成果だった。このように、野田政権は現実主義的立場に立ち、前任者が追求した強固な日米同盟の基調を受け継ぎながらも、一方では、民主党のマニフェストに表明した「より対等な関係の構築」という政策目標に関しても一定の成果を上げたといえる。

(3) 対中関係とヘッジング（hedging）戦略

2009年９月、民主党の政権交代時、鳩山元首相は「東アジア共同体論」を標榜し、韓国および中国と前向きに関係を築き上げようとした。しかし、2010年９月、尖閣諸島近海で中国漁船と日本海上保安庁の巡視船との接触事故が起き、両国間は緊張を高め、日中関係は非常に悪化した。2010年12月に公表された日本の防衛計画大綱において、日本側が中国の海空

軍力の増強と軍事的不透明性に対して憂慮を表明したのは、このような状況を背景にしたことであった。[56]

基本的に、野田政府の主要政策決定者も、前述した通り中国に対する潜在的な脅威認識と警戒感を共有していた。そのため、野田政府は菅前政府と同じく、東南アジアの国々と安保協力を強化しながら中国を牽制する態勢を構築しようとした。

2011年9月27日、野田首相はフィリピンのアキノ大統領と首脳会談し、両国の関係を戦略的なパートナーシップに格上げすることで合意した。[57]特に、両国は海洋安保協力を活発に推進することで意見が一致し、海上保安庁の巡視船をフィリピンに派遣して、両国の海上自衛隊と海軍間の相互訪問と定期協議も開催することにした。次いで、同年10月24日には一川防衛相がベトナム国防相と会談し、両国間防衛協力および交流を増進するという覚書に共同署名した。[58]これにより、両国は定期的に国防次官級の安保対話を開催する等で交流を増進することになった。このように野田政府がフィリピンおよびベトナムと海上安保協力および防衛交流を増進することにしたのは、菅前政府時代、インドネシア等と安保協力を拡大することで合意したこととともに、中国に対する強固な牽制網を形成しようとする戦略的な意図があると見られる。つまり、日本は海空軍力の面で東アジア地域内で軍事的影響力を拡大しようとする中国の動きに対し、日米同盟強化だけでなく、東南アジア諸国との安保協力態勢を構築して対応しようとしたのである。

しかし、注目しなければならないのは、前述したように、野田政府が対中牽制網の形成と同時に中国との軍事的な信頼構築のための努力も再開していることである。2010年9月の尖閣諸島での接触事故以降、従来から実施されてきた日中間将官級将校の交流等が中断されたが、2011年10月にこの事業が再開された。その結果、中国の将官級の軍幹部が日本を訪問して自衛隊部隊および民間企業を訪れる、両国間の信頼構築プログラムを再稼働した。[59]2008年6月以降中断されていた両国の海上自衛隊および海軍間の相互訪問プログラムが再開された。2011年12月19日、海上自衛隊の護衛艦「きりさめ」が中国海軍・北海艦隊の司令部が所在するチンタ

オを訪問し、両国の海軍の指揮官級で協議して文化交流行事も行った。[60]同年12月25日と26日には野田首相が中国を訪問し、胡錦濤国家主席および温家宝首相と首脳会談を行った。野田首相はこの会談で、中国側と両国の海洋当局による高官レベルの海洋協議を開始することで合意した。[61]

このように、野田政府は中国に対し、一方では牽制しようとする政策を推進したり、他方では信頼構築を図ろうとする政策を実施したりした。国際関係では国家相互間、敵対国家関係や友好関係でなければ、使える政策には関与（engagement）、調整（accommodation）、またはヘッジング（hedging）等があるとされる。[62]ヘッジングが、相手国に対してある面では牽制しつつ、他の面では関与するかたちで和解の方向に誘導しようとする様相の全てを包括する意味を含む概念であるならば、現在の日本の対中政策はヘッジング政策の様相を呈しているといえるだろう。

（4） グローバル影響力拡大の試み

東日本大震災以降、日本の対外政策は様々な側面から萎縮しているように思われた。菅前政府は補正予算編成による財源制約の中で、開発途上国の支援のためのODA予算支出を棚上げし、米国等が推進するTPPへの参加交渉に対しても断念した。しかし、野田政府は大地震および津波被害による衝撃から脱し、安保および経済分野で日本のグローバルな役割を拡大する方向で政策を転換し始めた。

まず、野田政府は菅前政府の時代に推進された「脱原発」政策、つまり、徐々に原子力発電所を廃炉にしていくという政策方針を受け入れなかった。『文芸春秋』9月号に掲載された政権構想で、むしろ当面は原発の再稼働に向けて努力し、今後2030年までは原発を活用していくという政策方針を明らかにした。このような立場に基づき、野田政府は各国との原子力発電所協定締結および原子力発電所輸出の可能性も打診することにした。[63]野田政府は、もはや原子力発電を「文明災」ではなく、日本の国際的な位相を反映して、今後追加的な成長を牽引できる主力商品とみなしたのである。野田政府はこの延長線上で開発途上国への政府開発援助を再開する意向を示し始めた。2011年10月21日、玄葉外相はミャンマー外相

と会談し、日本のODA再開などの協力強化意思を表明した[64]。

野田政府は、前政権では見送りとなった環太平洋戦略的経済連携協定（TPP）交渉への参加に対しても前向きな姿勢を見せた。2011年9月21日、野田首相はオバマ大統領と首脳会談し、日本のTPP交渉参加問題に対して早い時期に結論を出すと表明した。政府内はもちろん日本社会の一角で、農業界の反発を考慮してTPPへの参加に差し控える姿勢を見せる傾向が強く存在したが、結局、同年11月11日、野田政府はハワイで開催されたアジア太平洋経済協力会議（APEC）の席上で、日本がTPP交渉に参加するという意思を明らかにした[65]。

野田政府は菅前政権当時、国際連合から要請されたアフリカの南スーダン共和国への平和維持軍の派遣提案に対しても前向きな姿勢を見せた。実際、2011年7月、国連PKO事務局が韓国、ドイツおよび日本に対して南スーダン共和国へのPKO部隊派遣を要請し、8月初めには国連の潘基文事務総長が直接菅前首相に同じ要請をした際には、日本政府内に慎重論が多かったことも事実である[66]。しかし、野田内閣の発足以降、日本は前任である菅前内閣に比べ、より積極的な姿勢をとり始めた。発足直後の9月3日、野田内閣は南スーダン共和国へ予備調査団の派遣を決定し、調査団の報告結果を踏まえ、10月下旬には先発隊および300人規模の陸上自衛隊の施設部隊を2012年度に派遣する方針を決定したのである[67]。この方針により、2010年1月には優先的に先発隊40人が南スーダン共和国に派遣され、次いで2月には210人に上る主力部隊が派遣される予定である[68]。

前述した通り、野田政府は、菅前政権が東日本大震災を受けて縮小や見送りをせざるをえなかった対外政策を再開し、前向きに推進する新しい様相を見せている。原子力発電に対する政策が変わってからは関連国家との原子力協定交渉が再開され、ODAによる途上国支援も再開、TPP交渉に参加する方針が表明された。南スーダン共和国へのPKO部隊の派遣決定も前向きに決められた。このような積極的な対外政策を推進しつつ、野田政府は東日本大震災以降、萎縮した日本外交に立ち直りの気運を盛り上げ、日本の国際的な影響力を再び回復しようと努力を傾けているといえるだろう。

5　おわりに

　東日本大震災、そして福島原子力発電所の稼動停止および放射能漏れ事故は、日本社会に大きな危機をもたらした。戦後日本が重ねてきた科学技術文明の成果と、それによって成し遂げた先進社会の業績が、巨大な自然災害と後続する災いによって一瞬で泡となり消えるかもしれないという不安感をさらに高めた。日本が2010年度、GDP基準で世界2位の経済大国から3位へと転落した事実に関連づけると、まさに日本の成長神話が下降の分岐点にいたったという漠然とした危機意識が日本社会に広がり始めた。小説家である五木寛之氏が著書『下山の思想』を通して、今や日本が登頂ではなく「下山」の準備をしなければならないというメッセージを発信し始めたのは、東日本大震災以降、日本社会に広がりつつある危機意識の一面を反映することであるともいえる。

　しかし、一方で、日本社会の一角では自然災害とそれがもたらした危機感を感じているにもかかわらず、それを乗り越えて新しい成長と発展の活力を探らなければならないという世論も少なからず存在した。NHKが司馬遼太郎の原作『坂の上の雲』を放送し、明治時代の日本人が「坂の上に輝く白い雲」を見つめながら近代化へ邁進したように、日本人が新しい目標を見つけて奮闘してもらいたいというメッセージを伝えたのは、このような願いを反映しているのだろう。

　政権担当者として、東日本大震災の被害を直接収拾しなければならなかった菅前首相は、「脱原発」方針を提起し、ODA縮小を決定し、TPPへの参加を見送ることを決定した。このような政策は、東日本大震災以降の被害復旧と財政制約の状況のもと、日本の対外政策が萎縮していたことを示した事例であった。では、菅前政府は日本の成熟した「下山」を準備していたのであろうか。

　一方、野田政権は菅前政府とは違い、逆にODAの再開を表明し、TPPへの参加を表明し、南スーダン共和国へのPKO参加に対しても前向きに決定した。この選択は萎縮した姿勢から脱し、日本の国際的な影響力回復し、成長動力を見つけるための現実主義的な目的意識を通して備えられた

ことである。言い換えれば「坂の上の雲」を目指した対外政策決定であったのである。

　しかし、「坂の上の雲」を見つめながら決定した政策全てが、肯定的な方向で国家を導くとはいえない。「坂の上の雲」を目指して決めた政策が、国家を没落に追い込む事例も少なくないからだ。野田政権が選択した対外政策の決定が、増税等の経済政策とともに、果たして日本を「没落」の危機から救い出し、「再生」の道に導く効果を上げることができるだろうか。東日本大震災以降、日本社会を襲った深淵から脱け出すためには、まだまだ進まなければならないと考えられる。

[注]

1　『朝日新聞』2012年1月1日の新年インタビュー参照。朝日新聞も2011年7月13日の社説を通じ、これから20-30年の間で自然エネルギーの技術開発に集中し、原子力発電所への依存を縮小する、いわば"原子力発電所ゼロ社会"を目標として定めることを提言したことがある。『朝日新聞』2011年7月13日。
2　五木寛之、『下山の思想』(幻冬舎、2011)。
3　韓日新時代共同研究委員会第2期創立総会報告の創立総会に行われた慶應義塾大学の薬師寺泰蔵名誉教授の報告、「原発事故、大震災、そして国家の勢い」(2011年12月12日、ホテルニューオータニ)等を参照。
4　司馬遼太郎が1960年代末に著述した『坂の上の雲』は、日露戦争時期、日本連合艦隊の参謀として参戦した秋山兄弟を描いた歴史小説である。この小説は明治時代の人物が厳しい状況下でも楽天的な気質を失わず、未来志向で生きてきたという内容である。核心的なメッセージは次のような一節によく出ている。「楽天家たちは、そのような時代人としての体質で、前のみを見つめながら歩く。のぼってゆく坂の上の青い天にもし一朶(いちだ)の白い雲がかがやいているとすれば、それのみを見つめて坂をのぼってゆくであろう。」『坂の上の雲』第一巻「あとがき」参照。これについての論評は拙稿、「"坂の上の雲"と"下山の思想"("언덕 위의 구름"과 "하산의 사상")」瑞南フォーラムウェブサイト (www.seonamforum.net/newsletter)

(2011.12.26)参照。
5 星浩、「再生か没落かの瀬戸際」『朝日新聞』2011年8月30日付コラム。
6 陸海空3自衛隊は最大兵力10万7千人、ヘリ200機、航空機300機、艦艇50隻余りを被災地支援のため投入した。東日本大震災発生から3日目の3月14日、陸海空3自衛隊の統合任務部隊司令部が仙台に設置され、陸上自衛隊の東北方面総監が司令官を兼任して全般的な被害復旧活動を指揮した。『朝日新聞』2011年6月30日付記事参照。
7 東日本大震災以降、韓国、米国、中国、ロシア、台湾、オーストラリア、ニュージーランド、ドイツ等の56カ国が日本への支援意思を表した。『朝日新聞』2011年3月13日。韓国が派遣した救助隊の活動については『朝日新聞』2011年3月18日付記事参照。
8 『朝日新聞』2011年5月3日付および10月22日付記事参照。
9 『朝日新聞』2011年3月25日。
10 『朝日新聞』2011年5月15日付記事参照。中央政府だけでなく、直接的な被害に見舞われた宮城県、そして主要言論社も独自的な懇談会等を設置し、専門家の提言を踏まえた復興構想を示そうとした。4月23日に朝日新聞社が発足した委員会には、加藤陽子東京大学教授、大竹文雄大阪大学教授、その他の建築家、劇作家などが参加した。『朝日新聞』4月23日。次いで4月28日には経済産業相がエネルギー政策を検討する委員会を発足、有馬朗人元東京大学総長、佐佐木毅、ジャーナリストの立花隆、寺島實郎日本総合研究所長等が招聘された。5月2日。宮城県が発足した復興会議には、小宮山宏前東大総長、寺島實郎日本総合研究所長等が委員として委嘱された。『朝日新聞』2011年4月29日付および5月3日付各々の記事参照。
11 『朝日新聞』2011年7月16日。
12 『朝日新聞』2011年6月21日。
13 『朝日新聞』2011年5月11日。
14 『朝日新聞』2011年7月14日。その時期に日本を訪れた韓国のある言論人は、地震および津波に見舞われた福島県と岩手県等で太陽光および風力発電等の自然エネルギーを開発して新しい社会づくりが進めている現実を紹介し、原爆被爆以降、原子力で復興を成し遂げた日本が、再び自然エネルギーで国を建て直そうとする巨大な実験を進めていると説明した。呉栄煥、「新日本紀行(신일본기행)」『中央日報』2011年8月5日。
15 『朝日新聞』2011年7月16日。
16 『朝日新聞』2011年7月21日。
17 『朝日新聞』2011年6月5日。
18 『朝日新聞』2011年4月15日。ちなみに、2009年の1年間、日本は計538件の国際会議を誘致し、世界5位の実績を成し遂げた。

19　『朝鮮日報』2011年3月24日付記事参照。
20　『朝日新聞』2011年3月25日付および4月23日付記事総合。
21　『朝日新聞』2010年11月7日。同年10月28日、当時の前原外相はクリントン米国務長官との会談でこのような意向を示した。
22　『朝日新聞』2011年3月26日付および8月14日付記事総合。
23　『朝日新聞』2011年8月16日。
24　『朝日新聞』2011年7月13日。
25　『朝日新聞』2011年4月27日。
26　2011年5月16日、日本原子力産業協会の発表参考。『朝日新聞』2011年5月17日より再引用。
27　2011年6月4日、日本側の北沢防衛相は梁光烈中国国防部長と会談し、2010年秋に発生した尖閣諸島沖での衝突事故の後途絶えていた日中間の防衛交流の再開で合意した。2011年7月4日、松本外相は中国の楊潔篪外交部長と会談し、南中国海と東中国海における航行の自由の原則が保障されるべきだと中国側を圧迫した。5月22日、東京で開いた日中韓3国首脳会談では原子力発電所の安全管理に関する3国間の協力の必要性が確認された。
28　北澤防衛相は、2006年に米国と合意された在日米軍の再編計画を遂行するため沖縄県と接触しながら普天間基地の辺野古地域移設問題を推進し、岩国基地に移設する米空母艦載機部隊「離着陸訓練」の提供のため、馬毛島の用地を買収する措置をとった。日米両国の外交および国防担当相は2011年6月21日に2+2会談し、両国の共通戦略目標と武器輸出3原則の見直しを含む防衛協力、米軍基地の再編事項等を盛り込んだ共同声明を発表した。『朝日新聞』2011年6月22日付記事参照。
29　菅前首相は6月17日、インドネシアのユドヨノ大統領と首脳会談し、両国間海洋安保協力を強化することにした。『朝日新聞』2011年6月18日。ベトナム国防次官は、ベトナム駐在の日本大使と会談し、両国間防衛戦略対話を望んだのである。『国防日報』2011年7月13日。
30　2011年7月9日、米国、日本、オーストラリア3国がブルネイ沖の南中国海で海上自衛隊と米豪海軍による共同訓練を実施した。『朝日新聞』2011年7月7日。海賊掃討のためソマリアへ派遣された海上自衛隊哨戒機の拠点施設がジブチに設置された。この施設は自衛隊が最初に持った海外基地である。『朝日新聞』2011年7月8日。
31　『朝日新聞』2011年9月7日および9月13日。
32　野田首相が松下政経塾の1期生、前原政調会長と玄葉外相が各々8期生出身である。
33　野田佳彦氏が松下政経塾の塾報に掲載した文を参照。当時、野田議員は

993年1月、同年11月、1994年11月、1995年1月の各々の塾報にコラムを掲載して自分の議定活動を簡単に報告している。www.mskj.or.jp/news/参照。
34　前原氏と玄葉氏も野田首相と同じく松下政経塾の塾報にたびたびコラムを掲載し、自分の活動状況を報告している。玄葉外相の場合、1993年8月、1995年1月に各々コラムを投稿している。http://www.mskj.or.jp/news/9309jkgenba.html
35　玄葉氏は1993年8月塾報に投稿したコラムで、新しい時代に日本が外交安保上の変革によく対応できなくなると、日本が滅びかねないと警戒した。このため、政治が一流にならなければいけないともいった。
36　民主党内の外交政策性向等に対する構造的な分析は、朴喆熙、「日本民主党の政策対立軸の移行と政党間競争の不安定性(일본 민주당의 정책 대립 축 이행과 정당간 경쟁의 불안정성)」『國際地域研究』第20巻第1号(ソウル大学国際大学院、2011)参照。
37　野田佳彦、「我が政治哲学」『Voice』2011年10月号。『朝日新聞』2011年9月7日付記事より再引用。2011年8月31日付記事も参照。
38　『朝日新聞』2011年8月31日付および9月3日付記事参照。
39　野田首相の中国ナショナリズムに対する警戒は、党総裁選の過程での共同記者会見参照。『朝日新聞』2011年8月28日。『文藝春秋』2011年9月号に載せられた政権構想図参照。
40　前原政調会長の中国認識に対しては2011年9月7日にワシントンに行われた講演内容を参照。『朝日新聞』2011年9月9日より引用。
41　野田佳彦、『民主の敵』(新潮新書、2009)参照。『朝日新聞』2011年8月31日より引用。
42　『朝日新聞』2011年9月9日。前原はこの場合、日間関係が一層強固なものとなると述べた。
43　『朝日新聞』2011年9月1日。
44　国策研究会は2010年4月12日に第1次研究会を開いてから6月14日、8月2日に各々研究会を開き、日本の宇宙政策および海洋政策に関する専門家講演を聴取しながら政策構想をまとめる活動を実施してきた。国策研究会活動については松下政経塾ホームページを参照。www.mskj.or.jp/lab.
45　『朝日新聞』2011年8月17日付記事参照。
46　米国に続き、中国、イギリス、イスラエル、ロシア、イラン、パキスタン等が無人機を開発していると知られている。Scott Shane, "Proliferation of drones poses a fresh global threat" *International Herald Tribune*, October 10, 2011.
47　『朝日新聞』2011年9月16日付記事参照。

48 『朝日新聞』2011年12月21日付記事参照。
49 『朝日新聞』2011年12月13日付、12月23日付の関連記事参照。米国の主要日刊紙も日本の伝統的な原則の見直しに高い関心を見せた。"Japan relaxes its ban on export of military equipment" *International Herald Tribune*, December 28, 2011.
50 『読売新聞』2011年11月8日。
51 『朝日新聞』2011年12月26日付記事参照。
52 これに関しては、「日本民主党の対米政策——対等な同盟関係の構築の模索と挫折(일본 민주당 정부의 대미정책: 대등한 동맹관계 구축의 모색과 좌절)」『日本研究論叢』第33号(現代日本學會、2011)参照。
53 『朝日新聞』2011年9月6日。
54 『朝日新聞』2011年9月22日付および10月18日付の各々の記事参照。
55 『朝日新聞』2011年11月25日。
56 防衛研究所は2011年3月、中国軍事力現況に対する最初の公式レポートも発刊した。防衛省防衛研究所編『中国安全保障レポート』(東京:防衛研究所、2011)。
57 『朝日新聞』2011年9月28日。
58 『朝日新聞』2011年10月25日。
59 『朝日新聞』2011年10月1日。
60 『朝日新聞』2011年12月15日付および12月20日付記事参照。
61 『朝日新聞』2011年12月26日付および27日付記事参照。
62 David C.Kang, "Between Balancing and Bandwagoning: South Korea's Response to China" *Journal of East Asian Studies*, vol.9, no.1 (Jan.-Apr.2009).
63 『朝日新聞』2011年10月30日。
64 『朝日新聞』2011年10月22日付記事。
65 『朝日新聞』2011年11月11日。
66 『朝日新聞』2011年7月14日付および8月9日付記事参照。
67 『朝日新聞』2011年9月22日および10月25日。
68 『朝日新聞』2011年12月24日。

[参考文献]

〈韓国語文献・資料〉

朴榮濬「"坂の上の雲"と"下山の思想"("언덕위의 구름"과"하산의 사상")」瑞南フォーラムウェブサイト(www.seonamforum.net/newsletter)(2011.12.26)

─────(2011)「日本民主党の対米政策──対等な同盟関係の構築の模索と挫折(일본 민주당 정부의 대미정책: 대등한 동맹관계 구축의 모색과 좌절)」『日本研究論叢』第33号、現代日本學會

朴喆熙(2011)「日本民主党の政策対立軸の移行と政党間競争の不安定性(일본 민주당의 정책 대립축 이행과 정당간 경쟁의 불안정성)」『國際地域研究』第20巻・第1号、ソウル大学国際大学院

呉栄煥「新日本紀行(신일본기행)」『中央日報』2011年8月5日

〈日本語文献・資料〉

五木寛之(2011)『下山の思想』幻冬舎
星浩「再生か没落かの瀬戸際」『朝日新聞』2011年8月30日
防衛省防衛研究所編(2011)『中国安全保障レポート』東京:防衛研究所
野田佳彦「我が政治哲学」『Voice』2011年10月号
薬師寺泰蔵「原発事故、大震災、そして国家の勢い」韓日新時代共同研究委員会第2期創立総会報告(2011年12月12日、ホテルニューオータニ)

〈英語文献・資料〉

David C.Kang, "Between Balancing and Bandwagoning: South Korea's Response to China" *Journal of East Asian Studies*, vol.9, no. 1 (Jan.-Apr.2009).

Scott Shane, "Proliferation of drones poses a fresh global threat" *International Herald Tribune*, October 10, 2011.

"Japan relaxes its ban on export of military equipment" *International Herald Tribune*, December 28, 2011.

〈新聞・ウェブ〉

『朝鮮日報』『中央日報』『朝日新聞』『読売新聞』
松下政経塾ウェブサイト www.mskj.or.jp/news/

論考7

東日本大震災と日本教育
大学教育の国際化と留学生政策の変化

韓 龍 震
高麗大学校教育学科教授

1　概観――日本教育の現況

　2011年3月11日の東日本大震災は教育分野に様々な影響を与えた。なかでも高等教育分野に注目してみると、大学の国際化と関連して特に留学生政策に大きな影響を与えた。留学生政策は外国人留学生の受け入れ政策だけではなく、国際的な競争力を持つ人材の育成のために自国の学生を海外に送り込む政策とも関連している。朝日新聞によると、大震災から2カ月ほどたった2011年5月23日、中央教育審議会（以下、中教審）大学分科会は東日本大震災の被害状況について、"大学の死亡者は45名、短期大学3名、高等専門学校1名、専門学校4名"と発表した。[1]しかし、このような直接的な死亡者の数字よりも大きな影響は、当時日本にいた数多くの海外留学生たちが地震の恐さを身に覚えて急遽自国に帰り、日本留学に対する否定的認識を広めたことである。また、地震発生時、冬休みで自国に帰っていた留学生たちが、4月に新学期が始まっているにもかかわらず日本に戻るのを嫌がっているのも、この影響が現れているといえる。

　実際に地震の被害が大きかった岩手県、宮城県、福島県にある42大学は全て、4月の新学期開始を延期せざるをえなかった。その内、34大学（80%）は5月以降になって授業を再開することができた。3県以外の東北地方と関東地方の大学でも約20%の大学は4月の中旬に授業を始め

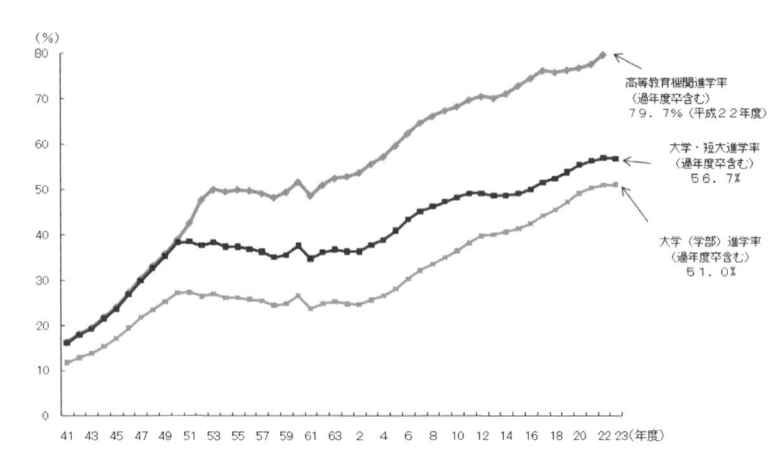

出所：文部科学省ホームページ"平成23年度学校基本調査の速報について"
（http://www.mext.go.jp/component/b_menu/other/__icsFiles/afieldfi
le/2011/08/11/1309705_1_1.pdf）（検索日：2012.1.17）をもとに作成。

図1　18歳人口の高等教育進学率推移

たが、8％（33大学）の大学は新学期開始を5月に延期した（朝日新聞、2011年5月24日付）。さらに地震の被害で影響を受けた東北3県の大学進学率は、他地域の平均である53％より10％ほど低くなり、岩手県は40％、福島県は42％、そして宮城県は46％にとどまった。大学の新学期開始の遅れは、大学教育の質にも影響を及ぼしているだけではなく、海外留学生と優秀な研究者たちの海外流出にもつながっている。大学の新学期開始の遅れや留学生を含めた大学人員の減少は、地域経済と雇用市場にも少なからず打撃を与えた。この点から、今回は東日本大震災の特集として、日本の高等教育の国際化とそれにかかわっている留学生政策を中心に調べてみたい。

　具体的な内容に入る前に、日本の教育の現状と関連して学校基本調査の統計資料を見ると次のようである。平成23年5月1日現在を基準に作成された学校基本調査速報には、地震の被害が最も大きかった3県の学生数は統計に含まれていない。まず、日本の教育の概略として、小学生が653万8257名、中学生は341万1703名、高校生は319万1009名となるなど、

小子化現象によって初等中等教育機関の学生数は毎年減少する傾向にある。しかし、高等教育の分野では、大学は学部生が256万9716名、大学院生が27万2451名となり歴代最高値を記録している。一方、短期大学（15万5名）と高等専門学校（5万9220名）の学生数は次第に減少する趨勢である。これは短期大学や高等専門学校より大学を好む傾向が現れているためである。（図1）が示すように、平成23年の統計によると、日本の18歳人口に対する高等教育進学率は79.7%であり、大学だけでは51.0%であった。ついに日本も、M. Trowがいう高等教育の「普遍化段階（universal access stage）」の基準である大学進学率50%を超えるようになった。

2 東日本大震災の教育への影響

東日本大震災が教育に及ぼした影響については、言論報道内容からおおむね次の五つに要約することができる。

まず一つ目は、先に述べたように、日本にいた留学生たちが自国に帰って新学期になっても日本に戻らない現象である。また交換学生として来日予定の外国人留学生たちの留学忌避現象が現れていることである。これは大震災の恐怖だけでなく、津波により福島原子力発電所で爆発事故が発生して、放射能汚染や被爆の可能性がかなり大きくなっているからである。そのため、学生本人の不安感とともに留学生の家族や各国政府が帰国を促す場合もあった。文部科学省の調査によると、東北地方の留学生3人のうち、2人が大学を離れたという。[2]すなわち、2011年4月20日現在で、一定数以上の留学生を受け入れた77大学の留学生総数2万376名中、通学圏内にいることが確認された学生は約87%に当たる1万7643名であった。これを東北地方の9大学に限って見ると、留学生2316名のうち、約35%に当たる814名だけが通学圏にいるのが確認された。この調査が留学生全員を対象にした調査でなく抽出調査であることや、またかなりの数の大学で新学期開始が遅れていることを勘案しても、1カ月後の5月20日での同一調査においても、全国的には依然として約5%の留学生は通学圏に戻らなかった。東北地方の場合にはその比率が13.5%にまで達している。[3]特に大学の建物が直接被害を受けた東北大学の場合は留学生1500余名のほ

とんどが帰国し、盛岡市にある岩手大学でも留学生約200名のうち、80%が一時帰国したという。[4]

また、九州や関西地方のように東北地方から遠く離れた地域の場合でも、アメリカやオーストラリア、オーストリアの大学から交換学生として来る予定の留学生の留学取り消しが相次いでいる。たとえば、大分県別府市にある立命館アジア太平洋大学には2011年4月に来る予定の28名の交換留学生のうち、13名は留学を取り消し、5名は9月以降に入学を延期するなどして、10名のみが来日した。神戸大学も交換学生10名のなかで7名が留学を取り消した（朝日新聞、2011年4月11日付）。このことは、すでに大学が新学期を開始したにもかかわらず外国人留学生の不安感が解消されなかったことを意味しているといえよう。

二つ目は、自国に帰った留学生に対して日本政府や大学などがとった様々な措置が挙げられる。まず、文部科学省は被害地域の国費留学生のなかで、一時帰国し、日本に再入国する学生のために航空券の費用を負担し、[5] 法務省は秋学期に入国する留学生がビザ申請に必要な在留資格認定証明書の申し込み期間を通常の5月から6月に延長した。さらに、大学側の要請を受け入れ、再入国許可を申請せずに急遽出国した留学生にも即座にビザを再発行する措置をとっている。[6] この他にも対象地域の私費留学生には阪神大震災の時のように学習奨励費を支給したが、少なくとも文部科学省が日本に再入国する国費留学生に航空券を支給したのは前例がなかったことから見て、留学生に対する支援政策がいかに急を要したかがうかがえる。

このような外国人留学生の日本脱出現象に対する日本政府の迅速な対応は、地震発生翌日の3月12日から始まった留学生の出国ラッシュに対する反応でもある。当時、福島原子力発電所から200キロほど離れていた東京都文京区にあるアジア文化協会の事務局長、佃吉一によれば、協会が運営する寮に泊まっていた外国人留学生のほとんどが飛行機の切符を予約せずに、そのまま成田空港に出向き2、3日泊まりながら帰国を急いでいたという。[7] 実際に、韓国人留学生たちの経験によると、安いエコノミークラスの切符が手に入らなくて、急遽帰国するために大金を出してビジネスク

ラスやファーストクラスの切符を買って帰国する場合もあったそうだ。

このため各大学は、一時帰国した学生たちが日本に戻る時期を新学期開始以降に遅らせる措置をとったり、海外の現地新聞に日本の安全性を訴える広告を出したりした。たとえば、千葉県にある城西国際大学の場合、留学生917名中、約80％が一時帰国し、彼らのために4月15日㈮から授業が始まっていたにもかかわらず、5月9日㈪にオリエンテーションなどの登録日程を延期した。また、先に述べた立命館アジア太平洋大学（APU）は留学生を多く送ってくれた中国の高等学校の校長を招いたり、海外の現地新聞に広報を出したりした。それにもかかわらず統計によると秋入学の学生が例年に比べて20％ほど減っている。

三つ目は、学校施設の復旧をはじめとする災害地域に対する政府の特別法の制定である。日本の国土交通省は2011年10月28日、復興特別区域法案を閣議決定し、被害を受けた地方自治体と復興特別区域に対して1兆9000億円の支援交付金を支給することにした。東日本大震災で被害を受けた公私立学校の施設は約4000校にのぼり、復興特別区域法案の閣議決定を受けて、地震発生から半年がたった2011年9月末には2013年の復興完了が計画された。被害を受けた公立学校の中で、被害が軽い約2400校は2012年までに修理が完了するが、約100校は建物を建て直さなければならないため、復旧が可能となるのは2013年になるという実情である。また、津波によって被害を受けた3県の教育委員会は、公立中高66校を高台あるいは内陸部に移転することを検討している。しかし、今まで自然災害で被害を受けた学校の再建は「原形復旧」を原則としていたので、建築費以外に学校敷地移転に伴う土地購入費などの費用問題について、文部科学省が支援したとしても移転場所を決めるに際して様々な意見があるために、これを実現するにはまだまだ時間がかかるようである。

四つ目は、放射能汚染に関する問題である。なかでも福島県は学校施設の放射能物質の汚染と関連して、避難中の学校を除いて県内全ての小学校に優先的に簡易測定器を設置し、放射能の数値を計測し、それをインターネット上にリアルタイムで公開するようにした。これは、放射能汚染に対する保護者の不安感を抑えるための措置である。実際に福島県では幼稚園

と中・高等学校にも簡易測定器を設置したり、学校以外にも公民館や運動施設がある公園など約600箇所に測定器を設置して放射能の測定情報を常時公開している。[14]大震災発生直後の4月に文部科学省が設定した学校の校庭の利用基準は年間20ミリシーベルトで、1時間当たり3.8マイクロシーベルトだったが、保護者の反対にあい、結局8月末にはこれを撤廃して、年間1ミリシーベルトに基準値を下げた。[15]さらに、文部科学省は放射能検査機器の購入費用の半額を補助する政策を出して学校給食の不安に対応したが（朝日新聞、2011年9月22日付）、このことは放射能汚染の問題は学校の運動場だけではなく、給食などの食べ物に関する問題とも密接に関連していることを示している。

このほかにも、東日本大震災が学生たちの教育に与えた影響と関連して、NHKは大震災発生から9カ月目に当たる2011年12月11日に放送した報道番組の中で、岩手県と福島県の公立中学校の生徒たちを対象にしたアンケートの結果を発表した。それによると、約60％の学校が東日本大震災や原子力発電所の事故によって学業に影響を受けたと答えた。[16]学業に影響を受けた比率を県別に見ると、宮城県が74％で、被害が最も大きかった福島県の70％より高かった。また岩手県は相対的に低い40％であった。これは3県の公立中学校582校中、回答を寄せたのが77％に当たる448校だけであったために、被害が最も大きかった福島県の学校の回答が結果に充分反映されなかったと思われる。学業に与えた影響を具体的に見ると、運動会や修学旅行などの中止が63％で一番多かった。その次に、学校が休校のために授業時間数の不足や授業の進度が遅れること、そして、生徒たちの転校問題や仮設住宅での生活による学習環境の悪化などが挙げられている。基本的には急激な環境変化による学習意欲の低下現象も現れているので、より細やかな生徒指導が必要だと提案している。

2012年度文部科学省の予算案の中で東日本大震災と関連している内容をまとめてみると、（表1）の通りである。内容項目を見ると以前にはなかった新規項目が多く、既存項目の中でも公立学校の施設復旧費用や海底地震・津波観測網の構築のような項目には予算が大幅に増額されたことがわかる。なお、公立学校の施設復旧費用には移転に伴う土地購入費が含ま

表 1　文部科学省予算案における地震被害予防と復旧のための予算項目

大項目	内容	予算案	備考
文教関連予算案	＊初等中等教育の充実		
	・公立学校施設の災害復旧	151 億円	146 億円増額
	・公立学校施設の耐震化及び防災機能の強化等	1246 億円	441 億円増額
	・学びを通した災害地域コミュニティー再生支援事業	11 億円	（新規）
	・実践的防災教育総合支援事業	3 億円	（新規）
科学技術予算案	＊原子力災害からの復興		
	・福島県及び全国における環境モニタリングの強化	38 億円	（新規）
	・児童生徒等のための放射能被ばく防護の推進	10 億円	（新規）
	・原子力災害からの復興に向けた研究開発・人材育成強化	105 億円	（新規）
	・原子力損害賠償の円滑化	18 億円	（新規）
	＊人類のフロンティアの開拓及び国家安全保障・基幹技術の強化		
	・海底地震・津波観測網の整備	190 億円	177 億円増額
	・東北マリンサイエンス拠点の形成	15 億円	（新規）
	＊グリーンイノベーションとライフイノベーションの推進		
	・東北復興次世代エネルギー研究開発プロジェクト	20 億円	（新規）
	・東北メディカル・メガバンク計画	56 億円	（新規）

出所：文部科学省"平成 24 年度文部科学関係予算案について"の内容から抜粋・作成。http://www.mext.go.jp/component/b_menu/other/__icsFiles/afieldfile/2012/01/13/1314488_16.pdf（検索日：2012.1.17）

れている。

3　大学の国際化と留学生政策

（1）グローバル人材育成の推進：世界に雄飛する人材の育成

　東日本大震災の渦中において、日本の大学の国際化と関連して 2011 年度に注目すべき出来事は、枝野幸男官房長官を議長とするグローバル人材

育成推進会議の第1回が開催された（2011年5月26日）ことである。この会議は東日本大震災の影響に基づいて、日本人学生の海外留学を増やすための方案と、日本人留学帰国者が国内で能力を発揮できるようにする方案、そして外国人留学生が日本を離れる現象に対する対応についての方案などを検討した。特に、過度に内向き志向になった日本の若者をグローバル人材として育成するため、中長期的に日本経済と社会の発展を模索する会議であった。[17] 統計によると、日本人留学生数は、1985年頃には海外に行く留学生と来日外国人留学生がほぼ1万5000名水準で同じだった。しかし、21世紀に入り、大学間での学術交流協定により学生交流が活性化されて留学生数が増加したものの、日本人留学生の海外留学は2004年の8万2945名を頂点に減り始め、2008年現在、約6万7000名である。これは在日外国人留学生の半数に過ぎない。2004年は折しも日本の国立大学が法人化され始めた年でもある。21世紀に入り、中国やインド、韓国などの海外留学生数が引き続き増えている反面、日本人海外留学生は減っているという現実に、日本政府は危機感を感じているといえよう。

　実際、このような危機感は2008年7月29日、中教審大学分科会留学生特別委員会で「留学生30万人計画」を発表した時点ではそんなに大きくなかったと思われる。[18] この計画は日本が世界に向けて開かれた国として、アジアおよび世界に人・物・お金・情報の流れを拡大する「グローバル戦略」展開事業の一環として、2020年までに「留学生30万人を受け入れる計画」である。このため外務省、法務省、厚生労働省、経済産業省、国土交通省などが文部科学省とともに総合的かつ有機的に協力し、外国人留学生の入試、入学、入国をはじめとして大学と社会で彼らを受け入れ、卒業または修了後の就職進路にいたるまで体系的に計画を推進するというものである。すなわち、今までの日本の留学生政策は、日本人留学生を海外に送ることよりも外国人留学生を受け入れることに重点を置いていた。また、日本の学生たちは正規留学より短期留学制度を好んでいる。

　（表2）を見ると、1985年度から1993年度までは日本人海外留学生よりも在日外国人留学生の数の方が多かったが、1994年度から2000年度までは逆に日本人海外留学生の方が多かった。21世紀に入って、アメリカ

表2 日本人海外留学生数と在日外国人留学生数の推移

留学生 年度	日本人海外留学生 留学生総数	日本人海外留学生 アメリカの大学在学生	日本人海外留学生 短期交換学生	在日外国人留学生
1985年（昭和60）	**15,485**	−	−	15,009
1986年（昭和61）	14,297			**18,631**
1987年（昭和62）	15,335			**22,154**
1988年（昭和63）	17,926			**25,643**
1989年（平成1）	22,798			**31,251**
1990年（平成2）	26,893	−	−	**41,347**
1991年（平成3）	32,609	−	−	**45,066**
1992年（平成4）	39,258			**48,561**
1993年（平成5）	51,295			**52,405**
1994年（平成6）	**55,145**	−	−	53,787
1995年（平成7）	**59,468**			53,847
1996年（平成8）	**59,460**			52,921
1997年（平成9）	**62,324**	−	−	51,047
1998年（平成10）	**64,284**			51,298
1999年（平成11）	**75,586**			55,755
2000年（平成12）	**76,464**	46,497	−	64,011
2001年（平成13）	78,151	46,810	13,961	**78,812**
2002年（平成14）	79,455	45,960	14,938	**95,550**
2003年（平成15）	74,551	40,835	15,564	**109,508**
2004年（平成16）	82,945	42,215	18,570	**117,302**
2005年（平成17）	80,023	38,712	20,689	**121,812**
2006年（平成18）	76,492	35,282	23,633	**117,927**
2007年（平成19）	75,156	33,974	23,806	**118,498**
2008年（平成20）	66,833	29,264	24,508	**123,829**
2009年（平成21）	−	24,842	23,988	**132,720**

凡例：日本人海外留学生数と在日外国人留学生数の中で多い方を太字で表記する。
出所：文部科学省　ホームページ"グローバル人材育成推進会議中間まとめの概要"http://www.mext.go.jp/b_menu/shingi/chousa/koutou/46/siryo/__icsFiles/afieldfile/2011/08/09/1309212_02_1.pdf（検索日：2011.11.30）と文部科学省高等教育局学生・留学生編(2010年)"我が国の留学生制度の概要(受入れ及び派遣)"資料集を参考に作成。

の大学に在学する日本人留学生数と短期交換学生として海外に行く留学生数とを比較してみると、2001年度にはアメリカの大学に在学する学生の数が短期留学生の数と比べて3倍ほど多かったが、2009年度にはほぼ同じ数字になり、間もなくアメリカへの正規留学生数より様々な国で短期交換留学をする学生の数の方が多くなると推定される。

　このような現状に対して、最近、日本政府は日本社会の高齢化と円高などの海外経済状況の変化による危機感を解消するため、産学が協力してグローバル人材育成戦略を展開している。これは国際的言語能力を習得し、挑戦的かつ積極的な思考方式を持つ人材の養成を目指している。2012年文部科学省予算案に反映された国際的人材育成に関する内容をみると、中等学校段階から英語能力を強化して海外留学の雰囲気をつくり上げ、海外で日本語を専攻している外国人高校生の招待を増やすなど、具体的かつ多様な方案を提示している。その内容をまとめると、(表3)のとおりである。

(2) 日本の大学の国際化：G4大学を中心に

　日本の大学の中で高等教育改革の先頭に立ち、国際化と教養教育の充実化を行っている大学としていわばG4大学（Global 4 University）がある。東京都三鷹市にある国際基督教大学（ICU：International Christian University）と大分県別府市にある立命館アジア太平洋大学（APU：Asia Pacific University）、東京都新宿区にある早稲田大学国際教養学部（SILS：School of International Liberal Studies）、そして秋田県秋田市にある国際教養大学（AIU：Akita International University）である。これらの大学および学部は、21世紀の急変する国際社会の変化に合わせて改革の先頭に立っていて、国際基督教大学を除けば全て2000年以降に設立された。なお前記の3大学は私立であるが、国際教養大学は日本最初の公立大学法人として設立された。

　国際基督教大学[19]は、1953年に"教養ある市民を育むための教育を、日本に"というスローガンのもと、日本で最初の4年制教養学部大学として発足した。学問の隔壁を越えた教養教育重視型の教育課程編成で小人数教育を行っている。日本語と英語を教授公用語にする二重言語主義に基づい

表3　2012年度グローバル人材育成のための予算案
——世界に雄飛する人材の育成

項目	具体的内容および予算額
グローバル人材育成推進のための初等中等教育の充実等 4億円（4億円増額）	＊高校生の留学促進等：2億円（2億円増額） ・派遣（留学支援金の対象高校生）：50名から300名に ・外国人高校生（日本語専攻）の短期招致人員を92名から115名に ・国際的視野の涵養と留学機運の醸成 ＊英語力の指導改善事業 2億円（新規） ・英語力の検証と指導改善、国際バカロレアの趣旨をふまえた教育の推進
新たな時代を拓くグローバル人材育成のための大学改革の新展開 641億円（208億円増額）	＊博士課程教育リーディングプログラム事業 34件：116億円（77億円増額） ＊卓越した大学院拠点形成支援補助金：80億円（新規） ＊グローバル人材育成推進事業 40件：50億円（新規） ＊大学の世界展開力強化事業 41件：27億円（5億円増額） ＊留学生短期受け入れと日本人学生の海外派遣を一体とした交流事業（派遣）21億円 ・長期派遣（1年以上）：100名から200名に（100名増員） ・短期派遣（3カ月から1年）：760名から2280名に（1520名増員）
グローバルに活躍する若手研究人材の育成 430億円（12億円増額）	＊頭脳循環を加速する若手研究者戦略的海外派遣事業：20億円（3億円増額） ＊海外特別研究員事業：22億円（3億円増額） ＊テニュアトラック普及・定着事業：75億円（6億円増額） ＊特別研究員事業：181億円（1億円増額） ＊ポストドクター・キャリア開発事業：21億円（2億円増額） ＊スーパーサイエンスハイスクール支援事業：28億円（3億円増額）
成長分野等における中核的専門人材養成の戦略的推進 5億円（4億円増額）	＊推進分野等は環境・エネルギー、医療・福祉・健康、食・農林水産、クリエィティブ（デザイン・ファッション等）、観光、IT（クラウド・ゲーム・CG等）など

http://www.icu.ac.jp/index.html

http://www.icu.ac.jp/message/index.html

て、3学期制を導入し11週間、70分授業を1単位としているが、卒業には136単位（9月入学の日本語教育プログラム履修者は140単位）と卒業論文を要する。世界21カ国の61大学と交流留学協定を結び、2011年10月現在の学生数は学部3001名（男子学生1105名、女子学生1896名）、大学院150名（男子学生64名、女子学生86名）であるが、その中で外国出身の学生は286名であり、その比率は9.5%である。アメリカ出身の者が105名と最も多く、以下、韓国42名、中国25名、イギリス14名などの順である。教職員は専任教員147名、客員教員14名、非常勤講師173名などで、専任の比率は44%である。専任の63.9%（94名）は日本人、残りの36.1%が外国人である。外国人教員を出身国別に見ると、アメリカが27名で最も多く、以下、韓国5名、イギリス4名、カナダ3名などとなっている。国際基督教大学は語学課程を重視しているために英語教育プログラム履修者は英語22単位、日本語教育プログラム履修者は日本語45単位をそれぞれ必ず履修しなければならない。

　立命館アジア太平洋大学[20]は、100年余りの伝統を持つ学校法人立命館が2000年4月に九州の大分県に設立した日本で最初の本格的な国際大学である。学生数と教員の半分を外国人が占め、多文化および多言語のキャンパスを指向しながら、日本語と英語の二重言語教育システムを実施している。世界の様々な問題の解決策を学ぶ「アジア太平洋学部（APS）」と、

グローバル化する企業や行政などの組織を持続的に発展させるマネージメントを学ぶ「国際経営学部（APM）」の二つの学部がある。特に大学の「開学宣言」には、"21世紀の来るべき地球社会を展望する時、アジア太平洋地域の平和的で持続可能な発展と、人間と自然、多様な文化の共生"を論じな

http://www.apu.ac.jp/home/

がら、「自由・平和・ヒューマニズム」と「国際相互理解」、「アジア太平洋の未来創造」を基本理念としている。現在、学部生5421名中、日本人学生3110名、国際学生（留学生含む）2311名であり、外国人学生の比率は43%である。大学院生224名中、日本人学生は23名、国際学生は201名であり、外国人学生の比率は90%にも達している。学部学生を出身国別に見ると中国が798名で最も多く、以下、韓国677名、ベトナム198名、タイ158名、インドネシア132名などが100名を超えている。世界100の国や地域から集まった国際学生と教職員たちがいっしょに生活している。教育課程の特徴は、1、2学年は英語または日本語による基礎教育科目を受講するとともに集中的に言語を学習し、3、4学年は専門科目を学習しながら日常学習を通じて国際ビジネスと世界的に通用できる高度な学術的語学能力を強調している。そのため、英語集中教育（English Immersion Program）とAP言語集中教育（Asia Pacific Language Immersion Program）、現場調査（Field Study）、インターンシップ科目、奉仕活動およびFIRST（Freshman Intercultural Relations Study Trip）のような異文化体験プログラムなどがあるが、特にAP言語として中国語、韓国語、マレー・インドネシア語、スペイン語、タイ語、ベトナム語など6カ国語を正規プログラムとして開設運営している。

　早稲田大学国際教養学部は2004年に船出をし、英語を中心とした多言語主義を採択している。基本的には考える力を育てる教養教育と多様な文化が融合する国際的環境をつくり上げ、大部分英語で行われる小人数の討

論型授業を通して国際機関や国際企業で活躍する人材と、大学院に進学して学問研究を続けてグローバル化に対応できる学生の養成を目的にしている。教員と学生の1/3は海外出身者であり、日本語を母国語とする学生には1年間の海外留学を必修づけている。4年間の教育課程の編成はおおむね三つのステップからなっている。ま

http://www.waseda.jp/sils/jp/index.html

ず、入学してから第3学期まではテーマを選定する力と語学力を身につける。第4学期と第5学期には海外学習でテーマを研究する。そして第6学期から第8学期までは研究成果を深化させる課程を通して、国際社会にお

表4　国際教養学部の学びの体系──3段階ステップ

学年	1年		2年		3年		4年	
学期	第1学期	第2学期	第3学期	第4学期	第5学期	第6学期	第7学期	第8学期
学習テーマ	テーマの選定力と語学力の習得　多彩な教養教育科目から興味のある選考を選定して、自らの研究テーマを見いだしていく1年半です。徹底した語学教育と学生の主体性を尊重する教育システムが特徴です。			海外学習でテーマを研究　海外協定校から留学先を選択します。語学力のアップと異文化に対する場広い視野、理解力も身につけていきます。		研究成果を深化させる　海外の大学から帰国しての1年半は、海外での経験をもとに、問題意識を高め、その研究成果をさらに追求して深化させる期間です。		
	基礎演習Ⅰ	基礎演習Ⅱ	中級演習			上級演習	上級演習	上級演習卒業研究
	情報処理入門数理統計入門							

出所：早稲田大学国際教養学部ホームページ http://www.waseda.jp/sils/jp/about/curriculum01.html（検索日：2012.1.12）をもとに作成。

いて求められる異文化理解と幅広い視野のもと、世界が直面している様々な問題を自ら発見し、解決までに導く能力を身につけることになっている。

　(表4)は　国際教養学部の4年間の学習体系である。これを見ると、卒業には124単位以上の取得が必要である。通常90分、15週間の授業を2単位とする。入学は年2回行われる。日本人を対象とする4月入学生は共通基礎17単位、専攻科目60単位、自由選択47単位であるが、日本語が母国語でない学生を対象にする9月入学生向けの教育課程は、共通基礎33単位、専攻科目54単位、自由選択37単位であり、日本語を必修にしている。

　国際教養大学[22]は、2004年春に「国際教養(International Liberal Arts)」という新しい教学理念を掲げて設立された。国際教養大学は全ての授業を英語で実施し、徹底的な小人数教育(1学級当たり15名ほど)を行い、学生に在学中1年間の海外留学を義務づけている。新入生は世界各国

http://www.aiu.ac.jp/japanese/

から来た外国人留学生とともに1年間キャンパス内の学生寮で暮らす。専任教員の半分以上が外国人である。厳しい卒業要件と24時間365日開いている図書館などの独自のプログラムと施設、そして厳格な進級・卒業要件によって企業が好む人材を輩出している。そのため開校以来、就職率はほぼ100%である。国際教養大学は国際教養学部だけの単科大学である。入学定員175名、学生総数820名余りの小規模の新設大学にもかかわらず、"厳格であるが、確固たる学力を身につけさせる大学"として評価され、受験生の関心も高くなっている。競争率は10倍ほどであるが、2011年度春学期の一般入試は何と21.4倍を記録した。学校は秋田空港のすぐそばにあり、秋田市内から車で30分ほどの距離である。学生不足で廃校になったミネソタ州立大学機構秋田校(MSUA)の施設を、そのまま引き継い

での開学であった。(中嶋嶺雄、2011:24)

『サンデー毎日』2010年9月12日号の特集"進路指導教諭が生徒に勧めるイチ押し大学"によれば、国際教養大学は次の(表5)のように全国的に極めて高い評価を受けた(中嶋嶺雄、2011: 26)。教育力の分野では4位であったが、小規模校の国際化教育分野では1位になり、先に触れたG4大学の中で最初に設立された国際基督教大学よりも順位が上であった。また、2010年4月には、日本の大学の中でグローバル化に先進的であり、今後の日本の大学のグローバル化を牽引する、先に述べたG4大学の残り3つの大学と国内学生交流協定を締結し、学生交流を海外だけでなく国内でも活性化する契機をつくった。

表5　進路指導教諭が生徒に勧めるイチ押し大学

項目	1位	2位	3位
小規模だが評価できる大学	国際教養大学(AIU)	国際基督教大学(ICU)	成蹊大学
国際化教育に力を入れている大学	国際教養大学(AIU)	国際基督教大学(ICU)	上智大学
入学後、生徒を伸ばしてくれる大学	東北大学	東京大学	国際教養大学(AIU)
教育力が高い大学	東京大学	東北大学	京都大学

このようなグローバル4大学(G4)の実情を見ると、国際化された人材養成のために、ただ国際公用語としての英語と母国語という二重言語政策だけをとるよりは、自国周辺のアジア圏の言語までも含む多言語主義を通して各国の文化を尊重する多文化主義に基づいた国際教養教育を重視していることがわかる。すなわち、これら4大学は21世紀に求められる国際教養人を養成するために、学生と教職員の大多数を外国人と交流させ、学生がテーマを自ら選定して解決能力を育むことに力を注いでいる。そして、このような深い教養教育のために、討論授業を強調し、国際的感覚を身につけるための様々な交換学生プログラムを勧奨したり必修にしたりしていることがわかる。

(3) 大学の国際化とキャンパスアジアプログラム

2011年に韓国、日本、中国の高等教育分野では、欧州連合内での学生交流を支援するエラスムスプログラム（ERASMUS Program）を参考にして、キャンパスアジア（CAMPUS Asia: Collective Action for Mobility Program of University Students in Asia）モデル事業を行うことについて合議した（教育科学技術部グローバル戦略協力チーム、2011）。基本的に、これは三国の大学生の相互理解と国際的能力の培養のための教育協力体制を構築する必要性と、未来のアジアを牽引する次世代リーダーを養成する必要性によるものである。欧州のエラスムスプログラムは、1987年に3000名余りの交流から始まり、2008年には31カ国2200名余りの大学の20万人の学生たちが参加する大規模事業に成長した。また、それによる学生と教授の交流拡大および相互理解は、欧州の統合と平和の定着に寄与し、学生たちのキャリア開発と欧州高等教育の学問的発展にも貢献したと評価されている。実際に韓日中3国は地理的に隣接しているし、アジア諸国の中で留学生の交流が最も活発であるというのも有利な点である。

韓日中3国間の大学交流を持続的に行い、人的資源と教育分野の協力を強化することについての最初の合議は2009年、北京で開催された第2回韓日中首脳会談（2009年10月10日）でなされた。それに基づいて2010年4月、東京で第1回韓日中高等教育交流専門家委員会が開かれ、プログラムの名称を「CAMPUS Asia」に決定し「交流プログラム実務委員会」と「質保証実務委員会」など二つの実務委員会を起こすことで合意した。それによって翌月、韓国の済州島で開かれた第3回韓日中首脳会談（2010年5月30日）では、キャンパスアジアモデル事業を3国間の新規協力事業として採択した。特に「3国協力 VISION 2020」によって'単位認定及び共同学位プログラム'を通じた3国の大学交流の拡大について合議した（教育科学技術部グローバル協力チーム、2011:2）。

アジア圏の高等分野において学問の移動性を高くしようとする試みは、すでに1983年に中国、オーストラリア、ニュージーランド、フィリピン、インドネシア、タイ、カンボジアなどアジア・太平洋地域の21カ国が"アジア・太平洋地域における高等教育の修学、卒業証書及び学位認定に関

する協約"に署名したことがある（教育科学技術部広報担当室、2011年11月28日）。しかし、韓国は遅く1989年にこの協約に参加し、日本は協約の採択に同意したが署名には参加せず、消極的であった。2011年11月25日と26日に東京で開催された「アジア・太平洋地域28カ国大臣閣僚会議」に上程された改定案では、日本の文部科学省が主導的な役割を果たして「アジア・太平洋地域における高等教育の学位認定に関する地域協約（Asia-Pacific Regional Convention on the Recognition of Qualifications in Higher Education）」を締結することになった。これは日本政府の大学国際化に対する視点が180度変わり「グローバル人材の育成」を推進するようになったことでもあるが、その裏には、東日本大震災によって外国人留学生が急に減っている情況とも関係があるのではないかと思われる。

日本の文部科学省の2011年度「大学の世界展開力強化事業」の公募要領にある事業の背景と目的などを見ると、急速なグローバル化によって世界で活躍できる人材の登用と養成が急務であるとしながらも、東日本大震災の影響で日本の東北地方に対する社会的風評等による間接的被害もあり、日本各地での国際交流が滞ることを心配していることが分かる。また、世界各国と連帯して教育の国際化をさらに推進することが必須であると述べている。大学の世界競争力強化事業の一環として選定された"キャンパスアジア中核拠点形成支援事業"には、韓日中3国間のトライアングル交流事業を対象とする「タイプA-I」と、韓国や中国あるいは東南アジア諸国連合、すなわち「ASEAN」の大学などとの交流協力をする「タイプA-II」の2種類があり、その選定結果は（表6）および（表7）の通りである。

日本でキャンパスアジア事業の一環としての世界展開力強化事業で選ばれた大学を見ると、タイプA-Iの10事業中、9事業で、そしてタイプA-IIの3事業中、2事業で国立大学法人が選ばれた。すなわち、私立大学より国立大学の数が多かったのは、日本の大学にある根強い国立大学優位の重層的な大学認識も作用したと思われる。もちろん、これらの事業は大学次元で運営するより各学部あるいは大学院の特定専攻を中心に運営されるものであるが、先に述べたように、小さな規模の国際化が進展してい

表6 大学の世界展開力強化事業タイプ A-I

	大学名（設置）	相手大学等名（国名）	構想名
1	東京大学（国）	北京大学、ソウル大学校	公共政策・国際関係分野におけるBESETOダブル・ディグリー・マスタープログラム
2	東京工業大学(国)	清華大学、KAIST（韓国）	日中韓先進科学技術大学教育環
3	一橋大学（国）	北京大学、ソウル大学校	アジア・ビジネスリーダー・プログラム
4	政策研究大学院大学（国）	清華大学、KDI（韓国）	北東アジア地域における政策研究コンソーシアム
5	名古屋大学（国）	中国人民大学法学院（中国）、清華大学法学院（中国）、上海交通大学凱原法学院（中国）、成均館大学法学専門大学院および社会科学部（韓国）、ソウル国立大学法科大学（韓国）	東アジア「ユス・コムーネ」（共通法）形成にむけた法的・政治的認識共同体の人材育成
6	名古屋大学、東北大学（国）	南京大学（中国）、上海交通大学（中国）、ソウル国立大学校（韓国）、浦項工科大学校（韓国）	持続的社会に貢献する化学・材料分野のアジア先端協働教育拠点の形成
7	神戸大学（国）	復旦大学（中国）、高麗大学校（韓国）	東アジアにおけるリスク・マネジメント専門家養成プログラム
8	岡山大学（国）	吉林大学（中国）、成均館大学（韓国）	東アジアの共通善を実現する深い教養に裏打ちされた中核的人材育成プログラム
9	九州大学（国）	上海交通大学（中国）、釜山大学校（韓国）	エネルギー環境理工学グローバル人材育成のための大学院協働教育プログラム
10	立命館大学（私）	東西大学校（大韓民国）、広東外語外貿大学（中華人民共和国）	東アジア次世代人文学リーダー養成のための、日中韓共同運営トライアングルキャンパス

出所：日中韓のトライアングル交流事業、（日本学術振興会ホームページ、"大学の世界展開力強化事業" http://www.jsps.go.jp/j-tenkairyoku/kekka_saitakua.html （検索日：2012.1.17）をもとに作成。

表 7 大学の世界展開力強化事業タイプ A-Ⅱ

	大学名（設置）	相手大学等名（国名）	構想名
1	京都大学（国）	チュラロンコン大学（タイ）、カセサート大学（タイ）、アジア工科大学（タイ）、バンドン工科大学（インドネシア）、ベトナム国家大学ハノイ校（ベトナム）、マーラヤ大学（マレーシア）	強靭な国づくりを担う国際人育成のための中核拠点の形成—災害復興の経験を踏まえて—
2	大阪大学、広島大学、名櫻大学、長崎大学（国）	ナンヤン工科大学（シンガポール）、パヤップ大学（タイ）、シアー・クアラ大学（インドネシア）、デ・ラ・サール大学（フィリピン）、国立東ティモール大学（東ティモール）、国連平和大学（コスタリカ）	「アジア平和＝人間の安全保障大学連合」を通じた次世代高品位政策リーダーの育成
3	早稲田大学（私）	北京大学（中国）、高麗大学校（韓国）、タマサート大学（タイ）、ナンヤン工科大学（シンガポール）	アジア地域統合のための東アジア大学院（EAUI）拠点形成構想

出所：中国、韓国又は東南アジア諸国連合（ASEAN）の国における大学等との交流プログラムを実施する事業、（日本学術振興会、"大学の世界展開力強化事業"、http://www.jsps.go.jp/j-tenkairyoku/kekka_saitakua.html 検索日：2012.1.17）をもとに作成。

る私立大学よりも主に規模が大きい大学を中心に選ばれた。合わせて 13 の事業の中で、韓国の大学関係では国立ソウル大学が 4 分野、高麗大学校と成均舘大学がそれぞれ 2 分野、そして KAIST（韓国科学技術院）と POSTECH（浦項工科大学）、KDI（韓国開発研究院）、釜山大学、東西大学がそれぞれ 1 分野で選ばれた。この事業は 2012 年からモデル事業が本格的に始まる。

4 終わりに——韓国の教育に与える示唆

グローバル化の進展により、国家や各企業は全世界を舞台に外交や事業を展開するようになった。このことは大学を含む高等教育という学問分野でも例外ではない。今まさに大学は、国際的に通用する人材を養成しなければならないという非常に厳しい時代的要請に直面している。2010 年、

日本や中国は先を争って外国人留学生の受け入れ政策を発表したが、日本は 2020 年までに「留学生 30 万人計画」を発表し、中国は留学生 50 万人計画を公表した。それに対して韓国は、2012 年までに留学生 10 万人を受け入れると発表したが、実際は外国人留学生の量的増加より質的管理に、より関心を持っている情況である。

　世界各国が外国人留学生を受け入れるのには様々な理由があるだろう。学問分野の比較優位を通して留学生を多く受け入れる先進国の立場からは、学問的に将来性がある有能な人材が流入してくることで学問の発展に役立つだろう。また、留学生は時には安いアルバイト労働力として、また卒業後は産業分野での活躍が期待され、経済的にも重要である。そのほかにも、私費留学生の場合は母国から留学費用の送金があるために国際収支の改善にも貢献できるだろう。実際に 2011 年の東日本大震災では先進国日本に来ている多数の留学生たちが帰国し、留学予定者のなかにも留学を取り消し、あるいは延期する者が多くなり、日本各地の大学の経営環境にも悪い影響を与えた。特に東北地方の地域経済に及ぼす影響も少なくなかったと思われる。それ以外にも最近の円高や放射能問題によって、日本国内の企業が工場や本社などを海外に移転する場合もあるようである。このような日本の国内市場の萎縮は、日本人だけでなく在日外国人留学生の雇用機会が少なくなる問題も引き起こす。この状況の中で、日本は"世界に雄飛するグローバル人材の育成"というスローガンのもと、アジアの可能性に目を向けて、大学の国際化を積極的に推進している。すなわち、一方では来日外国人留学生を増やすために「留学生 30 万人計画」を進行しながら、もう一方では日本の若者の海外留学が漸次減っている現象が、チャレンジ精神や国際的力量の低下という否定的な結果につながらないように関心を払っている。日本の高等教育の国際化に向けた努力と留学生に対する政策の変化を通して我々が注目すべきことをいくつかにまとめてみよう。

　まず一つ目は、最近の日本人留学生の流れは、長期の正規留学より短期の交換留学の方に傾いていることである。このことは日本の大学で国際化が進んでいる G4 大学、すなわち国際基督教大学（ICU）、立命館アジア太

平洋大学（APU）、早稲田大学国際教養学部（SILS）、そして国際教養大学（AIU）などで共通して確認できる。さらにキャンパスアジアプログラムの場合にも1年あるいは1学期ほどの短期留学生活による共同学位を目指している。

　二つ目は、国際的な人材に期待される言語政策を、既存の二重言語政策から多重言語政策に変化させることであろう。すなわち、世界の舞台で活動できるグローバル人材は単に英語と母国語という二重言語よりは、韓国語や中国語のように周辺国の言葉をはじめ、アジアの言語あるいはヨーロッパの言語までも含む多重言語教育で育てられるべきであるという考え方が広がっている。そして、このような言語は単に意思疎通のための道具だけでなく、これを通して多文化意識の高揚とレベルの高い教養の習得を基本にしている。

　三つ目は、グローバル人材の育成のための政府による予算支援は、既存の大学院レベルの若い人材の育成だけでなく、初等中等学校での英語教育の改善や高校生の海外留学を促進すると同時に、外国人高校生の短期招待人員数の拡大まで及ぼしている。さらに、大学院レベルではグローバル人材育成のための拠点形成事業にも多くの投資をしている（表3参照）。これは、国際的な人材を育てるためにはより早い時期から国際感覚を身につけさせるように、社会的かつ教育的な環境と条件をつくることが必要であることからであろう。2012年から始まったキャンパスアジアプログラム以外にも日本の大学では2011年に、東北大学の"アジア共同学位開発プロジェクト（5年計画）"や北海道大学の"ESD（Education for Sustainable Development Program）"、そして早稲田大学教育学部の"留学生交流支援制度（Student Exchange Support Program 2011）"などの短期（1週〜6週）交換学生プログラムが運営され始めている。

　高等教育において国際化の力量を高めるのは国の競争力だけでなく、世界化3.0時代に必要な個人の人的資源を育てることでもある。日本の大学のなかで国際化と教養教育を強調するG4大学が社会的に好評を得始めたことや、日本の文部科学省が大学の世界展開力強化事業としてヨーロッパのエラスムスプログラムを手本としたCAMPUS Asiaプログラムを韓国・

中国などとともに運営し始めることにより、これからの東アジアの高等教育分野は国際化と留学政策において画期的な変化が期待される。

［注］

1 "東日本大震災と大学の質保証への道　中教審大学分科会"朝日新聞インターネット版 2011.05.24、http://www.asahi.com/edu/university/toretate/TKY201105240598.html（検索日：2011.9.30）
2 "東北の留学生、3人に2人が大学離れる　文科省調査"、朝日新聞 インターネット版、2011.05.02（http://www.asahi.com/edu/news/TKY201105020432html）（検索日：2011.09.30）
3 "東北の留学生、1割越戻らず＝5月の授業開始以降も　文部省"、朝日新聞 インターネット版、2011.06.03（http://www.asahi.com/edu/news/TKY201106030154html）（検索日：2011.09.30）
4 "留学生続々帰国　8割去った千葉の大学「経営に影響も」"、朝日新聞 インターネット版、2011.04.11（http://www.asahi.com/edu/news/TKY201104110198html）（검색일：2011.09.30）
5 "震災で帰国、留学生の再来日費用支援　文科省"、朝日新聞 インターネット版、2011.04.12（http://www.asahi.com/national/update/0411/TKY201104110176.html）（検索日：2011.09.30）
6 "震災で留学生減　ビザ簡略　母国語ブログ…官民が勧誘策"、朝日新聞 インターネット版、2011.05.22（http://www.asahi.com/edu/news/TKY201105220196html）（検索日：2011.09.30）
7 "留学生続々帰国　8割去った千葉の大学「経営に影響も」"、朝日新聞 インターネット版、2011.04.11（http://www.asahi.com/edu/news/TKY201104110198html）（検索日：2011.09.30）
8 城西国際大学ホームページ http://www.jiu.ac.jp/korean/index.html（検索日：2011.12.28）
9 "APU留学生の入学、震災影響で激減"、朝日新聞 インターネット版、2011.09.21（http://mytown.asahi.com/oita/news.php?k_id=45000001109210005）（検索日：2011.09.30）
10 国土交通省ホームページ http://www.mlit.go.jp/report/press/sogo08_

hh_000055.html（検索日：2011.11.28）
11 "震災の学校施設 4 千校、13 年度までに復旧　政府目標"、朝日新聞インターネット版、2011.09.30（http://www.asahi.com/edu/news/TKY201109300258html）（検索日：2011.09.30）
12 "津波震災、66 校が移転検討　文部省、費用支援の方針"、朝日新聞 インターネット版、2011.09.13（http://www.asahi.com/edu/news/TKY201109120498html）（検索日：2011.09.30）
13 "福島の全小学校、放射能常時計測 10 月からネット公開"、朝日新聞 インターネット版、2011.08.27（http://www.asahi.com/national/update/0827/TKY201108260688.html）（検索日：2012.01.10）
14 福島県庁ホームページhttp://wwwcms.pref.fukushima.jp/ 福島県放射能測定マップ、(http://fukushima-radioactivity.jp/)（検索日:2012.01.12）
15 "校庭利用の基準「20 ミリシーベルト」撤廃へ"、朝日新聞 インターネット版、2011.08.25 （http://www.asahi.com/national/update/0825/TKY201108240683.html）（検索日：2012.01.10）
16 被災地中学校 "学業に影響" 6 割、NHK 2011.12.11.放送プログラム、(http://www3.nhk.or.jp/news/html/20111211/k10014552961000.html)（検索日：2012.12.12）
17 "枝野官房長官の会見全文〈26 日午前〉"、朝日新聞インターネット版、2011.05.26 http://www.asahi.com/specila/10005/TKY201105260268html（検索日：2011.09.30）
18 文部科学省 ホームページhttp://www.mext.go.jp/b_menu/shingi/chukyo/chukyo4/houkoku/1249702.ht　（検索日：2011.9.30）
19 国際基督教大学ホームページhttp://www.icu.ac.jp/（検索日：2012.12.12）
20 立命館アジア太平洋大学ホームページhttp://www.apu.ac.jp/（検索日：2012.12.12）
21 早稲田大学国際教養学部ホームページhttp://www.waseda.jp/sils/jp/index.html（検索日：2012.1.12）
22 国際教養大学ホームページhttp://www.aiu.ac.jp/japanese/（検索日：2012.1.12）

[参考文献]

〈韓国語文献および主要参考資料〉

教育科学技術部グローバル協力戦略チーム(2011.5)、"アジア大学生交流および大学間協力活性化のためのCAMPUS Asiaモデル事業推進計画"。

教育科学技術部広報担当官室(2011.11.28.)、"高等教育の学問的移動性を増進させるアジア・太平洋地域のボローニャのプロセス(Bologna Process)の推進"(報道資料)。

聯合ニュース　http://www.yonhapnews.co.kr/

〈日本語文献および主要参考資料〉

中嶋嶺雄(2011、初版2010)『なぜ、国際教養大学で人材は育つのか』、祥伝社

文部科学省高等教育局学生・留学生課 編(2010)『我が国の留学生制度の概要 受入れ及び派遣』資料集

国際教養大学ホームページ http://www.aiu.ac.jp/japanese/

国際基督教大学ホームページ http://www.icu.ac.jp/

日本国土交通省ホームページ http://www.mlit.go.jp/

立命館アジア太平洋大学ホームページ http://www.apu.ac.jp/

日本文部科学省ホームページ http://www.mext.go.jp

朝日新聞ホームページ　http://www.asahi.com/

早稲田大学 国際教養学部ホームページ http://www.waseda.jp/sils/jp/index.html

日本学術振興会ホームページ　http://www.jsps.go.jp

城西国際大学ホームページ　http://www.jiu.ac.jp/korean/index.html

福島県庁ホームページ　http://wwwcms.pref.fukushima.jp/

NHKホームページ　http://www3.nhk.or.jp/

論考8

東日本大震災の原子力発電事故から見たエネルギーセクターの現況と方向

郭 炅 鎬
忠南大学校国立山林科学院研究員

1 日本のエネルギーセクターの概観

　日本のエネルギーセクターは、石油・天然ガス・石炭の安全供給確保、エネルギー源の多様化・エネルギーの高度利用、省エネの推進、原子力の推進・電力基盤の高度化、鉱物資源の安定供給確保、地球温暖化の対策、資源循環の推進、環境経営・競争力の強化などの8点にかかわる施策を反映している。

　主なエネルギーセクターとかかわる石油、石炭の安定供給確保対策を見ると、1次エネルギー供給の中で石油が40％、天然ガスが20％、石炭が20％を占めている。石油・天然ガスは、2030年までの安定供給を目標として関連企業・関連機関などと連携し、開発分野の対策を推進して自主開発割合を取引量ベースで40％以上とすることを目標にしている。石炭の場合、2030年までに石炭生産国との関係強化を通じて輸入相対国の多様化、供給安定強化、石炭の世界的な需要増加に対応しながら、必要な石炭を安定的に調達するために60％以上とすることを目標にしている。

　エネルギー源の多様化・エネルギーの高度利用の対策は、2009年度のエネルギー自給率が19％であり、2030年までに約40％を目標にしている。日本の原子力および再生可能なエネルギーの割合は、2009年の約39％から2020年までに50％を目標としている。日本の1次エネルギー国内供給

に占める再生可能エネルギーの割合は、2009年の約5%から2020年までに10%とすることを策定している。

エネルギー節約対策を見ると、エネルギー効率を上げるには、二酸化炭素の排出抑制、消費抑制によるエネルギー安全保障の確保、費用節減による競争力強化の促進、新規需要と雇用創出などにより、2030年までに30%のエネルギー消費効率の改善をめざしている。

原子力の推進・電力基盤の高度化対策においては、日本国内では商業用の原子力発電所が54基（2011年2月）運転されている。発電分野で供給安全性にすぐれ、発電過程で二酸化炭素を排出しない原子力は重要であり、2030年以降に発電電力量で占める割合が30-40%以上を目標として、2020年までに9基の原子力発電所を新・増設し、設備利用率が約85%を目標にしている。2030年までには14基以上の原子力発電所の新・増設を計画し、設備利用率が約90%を目標にしている。

2011年3月11日の東日本大震災による福島原子力発電所事故をきっかけに政府は、事故収拾と原子力の安全強化に万全を期し、原子力発電に電力供給の半分を寄り掛かってきた現行のエネルギー・環境対策を再設計する必要があるとして、エネルギー節約対策を強化して再生可能エネルギーの割合を高め、化石燃料の清浄化、効率化に向けた研究開発予算などを重視し、関係省庁間の重複を排除することなどを盛り込んだ2012年度の予算編成の基本方針（2011.2.16閣議決定）を決めた。

2　エネルギー部門対策の変化

日本のエネルギー部門対策においては、戦後復興期（1945-1962年）は石炭の増産に必要な労働力、資金、資材などを最優先に確保し、石炭を中心にエネルギー供給を維持した。高度成長期（1962-1972年）は安くて安定的なエネルギー供給のために、エネルギー供給の中心を石炭から石油へ切り替えた時代だった。構造的不況に陥った石炭産業の合理化、石油製品の安定供給を確保する観点で、消費地での精製の原則に即して石油精製能力の向上、石油生産計画などを政府の監督下に置いて石油産業の健全な発展を図った。1962年、エネルギー源としては日本で初めて石油が石炭を

越え、エネルギー供給主体が石油へと変化した。

日本の原子力開発は、1956年の「原子力基本法」に基づいて国家の施策が計画的に遂行され、原子力行政の民主的な運営を図るために原子力委員会が発足するなど推進体制の整備が進められた。日本最初の商業用原子力発電所である東海発電所が1965年5月に臨界を記録し、1966年には営業運転を開始した。

第1次石油危機（1973年）当時、石油依存度が70%を超えていた日本は、国民生活と経済に大きい衝撃を受けた。石油供給不足の脅威を経験した日本にとって、エネルギーの安定的供給を確保することが国家の将来を左右する最優先の課題だった。1974年、電源3法（電源開発促進法、電源開促進策特別会計法、発電用施設周辺地域整備法）が制定されて、発電用施設周辺地域の整備と安全対策、発電施設設置に必要な補助金制度の創設などの基盤が整備された。

エネルギー安定供給の確保とエネルギー節約に対処してきた日本は、第2次石油危機（1979年）を経験して、その対策を発展させた。1979年にエネルギー使用の合理化に関する法律を制定・施行し、工場、建築物および機械器具に関する省エネルギーを総合的に推進するために各分野で対応しなければならない内容などを決めた。1980年には、石油代替エネルギーの開発および導入を促進して石油依存度の低減を図り、エネルギー供給構造を改善するために石油代替エネルギーの開発及び導入の促進に関する法律が制定された。新エネルギーの開発・導入とともに原子力開発が促進された。

1980年代には、国民生活のゆとりと豊かさへの追求に伴い、冷暖房需要の増加や大型家電器機の普及などの民生部門、さらに自動車保有代数の増加や乗用車の大型化、物流需要の増加などの運輸部門でエネルギー消費が広がった。

1990年代以後は、二酸化炭素排出などを要因とする地球温暖化問題を背景に、1997年に先進国の温室ガス排出削減を決めた京都議定書が採択され、2005年2月に発効した。このなかで、日本は温室ガス排出量を2008年から2012年までの第1約束期間に基準年（1990年）排出量と比べ

て6%減らす約束を批准して履行している。2002年6月に「安定供給の確保」「環境に適合」およびこのようなことを充分に考慮した「市場原理の活用」という三つを基本方針とするエネルギー政策基本法が制定された。2003年10月、同法に基づいてエネルギー需給に関する長期的、総合的、計画的推進を図るために、エネルギー需給に関する基本的な計画として「エネルギー基本計画」が閣議決定・国会報告された。その後の状況の変化に伴ってエネルギー基本計画は2007年3月に第1次改訂され、2010年6月には第2次改訂が進められた。

エネルギー供給の割合を見ると、原子力依存の割合が高いフランスを除いた日本、韓国、アメリカ、ドイツは、80%以上を石炭、石油、天然ガスなど化石エネルギー供給に依存し、日本、韓国のエネルギー自給率は20%以下にとどまっている。

表1　エネルギー供給の構成比率の国際比較

	日本	韓国	アメリカ	フランス	ドイツ
石炭	23%	25%	24%	5%	26%
石油	42%	43%	39%	32%	32%
天然ガス	19%	14%	23%	15%	23%
原子力	10%	17%	9%	43%	11%
再生エネルギー等	6%	1%	5%	5%	8%
エネルギー自給率	18%	19%	71%	51%	41%

出所：エネルギー・環境会議、革新的エネルギー・環境戦略の策定に向かう中間的な整理（2011年）をもとに作成。

発電電力量の構成割合を見ると、日本と韓国は原子力と化石燃料に力を注いでおり、原子力発電への依存度が高い水準にある。福島原子力発電事故をきっかけに、アメリカでは国内104箇所の原子力発電所すべてに安全規制を再評価するためのタスクフォースを設置した。フランスは原子力発電所が58箇所で、電源喪失、冷却機能喪失などに着眼した安全性検討などを実施している。ドイツは福島原子力発電の事故の後、メルケル首相らは早期に脱原子力を実現して再生可能エネルギーの導入を進める方針を合

議し、ドイツ政府は脱原子力発電およびエネルギー転換に関する法律案などを整備している。

表2 発電電力量の構成比率の国際比較

	日本	韓国	アメリカ	フランス	ドイツ
石炭	25%	40%	49%	5%	49%
石油	13%	6%	2%	1%	2%
天然ガス	28%	19%	21%	4%	12%
原子力	26%	34%	19%	78%	22%
再生エネルギー等	9%	1%	9%	12%	15%
エネルギー自給率	18%	19%	71%	51%	41%

出所：エネルギー・環境会議、革新的エネルギー・環境戦略の策定に向かう中間的な整理（2011年）をもとに作成。

日本を含めた主要先進国は、太陽光、風力、バイオエネルギー、木質バイオマスなどの開発・導入を拡大している。

アメリカでは、廃材、大鋸屑など木質系バイオマスを燃料にする数万キロワット級の大規模発電利用が進められている。製紙産業では廃材のガス化による高効率利用も実施されている。輸送用燃料においては再生エネルギーの導入が義務化され、バイオエチルアルコールの導入が広がっている。

ドイツは、大鋸屑や廃材など木質系バイオマスが地域熱供給と家庭用暖房に利用されている。再生可能エネルギー法に基づいて、バイオマス来由電力の買入価格増額と対象拡大によって大規模熱併合発電システムの導入も広がっている。また、2009年から新築建物の持ち主に対して再生可能エネルギーによる暖房が義務化されたため、バイオマス暖房が一層発展している。さらに、エネルギー作物などのメタン醗酵を利用する小規模分散型プラントの導入が推進され、バイオガス生産はEU最大になった。固定価格で買い入れる発電利用といっしょに、精製されたバイオガスの天然ガス供給網への注入に関する法律も整備された。バイオ燃料（バイオディーゼル、バイオエタノール）消費もEU最大だ。自動車用燃料販売事業者はバイオ燃料販売義務が賦課されている。

日本は、石炭火力発電所で木質バイオマスを石炭と混合利用する対策が進んでいる。2002年の電気事業者による新エネルギーなどの利用に関する特別措置法に基づいて、電気事業者に対して風力、太陽光、地熱、中小水力、バイオマスなど新エネルギーから発電した電気を一定量以上発電あるいは購入することが義務化され、電力会社が木質バイオマスを含んだ新エネルギーの燃料利用を推進している。2010年末現在、全国で16箇所の石炭火力発電所が未利用間伐材などの混合利用を実施したり、計画を発表したりしている。石炭火力発電所の木質バイオマス混合率は1〜数％程度であり、年間の木質バイオマス消費量は1箇所当たり数万トン程度の場合が多く、木質バイオマス調達は子会社の山林から生産された木材と送電線の補修作業で発生する伐採木などを活用する例もある。愛媛県新居浜市の石炭火力発電所での木質バイオマス混合利用事例は、経済産業省と林野庁の支援で、石炭火力発電所に未利用間伐材などのチップ施設と混合施設を取り入れて、2010年7月から運転を開始した。未利用間伐材などの確保は、発電事業者の協力会社が地域内の木材生産業者などと協定を結び、未利用間伐材などの伐出作業を委託して安定的な供給を図っている。経済産業省は再生可能エネルギーの導入拡大のために、電気事業者に決まった価格、期間、条件で再生可能エネルギーの電力を調達することを義務化する全量買入制度の導入を検討している。この再生可能エネルギーの全量買入制度は、太陽光、風力、中小水力、地熱、バイオマスによる発電を対象に検討されている。

3　革新的エネルギー・環境戦略の方向

　日本は2011年5月17日に政策推進指針を閣議決定し、新しい成長戦略実現会議で革新的エネルギー・環境戦略を決めた。政策推進指針は電力制約の克服、安全対策の強化とともにエネルギーシステムの歪み・脆弱性を改め、安全・安定供給・効率・環境の要請に応じる短期・中期・長期からなる革新的エネルギー・環境戦略を検討した。これによって2011年6月7日に新成長戦略実現会議を開催し、エネルギー問題に関する集中討議を実施した。新成長戦略実現会議は、1）日本は現在、東日本大震災、福島

原子力発電所事故という事態に直面して、原子力発電依存度を2030年には50%ぐらいにするという現行エネルギー基本計画を白紙から見直さなければならない状況にあること、2）日本は水力から石炭、石炭から石油、石油から原子力に大きくエネルギー政策を変化させてきており、世界各国もそれぞれの状況に応じたエネルギー戦略を構築している。経済成長と国民生活の安定を図るためにはエネルギー政策はどの国家でも重要課題であること、3）日本は現在の前提であるエネルギー基本計画を白紙から見直し、エネルギー・環境戦略を改善して、新しい合意形成を迅速に用意しなければならないこと、を再確認した。新成長戦略実現会議は国家戦略担当大臣を議長とするエネルギー・環境会議を設置し、部処横断的で聖域なき「革新的エネルギー・環境戦略」の中間的な整理を2011年7月29日に実施することを決めた。

エネルギー・環境会議は6月22日に第1回会議を開催し、当面の検討方針を明らかにした。東日本大震災、福島原子力発電所の事故および原子力発電所の定期検査後の再稼動の問題等を検討し、革新的エネルギー・環境戦略策定に向けて2011年7月29日に中間的な整理を行い、2012年の適当な時期に革新的エネルギー・環境戦略を策定する予定である。

戦略の基本理念は、原子力発電所への依存度の低減シナリオを作成するなど新しいベストミックス実現に向けた3原則、分散型エネルギーシステムの実現など新しいエネルギーシステム実現に向けた3原則、原子力発電に対する反対と推進という両極端の意見対立を乗り越えた国民的議論を展開するなど国民合意の形成に向けた3原則を決めた。

省エネ、再生可能エネルギー、資源・燃料、原子力、電力システム、エネルギー・環境産業という六つの重要課題別に、今後3年の対応を想定する短期、2020年を目標にする中期、2020年から2030年または2050年を目標にした長期において論点を整理した。

①エネルギー節約部門は、生活の快適性や経済成長と両立する持続可能な省エネの実現、民生、運輸、産業別処方箋の実行など社会的意識の改革、ライフスタイルの変革とエネルギー需要構造変革に挑戦すること、②再生可能エネルギー部門は、費用の持続的節減を促進する体制の導入、再生可

能エネルギー産業の確立など技術革新と市場拡大による実用性に挑戦すること、③資源・燃料部門は、化石燃料の効率的利用、資源リスク低減に向けた総合対応、二酸化炭素削減技術の開発の加速など効率的利用、環境性向上による戦略的利用に挑戦すること、④原子力部門は、聖域なき検証・検討、原子力安全の徹底、原子力発電への依存度の低減に関する国民的議論を考慮した対応など高い安全性の確保と原子力発電への依存度低減に挑戦すること、⑤電力システム部門は、電力の需給安定と費用節減、分散型電源と需要先による自律的な需要制御の促進など電力の需給安定、費用節減、リスク管理に持続的挑戦をすること、⑥エネルギー・環境産業部門は、新たなエネルギーシステムの主体の育成、国際競争力のある産業と新しい雇用の創造など強靭な産業構造の実現と雇用創出に挑戦することを優先課題とした。

4 エネルギー・環境部門の科学技術の方向

(1) 第4期科学技術基本計画の樹立

日本は、東日本大震災による直接的被害とともに供給網の途絶など間接的被害も合わせて、経済的社会的に深刻で莫大な影響を受けた。福島原子力発電所の事故は大量の放射性物質を広範囲な地域に拡散して、周辺住民が避難するなど深刻な事態をもたらした。これらは、自然災害に対する脅威を新たにし、原子力安全性の向上とエネルギー政策に関して世界的な課題を提起した。

日本の科学技術部門は、1995年、科学技術水準の向上を図って日本の経済社会の発展と国民福祉の向上に寄与するとともに、世界の科学技術の進歩と人類社会の持続的な発展に貢献することを目的とする理念のもと科学技術基本法が制定された。同法に基づき、3期15年間、第1期(1996-2000年)、第2期(2001-2005年)、第3期(2006-2010年)にわたって科学技術基本計画を策定し、科学技術の振興が図られており、研究開発投資の拡充や世界を先導する研究開発など様々な成果を上げている。

日本は第1期科学技術基本計画樹立以後、政府研究開発投資の増加、研究開発基盤の整備、科学技術システムの改革など数多くの研究成果を上げ

ている。一方で、様々な課題の対応に向けた科学技術の貢献、人材育成、研究環境整備などの課題が提起された。

第3期科学技術基本計画（2006-2010年）では、政府研究開発投資は約25兆円（対GDP比1%、GDP名目成長率3.1%を前提）を目標としたが、厳しい財政状況などの影響で達成は難しい状況にある。科学技術の戦略的重点化に関しては、ライフサイエンス、情報通信、環境、ナノテクノロジー・材料の重点推進4分野、エネルギー、ものづくり技術、社会基盤、フロンティアの推進4分野で研究開発が進められ、多くの革新的技術が創出されている。科学技術システム改革に関しては、人材の育成、確保、活躍の促進、科学発展と絶え間ないイノベーションの創出、科学技術振興のための基盤の強化、国際活動の戦略的推進などが推し進められた。産業体系が急速に変化する状況においては、開かれた科学技術とイノベーションシステムの構築が必要であり、社会のニーズを的確に把握する取り組みを推進し、科学技術コミュニケーション活動などの取り組みを促進する必要が提起された。

第4期科学技術基本計画（2011-2015年）で目標とすべき国家の姿は、①地震災害から復興・再生し、将来にかけて持続的な成長と社会の発展を実現する国家、②安全で豊かで質の高い国民生活を実現する国家、③大規模自然災害など地球規模の問題解決に先導的に対応する国家、④国家存立の基盤となる科学技術を保持する国家、⑤知的資産を創出し続け、科学技術を文化として育成する国家、この五つの国家の姿を日本は中長期的に指向しなければならないとしている。今後の科学技術政策の基本方針は、「科学技術イノベーション政策」の一体的展開、「人材とそれを支える組織の役割」の一層の重視、「社会とともに創り進める政策」の実現の三つを決めた。

部門別対応課題は、ⓐ将来にわたる持続的な成長と社会の発展の実現の部門では、基本方針を定め、地震災害から復興・再生の実現、グリーンイノベーションの推進、ライフイノベーションの推進、科学技術イノベーションの推進に向けたシステム改革を実現することを決定した。ⓑ日本が直面する重要課題への対応の部門では、基本方針を決め、重要課題達成のため

の施策の推進、重要課題の達成に向けたシステム改革、世界と一体化した国際活動の戦略的展開を推進することを決定した。ⓒ基礎研究及び人材育成の強化の部門では、基本方針、基礎研究の抜本的強化、科学技術を担う人材の育成、国際水準の研究環境及び基盤の形成への取り組みの強化を決めた。ⓓ社会とともに創り進める政策の展開の部門では、基本方針、社会と科学技術イノベーションとの関係深化、実効性のある科学技術イノベーション政策の推進、研究開発投資の拡充（総額約 25 兆円規模、対 GDP 比 1％、GDP 名目成長率平均 2.8％）を決定した。

エネルギー部門とかかわる科学技術政策課題はグリーンイノベーションの推進で、太陽光発電、バイオマス利用、風力発電、小水力発電、地熱発電、潮力発電など再生可能エネルギー技術の研究開発については、今までの技術を飛躍的に進めるとともに、宇宙太陽光発電、藻類バイオマスなど新たな躍進が期待できる革新的技術の獲得を目標とし、温室効果ガス排出削減ポテンシャルを最大限に活用する研究開発を推進する。また、燃料電池や蓄電池などのエネルギーの創出、蓄積システム、製造・輸送・貯蔵にかかる水素供給システム、超電導送電の研究開発、自律分散エネルギーシステム、スマートグリッドなどエネルギー管理に関する研究開発を促進する。さらに、火力発電の高効率化、高効率石油精製、石炭ガス化複合発電など二酸化炭素の回収および貯留を組み合わせた排出ゼロ火力発電の実現に向けた研究開発などを推進する。原子力発電所事故の検証を踏まえて、原子力に関する安全および防災研究、放射線モニタリング、放射性廃棄物と汚染水の除染や処理、処分などに関する研究開発を強化するとし、安定的なエネルギー供給と低炭素化を実現することをめざしている。

(2) 2012 年度エネルギー・環境部門の科学技術の予算の重点化

日本は、第 4 期科学技術基本計画（2011-2015 年）を 2011 年 8 月に閣議決定して、分野別から課題達成型に方針を転換し、科学技術とイノベーションの一体的推進を決めた。重要課題の達成に向けた 2012 年の科学技術関係予算の重点化では、最重点施策は科学技術重要施策アクションプランに基づいて、最優先で対処しなければならない課題を総合科学技術会議

が概算要求前に設定し、関係府省による251件の提案のなかから課題達成に向けて最重点で推進しなければならない150施策を具体化した。重点施策は各省が推進しようとする課題達成に向けた施策パッケージを概算要求の後に提案し、科学技術政策担当大臣・有識者議員が重点化しなければならないパッケージを特定した。アクションプランで設定した政策課題は、復興・再生並びに災害からの安全性向上、グリーンイノベーション、ライフイノベーション、基礎研究の振興及び人材育成の強化に大きく区分された。

そのなかでグリーンイノベーションに関するアクションプランの内容は、技術革新による再生可能エネルギーの飛躍的拡大などクリーンエネルギー供給の安定確保、革新的なエネルギー創出・蓄積技術の研究開発やエネルギー管理のスマート化など分散エネルギーシステムの拡充、技術革新による消費エネルギーの飛躍的削減などエネルギー利用の革新、地域特性に相応しい自然共生型のまちづくりなど社会インフラのグリーン化となっている。

技術革新による再生可能エネルギーの各省連携による研究開発施策は、太陽光、風力、バイオマスの利活用などである。

太陽光発電の研究開発は短期から長期にかけて文部科学省と経済産業省との連携で行う。短期的な研究開発では、シリコン系太陽電池や有機系太陽電池など従来型太陽電池におけるエネルギー変換効率の飛躍的向上とコスト低減を目標に、高性能太陽光発電システムの技術開発を進め、新たな構造の太陽電池の実用化のための高効率太陽電池の基礎研究と、太陽電池などの研究開発による太陽光発電の性能・費用を改善して技術情報を共有する。中・長期的には宇宙太陽光発電の実用化を目標に、宇宙太陽光発電のエネルギー伝送技術、宇宙太陽光発電システムの無線送受電の安全性・効率性確保のための精密ビーム制御技術の研究開発などである。

風力発電の研究開発は、洋上風力発電について環境省、経済産業省、国土交通省の連携のもとで実施される。浮体式と着床式の両方式の実証を行い、着床式は超大型風力発電の開発、浮体式は風力発電システムの実証、洋上風力発電の実現可能性の調査と安全性の研究、国際標準化、洋上風況

観測システムなど技術開発を目標とする。

　バイオマスの利活用の研究開発は、文部科学省、経済産業省、農林水産省が連携して行う。草本・木質系バイオマスなどでは、光合成の基礎研究、バイオマス由来化学原料の創出、国際競争に対抗することができる低コストで効率的なバイオマスエネルギーの高効率転換技術の開発、バイオマスの液化の実用化、バイオエタノールなど石油代替燃料の経済性の向上をめざす。廃棄物系では、バイオガス生産の最適化に関する基礎研究、バイオガス精製技術の開発など、メタン等の利用拡大を目標に設定した。

5　課題と今後の展望

　東日本大震災による原子力発電所事故で安全性に対する国民の信頼が大きく低下し、日本のエネルギー供給体制の脆弱性も顕在化した。

　韓国は国内エネルギー資源が不足で、輸入に依存し、原子力発電の依存が高い。日本の事例とともに技術革新による再生可能エネルギーの拡大、革新的エネルギー創出・蓄積技術の開発、エネルギー部門の需給および管理体系、技術開発など、改善しなければならない数多くの課題を抱えているという点を考慮する必要がある。

　2011年7月14日の日本経済団体連合会の第1次提言資料によると、エネルギー源として石炭は100万キロワット級原子力発電所1基分を代替するならば、発電費用は約175億円、二酸化炭素量は年間約572万トン（日本全体の約0.5%）増加する。太陽光発電は系統への依存度が高いという問題があって、バックアップ電源が必要であり、100万キロワット級原子力発電所1基分を設置するのに山手線の内側の面積（約67km²）が必要である。風力は騒音、景観、自然公園、漁業権（海洋風力）の問題があって、100万キロワット級原子力発電所1基分を設置するのに山手線の内側の3.5倍の面積（約246km²）が必要である。木質バイオマスのエネルギー利用は、建設廃材や工場残材の供給が不足、木質ボードや紙などの生産に利用するため木質バイオマスが確保されにくいという問題も抱えている。森林資源の間伐材などは搬出・利用に相当な費用がかかり、取引価格も低くて利用は停滞している。木質バイオマス資源利用の可能性を明確にした後、林道

網整備や高性能機械導入、収集費用の節減、収集量の拡大による輸送費用の低減など、低費用で安定的な供給体制の確立という課題を抱えている。

　エネルギー部門は、安定供給、経済性、環境配慮という均衡に合うエネルギーの新しいベストミックスを構築するために革新的技術開発が不可欠であり、長期的な課題を抱えている。再生可能エネルギー普及のためには革新的技術開発を通してコストの低減が重要であり、長期的な課題に対応していかなければならない。

[参考文献]

経済産業省『エネルギーに関する年次報告』経済産業省ホームページ（www.metii.go.jp）、2011
―――『経済産業省事前評価書』経済産業省ホームページ、2011
―――『エネルギー・環境政策』経済産業省ホームページ、2011
閣議決定『2012年度予算編成の基本方針～日本再生に向けて――危機をチャンスに～』
首相官邸ホームページ（www.kantei.go.jp）2011
文部科学省『科学技術基本計画』文部科学省ホームページ（www.mext.go.jp）2011
エネルギー・環境会議『革新的エネルギー・環境戦略策定に向けた中間的な整理』国家戦略室ホームページ（www.npu.go.jp）2011
林野庁『森林・林業白書』林野庁ホームページ（www.rinya.maff.go.jp）2011
新エネルギー・産業技術総合開発機構『バイオマスエネルギー導入ガイドブック』新エネルギー・産業技術総合開発機構ホームページ（www.nedo.go.jp）2010
総合科学技術会議『2012年度科学技術関係予算の重点化について』総合科学技術会議（www8.cao.go.jp/cstp/）2011
―――『2012年度アクションプラン対象施策の概算要求内容の精査結果について』総合科学技術会議ホームページ、2011
日本経済団体連合会『エネルギー政策に関する第1次、第2次提言』日本経済団体連合会ホームページ（www.keidanren.or.jp）2011

論考9

東日本大震災と新しい地方自治の模索

梁 起 豪
聖公会大学校日本学科教授

1　3.11 大震災と東北地方の被害

　3.11 東日本大震災による地震と津波は東北地方に甚大な被害を与えた。原子炉爆発が起こった福島地方はいまだに放射能の悪影響により苦しんでいる。2011 年 12 月 30 日現在、大地震と津波による死亡者は 1 万 5844 人、行方不明者は 3451 人で、合計 1 万 9295 人に達している。[1] 被害が集中した岩手県では 4 万 3000 人以上が避難所で苦しい生活を強いられているなど、全国的に被災者の数は 9 万 1552 人に上る。原発事故による放射能汚染は首都圏まで拡散され、野菜と牛肉などの食品安全に危機感が広がっている。原子力発電の一部中断による電気不足で全国的に 15％の節電規定が強化され、自動車工場では週末勤務システムも導入された。[2]

　3.11 大震災は経済のグローバル化、構造改革の流れのなか、地域産業が衰退し、過疎化と高齢化が進む農山漁村地域を最悪の状況に陥れている。買物難民、医療難民、ガソリン不足などの現象は、日本の地域の問題を総体的に表した典型的な事例であった。被害地域の東北地方は直撃弾を浴びたという表現が似合うほど大きなショックであった。被害復旧の過程においても市町村合併による公務員の人手不足にも悩んでいる。災害復旧、救援物資の配給、孤立地域への支援は難しくなる一方である。

　原子力発電の安全神話によりかかって、中央政府の補助金や電力会社の

雇用と支出に依存してきた自治体は、放射能の大量発生と強制退去という最悪の状況を迎えた。被災地住民の生活基盤はほとんど崩壊したといっても過言ではない。食品と飲料、エネルギー電子部品などを東北地域に依存してきた首都圏も、物資供給が十分行われず大きな混乱に陥っている。首都圏集中と過疎化の二重構造、首都圏と地方間の不均衡、歪曲された相互依存など、日本型システムの脆弱性がそのまま明らかになったといえる。

　（図1）と（図2）を見ればわかるように、大震災の被害は東北地方の岩手県と宮城県に集中している。宮城県は死亡者9506人、行方不明者が1877人で合計1万1383人である。岩手県は死亡者4665人、行方不明者が1375人で合計6460人に上る。死亡者の90％以上は津波による溺死が主な死因となっている。1995年の阪神・淡路大震災の際には地方官庁の基本的な機能は維持され、以後自治体が迅速に復旧作業を開始することができた。しかし、3.11東日本大震災は想定外の地震と津波にさらされ、自治体の庁舎が破壊されたり、地方公務員の多くが死亡したりしたところもあり、行政機能そのものが作動しないまま、復旧作業も遅れざるをえなかった。

図1　3.11大震災による東北地方の被害現場

　3.11大震災の余波は、震源地に隣接した東北地方の海岸と内陸地域に大きな傷痕を残した。東北地方は、青森県、岩手県、秋田県、宮城県、山形県、福島県の6県に加えて、政治や経済の枠組みから見れば新潟県まで含めて考えることもできる。ただ、一般的には東北6県だけが東北地方を表す用語として使われている。日本の東北地方は明治期以来、日本経済に重要な労働力と物資の供給源であった。近代に入ると、東北地方は豊富な鉱物資源の産地であるとともに、供給基地の役割も果たしてきた。

```
東日本大震災の被害者数    （全国）  避難者 334,786人      死者    15,842人
                                  うち避難所  678人  行方不明者  3,475人
```

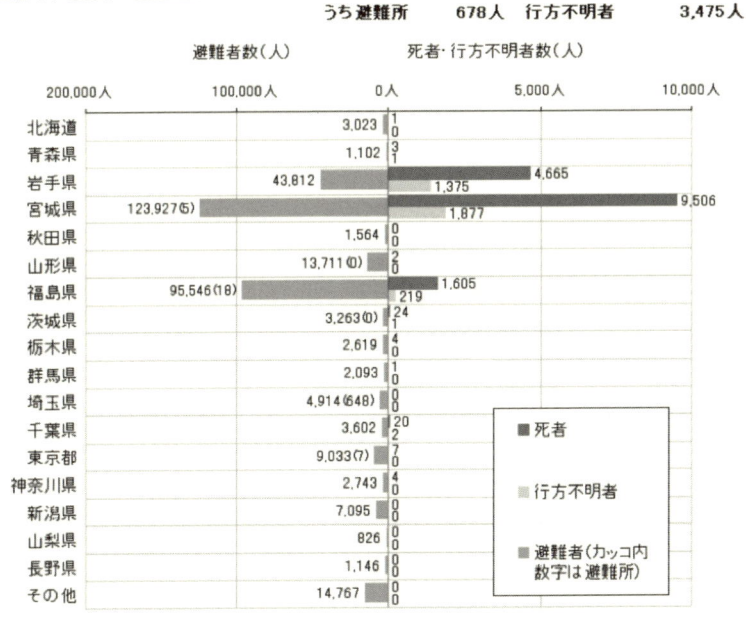

	避難者数(人)	死者・行方不明者数(人)
北海道	3,023	1 / 0
青森県	1,102	3 / 1
岩手県	43,812	4,665 / 1,375
宮城県	123,927(5)	9,506 / 1,877
秋田県	1,564	0 / 0
山形県	13,711(0)	2 / 0
福島県	95,546(18)	1,605 / 219
茨城県	3,263(0)	24 / 0
栃木県	2,619	4 / 0
群馬県	2,093	0 / 0
埼玉県	4,914(648)	0 / 0
千葉県	3,602	20 / 0
東京都	9,033(7)	7 / 0
神奈川県	2,743	4 / 0
新潟県	7,095	0 / 0
山梨県	826	0 / 0
長野県	1,146	0 / 0
その他	14,767	0 / 0

死亡者と失踪者は 2011.12.20 現在、避難者数は 2011.12.15 現在
出所：日本警察庁と東日本大震災復興対策本部をもとに作成

図2　東日本大震災の都道府県別被害現況（2011.12.20 現在）

　戦後の高度成長期には、東北地方の農村人口が首都圏の産業生産に必要な労働力に転換されるか、または地域内の下請け工場の低賃金労働者として従事してきた。また、東北地方は日本の食糧基地でもある。コメ生産量は全国の1/4を占めており、養鶏や養殖が発達し、日本人の食卓に上がる主な農水産品を提供している。そして、首都圏に電力を供給する生産基地の役割もこなしている。3.11大震災はこうした東北地方の重要な機能を大きく低下させた。大企業の下請け工場で部品産業基地である東北地方、農漁村食品の生産基地としての東北地方、原子力発電の基地としての東北地方は、主な機能をほとんど果たせなくなったのである。

2　3.11大震災と地方自治の争点

　3.11東日本大震災は、日本の地方自治にいくつかの、当然でしかも興味深い争点を提起している。第1には広域圏防災協力の必要性、第2に首都移転ないし首都機能の分散に対する議論、第3として自治体の防災能力に対する関心の高まりなどである。第1の点に関して、3.11大震災の復旧・復興過程で、災害救助の相互協定を結んだ自治体間の支援協力が注目を集めた。関西広域連合[3]という先例があるだけに、災害地域の自治体が復旧・復興過程で共同対応する広域連合の必要性が提起された。日本の場合、地震と津波を含む大型災害の可能性が常に存在することで、中央政府が積極的な災害対策を立て、自治体は広域的に対応するという防災協力システムがより効率的である。

　今回の大震災で確認されたのは、中央政府が全国をすべて統制、管理することは困難であり、自治体の独自的な対策ないしは自治体間の共同ガバナンスが現場で効果を発揮したことである。大震災で証明された自治体間の広域連合の有効性は、地方自治法上事務組合や広域連合の枠を越えた内容である。これは阪神・淡路大震災の経験を生かして、日本の自治体が独自につくりあげた防災パートナーシップであるといえる。

　3.11東日本大震災のあと行われた地方選挙において、橋下徹大阪府知事（2011年12月から大阪市長）は、危機管理には広域圏構築が必要で、このために大阪府と大阪市を合併して大阪都をつくることを主張した。自らが設立した政党である大阪維新の会のマニフェストは、大阪府と大阪市、堺市を統合して新しい大阪都をつくる構想を明らかにしている。おもな目的は広域行政の一元化と住民自治の確立である。

　大阪都構想は東京都と同じく、首長選出を住民の直接選挙によって決定し、区議会を設置することである。広域団体の大阪都は大阪全体の地域開発と経済活性化に集中し、基礎団体の各区は住民生活をはじめ、教育と福祉などの生活自治に専念することである。大阪の将来を真摯に検討し、これから改革していくとの訴えが地域住民に広がりつつある。[4]

　3.11東日本大震災の1カ月後実施された首長選挙で、民主党は北海道、

東京都、三重県で敗北した。地方議会の議員選挙が行われた福井県、三重県、奈良県、島根県でも自民党など野党が勝利したのである。東京都議会の選挙でも敗北することによって、民主党の広域議会の議員数は38議席減って346議席となった。民主党と自民党を問わず中央政党に対する批判が溢れ、2011年4月の統一地方選挙ではより改革的な立場の候補者が多くの注目を浴びた。

関西地方では大阪維新の会が109議席のうち、57議席を得て過半数を確保した第1党になったのみならず、大阪市議会の86議席のうち33議席、堺市議会の52議席のうち13議席で両方とも第1党になった。このほか、河村たかし名古屋市長が代表である減税日本が名古屋市議会で28議席、愛知県議会で13議席を占めた。これらは一見地域政党のように見えるが、事実上は首長のイメージに頼る個人政党の色合いが特に強い。2000年の地方分権一括法の施行以来、権限を委譲された首長が改革派としてのイメージをアピールし、地域住民の政治的な支持を得たことになる。[5]

第2の点について、大震災に備えた首都移転や首都機能の分散が新たに注目を集めるようになった。全国の世論調査の結果によると、日本の首都機能移転に賛成する人が75％に達している。東日本大震災などの危機的状況に備えて、東京に集中した首都機能を移転するか分散したほうがよいということである。また、首都圏集中と地域経済の低迷を改善するのにも役に立つという。首都機能分散の必要性のうち、首都圏集中の緩和が51％、地震など災難時の危機管理が50％で、ほぼ同じ比率を見せている。

新しい首都候補地として近畿地域が44％、関東地域が12％、東海地域が11％、北海道と九州が各々7％、東北地方が4％であった。太平洋と環東海（日本名では環日本海）という両方の地域に首都機能を分散させ、有事の際には異なった機能を担当させるとの提案もあった。移転が必要な首都機能のうち経済機構が55％、中央省庁が42％で、国会は21％にとどまっている。大企業本社の80％以上、中央省庁のほとんどが東京に立地している現在、大震災の時に経済と行政の核心機能が麻痺することを憂慮していることの現れであろう。

第3の点について、地方行政の機能のうち、防災システムに対する関心

も大きくなった。東日本大震災が自治体に残した最も大きな教訓は、強靭で安全な防災システムが必須であるということである。有事の際には自治体が独自の生存方式を構築することが望まれており、自治体の行政領域がただ住民福祉の増進だけにとどまらず、大型災害の時は中央政府および他自治体との連携を通じて対応するなど、積極的な防災体制をつくるべきであるという。

日本自治体の防災力を比較する結果も出ている。地域別防災拠点と水道管などの耐震率、防災予算と地方財政、住民の防災組織、災害時避難対策、情報共有と連絡体系などを基準として自治体別順位を表したものである。その結果、防災予算が多く地方財政力の強い首都圏の裕福な自治体が上位を占めた。

東京都の自治体がほとんど上位を占め、千代田区、中央区、江戸川区などが1、2、3位に挙がった。東京都以外には神奈川県の藤沢市、愛知県の岡崎市などがその次の順位となった。首都圏と愛知県など財政力の強い自治体が優位を見せたことは当然の結果かもしれない[6]。

3　自治体間協力と防災システム

3.11東日本大震災に対する政府の立ち遅れた対策ぶりや放射能被害の拡散に怒りを感じた全国知事会は、2011年7月、日本政府に積極的な対策を講じるよう要求した。東京電力と日本政府が主導する防災対策と原子力代替エネルギー対策に問題が多すぎるという認識を示したことになる。全国知事会が発表した緊急提案によると、原子力発電の事故経緯を徹底的に調査して安全基準を高めること、防災対策の重点地域を拡大すること、そして事故関連の情報公開、再生可能なエネルギー購入のために法律を制定することが含まれている[7]。

災害復旧と原子力発電の持続については自治体ごとに立場が異なり、合意にいたることはできなかった。たとえば、福島原発の事故にもかかわらず、九州電力の玄海原子炉を再稼動するか否かをめぐって相互の意見が別れた。全国知事会で集まった各知事間では原子力発電の廃止か持続かが大きな争点となった。佐賀県の古川康知事や石川県の谷本正憲知事は、原子

力発電が不可避だとの主張を繰り返し、果たして原発なしに日本が電力需要を賄えるかは疑問だと強調した。

　原子力発電の漸進的な廃止に重きを置く大阪府の橋下徹知事は、脱原発という社会的実験が可能だとの立場で、山形県の吉村美栄子知事は、一歩進んで原子力依存から卒業する卒原発の概念を提唱した。また、佐藤雄平福島県知事は、福島の原子炉事故を完全に克服してから再稼動の議論を始めるべきだと不満を明らかにした。北海道の高橋はるみ知事は、自然エネルギーへの代替に賛成している。四国地域で原発を抱えている愛媛県の中村時広知事は、卒原発概念に対して異議を唱えた。[8]

　東日本大震災の復旧・復興の際の中央政府とは対照的な自治体の素早い対応はよい評価を得た。混乱状態に陥って適切に対応できなかった中央政府に比べて、即時的かつ献身的だった自治体職員の努力は多くの人々から共感を得たといえる。また、市町村などの基礎自治体が防災協定、災害時応援協定などを結び、防災パートナーシップがうまく作動したことも注目を浴びた。法律や制度に縛られて柔軟性に欠けている中央政府－都道府県－市町村の垂直関係を越えて、水平的な連帯を求めてきた結果であった。

　日本総務省の統計によると、全国都道府県と市町村から1231人の職員が派遣され、被災地域を支援した。全国各地から被災地に派遣された公務員数は、仙台市261人、石巻市142人、気仙沼市109人などで各々支援業務を担当している。これから本格的な復旧・復興作業が始まると、防災時の相互応援協定により避難施設づくり、インフラ建設など多様な分野において大きく役立つと思われる。

　自治体同士、あるいは自治体と市民団体間の防災協定は、水平的で自発的な連帯から生まれたものである。都市と農村、北海道と九州、関東と関西、太平洋と環東海（日本名で、環日本海）自治体間の相互応援協定は、復旧・復興支援に大きく役立った。水平的な関係を重視する点では、これからも地方分権の必要性がもっと高くなる。災害地域の首長が大きな権限を持ち、中央政府は支援者としての役割を充実させるべきだとの声も聞かれている。

　1995年の大震災で甚大な被害を受けた神戸市は、災害復旧・復興に多

くのノウハウを持っており、仙台市へ職員を派遣した。緊急時の水道給水、避難所の運営、証明書の発給、医療・保健の支援、心理相談、ボランティア活動、道路復旧の支援、仮設住宅の設置などの分野において、延べ人員1万3286人を送って被災した自治体を支援した。そのなかには阪神・淡路大震災を直接経験した公務員も多く含まれ、現地住民の避難と応急復旧の作業で非常に役に立ったのである。神戸市の災害時における防災パートナーシップ支援方式、被災者を神戸市で受け入れた避難者登録制度などは優秀事例として報道された。[9]

東日本大震災が発生した3月11日、午後7時30分に愛知県東海市は消防団員4名からなる救助隊を岩手県釜石市へ派遣した。相互間支援協定を結んだ自治体職員としては初めて被災地域に上陸したことになった。支援団体は副市長と面談してから布団、食料品、暖房設備など救援物資を配給し、輸送隊も現地へ出発した。これは東海市と釜石市が結んだ災害時相互応援協定によるものであった。この協定は人的、物的支援、避難住民の収容などを含めている。防災パートナーシップを締結した自治体は何と1571の市町村に達しており、全国自治体のほぼ9割にいたる。このような水平的な連帯は災害復旧・復興過程で大きな効果を発揮した。[10]

表1 自治体間相互応援協定の締結現況（一部）

自治体	協定締結	東日本大震災時の支援		支援内容
		支援団体	被支援団体	
札幌市	56	●		人的、物的、財政、避難
青森市	43	●		人的、物的、財政
水戸市	54		●	人的、物的
前橋市	65	●		人的、物的
埼玉市	28	●		人的、物的
船橋市	43	●		物的
千代田区	2		●	飲料水
文京区	2		●	飲料水
杉並区	4	●		人的、物的、財政

4 自治体の復旧・復興と東北州構想

　日本は大震災に強い国家であり国民である。1923年の関東大震災以降、たった数年の間に東京は新しい近代都市として生まれ変わった。関東大震災のあと日本政府は帝都復興院を設置し、初代総裁として満鉄総裁と台湾総督を歴任した後藤新平を任命した。日本は1995年、阪神・淡路大震災においても復興委員会を設置して災害を克服したことがある。3.11大震災のあと日本政府は東日本大震災復興構想会議を設置し、有識者を委員として迎え毎週1回の会議を開催している。

　東日本大震災のあと、民主党、自民党、公明党は復興庁を設置することに合意したものの、設置時期と復興債券の発行はこれから検討することにした。[11]復興庁が設立されると、道州制の議論が加速する可能性が高くなる（復興庁は2012年2月発足）。復興庁が東北州の官庁としての役割を担う一方、道州制の導入も検討されうる。財界団体の経済同友会は、中央省庁から独立した強力な権限を持つ東北復興院を創設し、道州制の先行モデルをつくることを主張している。1935年、東北地方が冷害で大きな被害を受けたのち東北振興事務局を設置した前例もある。

　3.11大震災は21世紀の日本における新しい国家システムの再構築を要求している。日本は1923年の関東大震災からわずか5年で復興し、1945年、広島と長崎の被爆と東京大空襲後の復旧・復興過程も同様であった。しかし、今回の大災害は大地震、津波、放射能が重なり合い、短期間内の復旧と復興が難しいのが現実である。これからは首都機能の分散、地域間格差解消、機能集約型都市モデルを東北地方に建設すべき時点に来ている。一極集中型から多極分散型へ産業構造を再編し、エネルギー構造の再検討、経済システムを転換することも必要である。災害地域の復興計画の推進とともに、国土ビジョンの再構築を迫られている。

　東北地方は過去100年間に何と4回も大地震と津波の被害を受けた。したがって、大災害は常にありうるという前提で都市計画を新たに立てるべきである。たとえば、居住地域と職場を分離し、居住地域を高台に配置すべきである。坂と平地を結ぶ道路や鉄道を建設する一方、公共施設は高層

ビルにしたほうがより安全である。このような提案は新しい思考と発想が要求されている。中央政府－都道府県－市町村間の垂直統制型モデルの既存システムでは無理なことに決まっている。

　著名な評論家である堺屋太一は復興院を創設し東北州を新生日本の象徴とすべきだと主張している。段階的に見ると、救助→救済→復旧→復興→振興へと進むように国土計画をつくる必要がある。関東大震災の際には復興庁、阪神・淡路大震災の際には復興委員会を設置したように、今回の3.11大震災のあとは復興院をつくっていくべきである。復興院には復興委員長と常任委員を任命し、生活支援、産業経済、文化演出の三つの事務局を設置する必要がある。彼によると、地域主権型の道州制を導入し、経済産業省、国土交通省、厚生労働省、文部科学省、農林水産省の五つの機能を道州庁に委任することを主張している[12]。

　各自治体別に災害対策本部を設置し、独自の復旧・復興計画を推進している点も注目すべきである。宮城県は大震災以降、5月2日に大震災復興会議を開催した。参加委員は12人でほとんど外部人材に委嘱している。第1次会議の結果、以前と異なる制度設計や多様な方法を活用した復興計画を立てることにした。計画期間は10年で復旧期、再生期、発展期の3段階に分け、1）災害に強い安心都市づくり、2）地域住民みんなが復旧事業の主体として参加、3）復旧にとどまらず根本的な再構築をめざすこと、4）多様な住民需要を満たす先進地域づくり、5）甚大な被害から復興モデルの構築の五つの条項を主な方針として設定した。

　災害に強い都市づくりは、海岸地域の住宅や学校、病院は高所へ移転し、職場と住居地域を分離し安全を確保する、津波に備えた多重防御のために幹線道路や鉄道など交通インフラを高架でつくって堤防機能も兼ねる。水産業では港を1/3ほどに集約、縮小させ、拠点地域から優先的に復旧する、沿岸漁業と養殖業を振興し、民間資本を活用した水産業復興特区を設置するなどである。また、被害農地を合併して大規模化し、復旧困難な農地は政府が土地を購入し、緩衝地帯として緑地や公園として整備することなども挙げている。

　大災害の学習と研修を目的とする修学旅行や研修生の誘致、医療産業と

の連携、再生可能なエネルギーを活用したエコタウンづくり、広域防災拠点の設置、東北地域に危機管理体制の整備なども提案している。このための財源として災害対策税の創設や民間投資を促進する制度の整備、復興国債の活用、災害復旧基金など、財源を中央政府に要求することである。規制緩和や税制優遇に支えられた東日本復興特区の創設、大震災復旧広域機構の設置も提案している。

基礎団体の復旧計画も出ている。宮城県岩沼市は太平洋沿岸に位置し甚大な被害を受けた。総人口約4万4000人のうち、死亡者と行方不明者が150人に達している。地域の半分が浸水被害を受け農地も沈下した。災害後、岩沼市は復興本部を設置し計画期間を7年に決め、「岩沼市震災復興基本方針」を定めた。

基本方針には迅速な仮設住宅の建設と住居地の整備、津波に安全な都市づくり、農地回復と農業再生、雇用創出できる国際先端都市、自然エネルギーを活用した環境モデル都市、未来の世界遺産として千年希望の丘、文化的な景観保全と再生などが含まれている。すでに仮設住宅を中央公園に設置し、コミュニティーを尊重した共同居住地域をつくるためのエコ・コンパクト・シティー計画、内陸の農村地域に新しい市街化区域の設置も入っている。これから先端産業を誘致し、海岸線に風力発電、太陽光発電など自然エネルギーを活用した自然共生のモデル都市をめざすことを提案している。[13]

5　地域中心の復興計画

東日本大震災にもかかわらず、日本民主党は地域主権計画を積極的に推進してきた。2011年5月に可決された地域主権関連法案は、地域問題を地域住民の責任のもとに判断し、処理することを強調している。もっとも重要な項目は首相の秘書室長である官房長官、総務大臣、財務大臣、地方6団体代表が参加する中央と地方間協議体を設置することである。中央と地方間役割分担、地方自治、社会保障、教育と社会資本の整備など、幅広いテーマが対象となり、中央政府は協議結果を尊重する義務がある。

日本政府は2011年7月29日に東日本大震災復興の基本方針を策定した。

基本方針は、復興基本法によって復興作業の主体として住民にもっとも近く、地域特性を理解している市町村が中心になるべきだと書いている。つまり、中央政府は市町村の行政支援を担当する窓口を設置し、避難者情報システムの構築、市町村へ最新情報の提供、ボランティア体制の整備、災難地域の観光交流活性化、地域経済再生のための新規投資と企業誘致を支援する。また、市町村が最大限能力を発揮できるように財政、人材、ノウハウなど必要な制度設計とインフラを支援する。そして、都道府県は広域にわたる施策を推進し、市町村間の連絡調整、行政業務の補完を担うことである。

　災害現場での地域住民の現状、事業の優先順位を最もよく知っている基礎自治体が復旧・復興の主役になることは当然である。企画立案、意見集約、そして合意形成などの日常業務において自治体の役割がもっと重要になる。仮設住宅の建設、就労支援、中小企業対策、高齢者介護など、災害対策をはじめ地域再生、都市計画において自治体の経験と知識が十分反映されるべきであろう。

　地方自治の研究者たちは人間中心の復旧・復興になることを強調する。まず、災害の被災地域住民の健康と生活を再建する必要がある。衛生問題と精神健康、共同体の回復が先である。被害者の立場から生活、職業、コミュニティーを再建する創造的な復興作業が必要である。中央政府の開発構想や大企業だけが利益を得る再開発ではなく、地域住民と企業がともに恵みを受けられる地域内の循環型経済を構築しなければならない。大震災の復旧主体はあくまでも基礎自治体にすべきである。住民の生活再建を考え、中央政府は地方の役所が自発的に仕事できるよう惜しまず支援すべきであろう。

　日本政府は2010年から2015年を集中復興期間と定め、所要費用が約19兆円に達するものと見ている。これから10年間における復旧・復興事業の全体規模は約23兆円になると予想される。野田佳彦首相は復興財源として消費税増税を強調し、現在の消費税率を5％から2015年には10％まで引き上げる法案を提出し、2012年6月26日、衆議院で可決された。民主党内部の反発が大きくなり、2011年12月すでに10人の民主党議員

が脱党して新党きずなを設立した。また、2012年7月11日には小沢一郎前代表が49人の議員とともに民主党を脱党し、国民の生活が第一というやや名前の長い政党を設立した。

消費税増税に反対する団体は、増税が社会的弱者に負担をかけるばかりだと批判している。その代わりに期限設定の復旧・復興支援税を設置し、所得税の累進課税と資産課税を強化すべきだと主張する。また、中央政府が自治体に負担を転嫁しながら、市町村合併と広域圏構想を無理に推進していると非難している[14]。

3.11大震災を経た日本は、これから常に大災害と共生する段階に入りつつある。2011年4月に成立した第1次地域主権推進一括法の施行においても、市町村単位で復興特区の設置、建築基準法上災害区域の追加指定、公営住宅の避難場所設置、非常事態に備えて自治体の対策条例の制定、復興計画の樹立時に自治体の土地利用の自律性が必要だとの提案も出ている。

大震災後の地域コミュニティー形成のためのガバナンス構築も重要な課題として登場している。宮城県の一部地域では災害後の地域共同体の長所を生かし、インターネットを通じて全世界から支援を受けたこともある。その反面、大震災の前から住民間の葛藤がひどく、地域内部のネットワークが麻痺した地域も多数発生したことがある。日本の被災地状況は多様で、地域共同体の変化も同じである。大震災時に自治会や町内会など既存共同体のネットワークがほとんど役に立たなかったことを反省しながら、地域コミュニティーを再建すべきだとの主張は注目する必要があると思う。

中央政府や都道府県をはじめとした公共機関は、大震災の被害を受けた小さな村の具体的な状況まで把握することはできない。阪神・淡路大震災のあと、復旧過程において中央政府が一方的に情報と財源を提供し統制する方式でいろいろな問題が発生した。今回は過去の失敗を繰り返してはならない。大震災後、地域共同体が解体したところもあり、円滑に復旧中の地域も存在する。地域共同体の多様性を考えながら災害地域を復旧することによって、地域間の不平等や不均衡などを事前に予防することができるだろう[15]。

去る1995年の阪神・淡路大震災の復旧の際、最も大きな失敗はコミュニティーの崩壊であった。仮設住宅や復興住宅の入居条件に抽選制を導入したことが失敗原因であった。全然知らない人々同士のコミュニティー形成は最初から不可能だったからである。高齢者や障害者を配慮した試みであったが、結果的に社会的弱者を孤立させ、孤独死が発生したりすることにもなった。これからの復旧・復興過程において重要なことは、失われた生活空間、経済的基盤、人的ネットワークを同時に回復することである。

神戸市は大震災以降、創造的復興というテーマで多様なプログラムを展開した。しかしながら、一方的な官主導の再開発で推進され、地域コミュニティーが解体されたところもある。北海道の奥尻町も18年前の震災後、コンクリート型外形の復旧に偏りすぎて、住民参加の不在、漁獲量の減少、観光産業の萎縮で地域経済が沈滞したことがあった。

被害が集中した東北地方は、2010年10月現在、一部市町村の高齢化比率が30％を超え、人口減少率も5.6％にいたっている。2009年に942万人であった東北人口は2020年に869万人、2030年には787万人にまで減少すると予想される。復旧はただ単にインフラの構築だけでなく人口増加を伴うべきである。復旧過程において若い世代が入ってくるように地域再生に力を入れるべき理由がここにある。農業人口のほとんどが高齢者であることを考え、生産性向上と次世代の育成も同時に図らなければならない。

今後は復旧・復興過程において地方議会の役割が重要である。大震災後の緊急事態の状況で首長へ権力が集中しすぎると、地域ガバナンスが損なわれる可能性も高くなる。地方議員がガバナンスの主体として住民間の媒介役を担うことも期待される。地震と津波で生活基盤をなくした社会は脆弱で危険である。地域社会間の連帯を重視しながら、コミュニティー形成に努めるべきである。

もちろん、中央政府の管理とマネジメントは必要である。復興計画は地域ごとに異なり、統一性に欠けることが多い。中央政府や都道府県がグランド・プランを提示し、中央政府と自治体間協調システムを構築すべきである。中央政府が被災地域を買い取り、共有地か避難施設で活用する必要もある。これからは自治体の自律性を尊重しながら中央政府が標準マニュ

アルとマネジメントを駆使する、集権と分権の調和が要求されている。

6　むすび

　東日本大震災は、日本社会へ深刻な危機意識とともに体制転換を要求している。失われた20年と3.11大震災の甚大なショックは、日本社会が新しい国家モデルを探索し、導入することを期待している。エコ産業と脱原発、分権化した国家、公正な税負担と財政構造の再編、政治的システムの改革などは、日本政治とマスコミ、日本企業、自治体、日本国民が自ら悩み、解決していくべき課題である。

　2000年の地方分権一括法の施行以来、行政改革、分権推進はある程度成果を上げてきた。地域主権を協調する民主党は地方分権を実施してきており、地方選挙では広域連合論や地域政党が関心を集めている。3.11大震災後の復旧・復興過程は、地方分権と地域コミュニティーを再構築する良い機会でもある。被災地域の復興計画は中央省庁が主導するが、自治体の積極的な参加と対案を認めるべきである。

　民主党政権が強調した新しい公共性と地域主権が、政治的なスローガンにとどまらず、東北地方の復興過程において実質的に活用できるよう多様な方法を検討すべきである。東北州の可能性も含めて、復興主体としての自治体に権限を委譲すべきである。自治体、地方議会、市民団体、地域企業などの多様な主体が参加する地域共同体をつくるために、中央政府は法律と財源を含む制度を整備していくべきである。

[注]

1　日本警察庁と内閣府報道。2011年12月30日現在の統計。
2　電力使用を分散させるためにトヨタ自動車など、日本自動車工業会の加盟社は2011年7-9月間に木曜日と金曜日を休む代わり、電力需要の少ない土曜日と日曜日に工場を稼動する勤務曜日の変更制度を導入した。読売新聞

2011年5月23日付報道。
3　2010年12月発足した関西広域連合は都道府県の境界を越えて防災、観光、文化、産業、医療などの政策課題において自治体間連携を通じて問題を解決する目的でつくられた行政組織である。
4　この構想を実現するために自ら大阪府知事を辞めた橋下徹は2011年12月大阪市長選挙で当選して、大阪都構想は本格的に議論されるようになったといえる。
5　小林良彰・名取良太(2011)「分権時代における自治体議員の改革意識」『月刊ガバナンス』6月号、ぎょうせい、36頁。
6　『週刊ダイヤモンド』(2011.05.14) 49頁。
7　『毎日新聞』2011年7月15日付報道。
8　『毎日新聞』2011年7月15日付報道。
9　松山雅洋(2011)「神戸市の支援の特徴」『都市政策』第145号、神戸都市問題研究所、14-16頁。
10　『週刊ダイヤモンド』(2011.05.14) 55-56頁。
11　毎日新聞2011年6月1日付報道。
12　『週刊朝日』(2011.04.08)を参考すること。
13　「地域主権の復興計画へ—宮城県・気仙沼市」『月刊ガバナンス』6月号(2011) 35-37頁。
14　岡田知弘「東日本大震災からの復旧・復興にむけて」自治体問題研究所(2011.04.22)
15　李仁子(2011)「現場での報告:日本の大災害と地域共同体」『韓日社会文化フォーラム「大災難後日本社会の方向」資料集』を参考すること。

[参考文献]

韓国語文献

梁起豪(2011)「東日本大震災以後の政治的争点と含意」『比較日本学』25集、漢陽大学日本学国際比較研究所
具ボンガン他(2011)『東日本大震災の経済的影響と展望』三星経済研究所
李仁子(2011)「現場での報告——日本の大災害と地域共同体」『韓日社会文化フォーラム「大災難後日本社会の方向」資料集』
現代日本学会共同学術セミナー資料集(2011年6月)「東日本大震災と日本の進路」

日本語文献

池上洋通他(2011)『大震災復興へのみちすじ——防災政策の新段階と地方自治体の政策活動』自治体研究社

古賀茂明・須田慎一郎(2011)『日本が融けてゆく』飛鳥新社

小林良彰・名取良太(2011)「分権時代における自治体議員の改革意識」『月刊ガバナンス』ぎょうせい

坂元一哉(2011)「『災後の時代』の同盟論」特集3.11後の日米関係、深化か隷属か『Voice』PHP研究所

週刊ダイヤモンド編集部(2011)「2011総予測」『週刊ダイヤモンド』

武田徹(2011)『原発報道とメディア』講談社

富野暉一郎(2011)「分権時代の首長の役割」『月刊ガバナンス』ぎょうせい

中嶋嶺雄(2011)「東日本大震災と対外発信」『アジア時報』アジア調査会

新川達郎(2011)「復旧・復興に向けた自治体議員・議会の役割」『月刊ガバナンス』ぎょうせい

野中郁次郎(2011)「リアリズムなき政治家が国を壊す」総力特集菅政権、失敗の本質『Voice』PHP研究所

松山雅洋(2011)「神戸市の支援の特徴」『都市政策』神戸都市問題研究所

山内昌之(2011)「公欲のために私欲を捨てよう——『災後』の歴史認識」『復興の精神』新潮新書

サイモン・アンホルト(2011)「日本は『二つの難問』を解決できるか」『外交』Vol.3、時事通信出版局

マイケル・グリーン(2011)「3.11は日本をどう変えていくか」『FOREIGN AFFAIRS REPORT』No.5、米外交問題評議会

論考 10

3.11 東日本大震災をめぐった 2011年〈震災/原発文学〉の議論と展開

鄭 炳 浩
高麗大学校日語日文学科教授

1 概観

東日本大震災が発生して6日目に当たる3月16日から福島に住んでいる詩人和合亮一は、大地震と津波の経験、そして原子力発電所の放射能漏れの衝撃を詩に込めて、「放射能が降っています。静かな夜です。/ここまで私たちを痛めつける意味はあるのでしょうか。（中略）/この震災は何を私たちに教えたいのか。教えたいものなぞ無いのなら、なおさら何を信じれば良いのか。[1]」で始まる文章を創作し、彼のTwitterに相次いで発信し始めた（以降『詩の礫』というタイトルで出版）。

直接震災を経験して避難場所の混乱を目撃し、さらに前代未聞の原発事故を経験しながら書いた和合亮一の震災詩は、発表当初から少なからず反響を呼んだ。

また、戦後日本の最大の危機と日本の首相も規定した、大震災と原発事故を目の当たりにして、日本文学者たちはこの事件にどのように向き合うべきか、そしてこのよ

図1 震災後、Twitterで創作した詩集

うな時期における文学の役割は何か、さらに文学を通して何ができるのかをめぐって自問しつつ本格的な議論を始めた。

　3.11 東日本大震災以後、政治・経済・社会・文化などすべての分野でこの震災をめぐる議論が活発に行われたように、文学界でも大地震・津波・福島原発事故をめぐる文学者たちの批評はもちろん、これを素材にした数々の作品が書かれるようになる。事実、日本では近代以降だけでも、関東大震災（1923）をはじめ阪神・淡路大震災（1995）、3 回にわたる東北地方三陸地震や津波とかかわる多くの文学作品が存在している。しかし、今回の東日本大震災は、単に自然災害にとどまらず福島原発の放射能漏れ事故を伴ったという点、その規模や被害・影響が戦後最大という点で、日本文学界でも〈震災文学〉、または〈原発文学〉という用語が 2011 年度に入って一つの批評用語として成立したといっても過言ではない。

(1) 3.11 東日本大震災と震災関連文学作品の刊行

　2011 年下半期以降、日本の大型書店の「文学」や「文芸」コーナーに行くと「震災と文学」に関連したコーナーが設けられている場面を目にする。この現象は 3.11 東日本大震災をきっかけにして震災関連の文学が一つのジャンルとして注目されているという点を反映してのことであろうが、もう一方では、大地震と福島原発の放射能漏れ事故にかかわる文学作品や評論がそれだけ多く溢れているという傍証でもある。これらの文学作品は単に小説ジャンルだけでなく、詩・俳句・短歌を中心とする韻文ジャンル、ノンフィクション文学など、そのジャンルを問わず短い期間のなかで様々な作品が多く著された。

　これらの文献は、3.11 大震災以降に創作された作品だけでなく、それ以前に刊行された震災関連、または核問題（原発事故、原爆など）関連作品や評論を新たに編んだ作品集も含まれている（表 1 参照）。この現象は、日本社会の基底を震撼させた大事件を経験してから、文学者たちが文学や文学者の役割は何か、これらの災害をめぐって文学的対応が可能なのか、さらにはこのことをどのように言語として形象化するのか、といった悩みの吐露といえよう。もちろん東日本大震災以降、ごく短い時間にこれほど

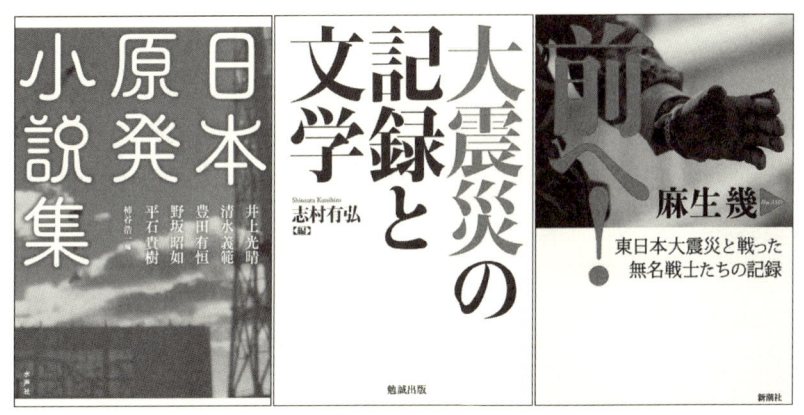

論考10　3.11東日本大震災をめぐった2011年〈震災/原発文学〉の議論と展開　223

図2　震災以後刊行された震災および原発関連の文学作品

多くの作品が産出されていることは、社会的波紋を起こした大事件を機会とする出版社の営業戦略が明らかに一役買ったという点も決して否定できないだろう。

そして、単に文学作品集のかたちだけでなく、『すばる』『文芸思潮』『早稲田文学』『民主文学』『新潮』などの様々な文芸雑誌も、震災関連作品の掲載や3.11大震災と文学の関係を論じた特集記事を出している。これらの記事では3.11東日本大震災と放射能漏れ事故の文明論的診断だけでなく、3.11以降の文学の方向は何なのか、この大事件を文学的にどのように形象化できるのか、多様な意見が開陳された。さらに大江健三郎などをはじめ、多くの文学者たちが原発廃棄を主張する集会に参加し、原発問題について直接的な行動を実践した。

表1　3.11東日本大震災関連の主な文学作品（刊行順）

作家名	作品名	出版社	内容
古川日出男	馬たちよ、それでも光は無垢で	新潮社（2011.7）	3.11以降福島出身作家が時空を行き来しながら福島を描いた作品
志村有弘（編）	大震災の記録と文学	勉誠出版（2011.7）	日本における震災の経験を描いた作品と記録を編集

作家名	作品名	出版社	内容
広河隆一	福島 原発と人びと	岩波新書（2011.8）	写真ジャーナリストとして、事故後すぐ現場に入り、現地の事情を伝えたノンフィクションの作品
麻生幾	前へ！ 東日本大震災と戦った無名戦士たちの記録	新潮社（2011.8）	震災と原発事故に対応する自衛隊、東京消防隊、警視庁機動隊の活躍を報告する作品
馳星周	光あれ	文藝春秋（2011.8）	3.11 以前から書いた原発の村に住む人々の物語
川上弘美	神様 2011	講談社（2011.9）	作家の初の短編に基づいて放射能漏れに伴い、変化した日常を描写
柿谷浩一（編）	日本原発小説集	水声社（2011.10）	日本の代表的な原発関連小説を編んだ小説集
福井晴敏	震災後	小学館（2011.10）	3.11 の大震災と放射能漏れ以降の日本社会を描いた作品
よしもとばなな	スウィート・ヒアアフター	幻冬舎（2011.11）	ストーリーは大震災と直接的な関連はないが大震災を経験した人々に発信した作品
高橋源一郎	恋する原発	講談社（2011.11）	作品内に「震災文学論」を挿入した 3.11 以降の問題を描いた代表的な〈震災小説〉
須藤洋平	あなたが最期の最期まで生きようと、むき出しで立ち向かったから	河出書房新社（2011.11）	東北地方南三陸に居住する詩人の震災詩集
中島岳志他	世界が決壊するまえに言葉を紡ぐ	金曜日（2011.12）	作家・文芸批評家たちの 3.11 をめぐった対談集

(2) 作家たちによる被災地支援金募集のための「復興書店」開設とドナルド・キーンの日本帰化

　東日本大震災以後、作家島田雅彦の提案により、東日本大震災復興を書籍で支援するインターネット書店〈復興書店 Revival & Survival〉[2]が開設された。島田の提案に作家たちは積極的に応じて、高橋源一郎、平野啓一

郎、俵万智、柳美里、よしもとばなななど約150人の小説家、詩人が参加した。このインターネット書店は、作家がサインや特別なメッセージを綴った自分の本を無償で提供すると読者がそれを購入し、販売収益金を義捐金として寄付する形式をとった。作家の作品販売のほか、作家たちは朗読会や講演、公開討論会などのボランティアイベントを開催し、震災被害地にある図書館にコレクションを寄贈したり、ウェブマガジンを発行して資金を募ったりした。現代日本文学を代表する作家たちが大挙して参加した復興書店は読者からも熱い呼応があって、予定していた本は2011年9月に完売し、2011年の年末に島田雅彦は復興書店を終えるというメッセージを掲載した。

一方、日本文学研究者である米国のドナルド・キーンコロンビア大学名誉教授が、東日本大震災が起きて間もなく、大地震被災者への連帯を示すために日本帰化と永住を決意したと発表した。東日本大震災を契機に、西洋の代表的な日本文学研究者であるドナルド・キーンのこのような行動は、国難を迎えた日本(人)への強い連帯感の表現としてマスコミでも広く紹介された。

(3) 2011年文学界のその他の動向
「コレクション戦争×文学」シリーズ(集英社)の刊行

2011年6月から、近代期以降さまざまなかたちの戦争文学を編集した企画である「コレクション戦争×文学」の出版が始まった。この全集は、日清戦争、日露戦争、太平洋戦争、植民地統治など、日本が引き起こした戦争だけでなく、韓国戦争、ベトナム戦争、アメリカ9.11同時多発テロなどを描いた日本人作家の戦争文学も含まれており、2013年初めまでに計20冊が出版される予定である。

この全集は戦後世代の作家や評論家たちによって企画されたという点、戦争期と戦後のいくつかの戦争をめぐる社会のさまざまな問題を網羅しているという点、いわゆるミステリーやSF小説など大衆文学もその対象としているという点などにその特徴がある。特にこの全集は、朝鮮植民地支配と韓国戦争を描いた日本人、朝鮮人作家、在日文学者の作品も載ってい

るという側面で、韓国ともかなりかかわる項目が含まれている。

　2011年、東日本大震災が日本でも類例のない原発放射能漏出事故を引き起こし、この震災後の状況を文明論的観点から日本の戦後と比較して考えようとする人々が多いという点で、「震災文学」も今後この戦争文学のカテゴリーのなかでその振幅を増す可能性も予想される。

韓国文学日本語翻訳物の漸増するブーム

　今まで日本文学の韓国語翻訳に比べて、韓国文学の日本語訳が相対的に少ないという評価が多かったが、日本における韓国大衆文学のブーム、すなわち「韓流」現象に伴って最近、韓国文学の日本語訳が漸増している。2011年に日本では「新しい韓国文学シリーズ」（株式会社CUON）としてハン・ガンの『菜食主義者』、キム・ジュンヒョクの『楽器たちの図書館』のような同時代の作品はもちろん、朴景利の『土地』（講談社）や『韓国近現代戯曲選1930-1960年代』（論創社）、『金東仁作品集』（平凡社）などかなり以前に書かれた文学作品にいたるまで、様々な韓国文学が日本で翻訳されつつある。この現象は、日本語に翻訳された韓国文学の単純な量的増加を意味するだけではなく、日本で多様な内容やジャンルの韓国文学が受け入れられていることを示している。

　特に、このような韓国文学の翻訳作品が韓国の新聞はもちろん、『朝日新聞』など日本の有力新聞でも相次いで紹介されており、年末の『週刊読書人』でも「勢いを見せてきた韓流文学の風――本格的な翻訳がこれからブレイクしそうな予感[3]」というタイトルの記事が掲載されている。この記事で「最近はK-文学と呼ばれることもある韓流文学が日本の読書界において市民権を持ち、韓流ドラマやK-POPのような盛り上がりを見せるのもそう遠くない時期のように思われる」と紹介されていることを見れば、実際、日本のなかで韓国文学に関する関心と需要が増えてきていることは明らかな事実だといえよう。

ディストピア小説とユーモアミステリーの拡散

　2009年に死亡した伊藤計劃の『ハーモニー』が、2011年4月に米国の

SF文学賞フィリップ・K・ディック特別賞を受賞した。この小説はいわゆる反ユートピア小説といえるが、この受賞をきっかけにディストピア小説が新たに浮き彫りになった。私たちにも聞き慣れたジョージ・オーウェルの『1984』や、代表的なSF小説家フィリップ・K・ディックの『高い城の男』などのディストピア小説は、SF小説の一ジャンルとして、その歴史はかなり長いといえる。暗い未来を描いたこの小説は、2011年に日本では東日本大震災という時代背景と一体となって新たに脚光を浴びたと見られる。

一方、東川篤哉『謎解きはディナーのあとで』が2011年本屋大賞を受賞したことをきっかけに、ユーモラスな表現を多用したミステリー小説が新たに浮上した。このような人気を反映して『ミステリマガジン』は、2011年12月号特集で「ユーモア・ミステリ遊歩」という特集を掲載している。

2　争点分析——〈震災文学〉の展開とその文学的意義

(1) 日本の震災と震災文学の歴史

日本は古代社会から地理的特性上、地震だけでなく台風や洪水など様々な自然災害が頻繁に発生した地域に当たる。日本は近現代文学に言及する以前から、古典文学の世界でもこのような自然災害の鮮やかな経験と記憶、そしてこれらの自然災害を見つめる作家たちのイメージがよく示されている。

その代表的な例が、日本三大随筆文学の一つとして鎌倉初期に書かれた鴨長明の『方丈記』(1212)である。この作品は、1117年の大火、1180年の旋風、その翌年の台風や洪水、1185年の大地震を詳細に回顧・記述しているが、これらの自然災害の前で人間の欲望がどれだけはかないのかを、仏教的無常という基調のなかで生き生きと描いている。この他にも中世時代の軍記物である『太平記』や江戸時代の式亭三馬の滑稽本『浮世風呂』など、震災と関連する多くの作品が残されている。

ところが、近代期に入っては通信技術とマスメディアの発展、出版文化の拡散によって、震災の経験と衝撃を描いた文学作品は数え切れないほど

増大するようになる。特に都市の近代化により人口の密集化が進んだ東京と横浜など首都圏の大都市を直撃し、10万人に近い命を奪った1923年9月1日の関東大震災は、政治、経済、社会、文化、思想的に想像以上の衝撃を与えた。

　池上公平は『共同研究 歴史と文学・芸術―関東大震災』で、関東大震災を指して人的・物的側面にとどまらず、文化的な側面にも非常に大きな影響を伴った[4]と指摘しているが、すべての芸術分野で相当な衝撃を与え、新たな変化をもたらすことになる。特に、日本近代文学は下の引用文からもわかるように関東大震災を境にし、その文学的性格が決定的に変化するようになる。

　　震災体験は一人一人によってさまざまに違うが、こうして無常や不信や、恐怖や不安が強く意識されながら、大震火災の体験をくぐり抜けたところに、日本文学の大正十三年が迎えられたのである。かつての都会文藝とは異質の都会文学としての新感覚派が起こり、ダダイズムを中心とするアヴァン・ギャルドの大胆な実験が活気をつくりだし、プロレタリア文学の新たな展開がはじまる。大正十三年から十四年へかけて、状況は全く一変することになったのである。[5]

　上記からもわかるように、関東大震災以降日本文学の歩みは、作家たちが地震と火災の経験と恐怖を文学作品に表現し、この大事件をめぐるエッセイや評論を残したという現象にとどまらない大きな変化を伴っていた。つまり、「震災」の「文学化」という現象にとどまらず、むしろ、関東大地震の経験と地震後の社会的雰囲気の変化は、文学思潮の転換、すなわち雑誌『文芸戦線』（1924）と『文芸時代』（1924）で代表されるプロレタリア文学と新感覚派文学の成立を促進した。前者は思想的な面で社会主義リアリズム文学の成立を意味しており、後者は表現技巧と物事を捉える感覚形式の変化を図ったが、この意味で、日本近代文学は思想内容と表現形式の面で既存の文学とは異なる一大革新が起こったといわざるをえない。日本の近現代文学史では、政治的、歴史的な時代区分に基づき、明治維新か

ら1945年までを近代文学、それ以後を現代文学であると区分しているが、文学内部の表現内容と形式の側面から見れば、関東大震災は近代文学から現代文学へと転換するターニングポイントであったといっても過言ではないだろう。

　特にこれらの文化思潮の質的変化は、単に地震と火災の経験によるだけではない。この転換は、デマの横行により大杉栄、平沢計七など社会主義者と朝鮮人の大量虐殺、政治・社会の不安と恐怖の拡散、治安維持法の公布、これらの変化に対応できるプロレタリア文学運動の必要性、変化した時代相と世態に対する作家たちの敏感な反応と、この現象を新たに捉える感覚と技巧の必要性、既成文壇の動揺などが生んだ結果であるといえる。[6] このような意味で、関東大震災の余波は単に大正文学から昭和文学へと進むきっかけ、あるいは「昭和文学成立」の境界地点であるだけではなく、先に指摘したように、日本文学が近代文学から現代文学へと転換する一大事件であったともいえる。

　もちろん、日本の近現代文学の中でこれらの「震災」を作品の素材にした数多くの文学作品が創作されてきたことは、上記の事実だけを見ても十分に察することができる。関東大震災の経験と社会像の変化を反映して、谷崎潤一郎、秋田雨雀、永井荷風、堀辰雄、芥川龍之介、北原白秋など、当時の大多数の作家たちが震災関連作品と経験談を残している。また、『新潮』『文藝春秋』『早稲田文学』『改造』『中央公論』等数々の文学雑誌などが「震災と文学」関連特集記事を相次いで出していた。[7]

　一方、関東大震災以外にも、日本近代文学のなかには震災を表現した作品が数多く存在する。たとえば、1894年に起きた「明治東京地震」を描いた樋口一葉の「闇夜」（1894.8）、谷崎潤一郎の「幼少時代」（1955）がこれに該当する。

　ところが、今回、東日本大震災の舞台であった東北地方の大地震と津波に関連して、注目を集める一連の作品があったことを見逃してはならないだろう。1896年6月、1933年3月の三陸（現在の宮城県、岩手県、青森県）地方を襲った「明治三陸地震」と「昭和三陸地震」とそれに伴う巨大津波をテーマに描いた、須知徳平の『小説三陸津波』がまさにこれに当たる。

また、東日本大震災以後すぐ再版されて高い売り上げをおさめた歴史小説家吉村昭の中編ルポルタージュ『三陸海岸大津波』(1970) も、やはり「明治三陸地震」と「昭和三陸地震」、そして1960年のチリ大地震による東北地方の巨大津波を描いている。須知徳平は、上記の作品が含まれている『春来る鬼』(毎日新聞社、1963) の後書きで「三陸津波の惨状が、幾分でも解ってもらえたらと思っている」と書いているが、実際、上の二つの作品と現実の関係を見れば、今回の東日本大震災は文学が残した教訓を全く生かせなかった代表的な事例だといえよう。

一方、1995年に関西地域で起きたいわゆる阪神・淡路大震災は、その被害規模や神戸・大阪など大都市を打撃したという面で、関東大震災に次ぐ衝撃を与えた。この衝撃に対して現代日本文学者も敏感に反応し、数々の〈震災文学〉を生むようになる。たとえば、村上春樹の『神の子どもたちはみな踊る』(2000)、小田実の『深い音』(2002)、東野圭吾の推理小説『幻夜』(2004)、横山秀夫の『震度0』(2005)、柴田哲孝の『GEQ』(2010) など、推理小説、ノンフィクション小説にいたるまで様々な分野で作品化が行われた。

このように、日本文学では、時代と場所を選ばず日本列島を襲った様々な震災を記録した文学が連綿と続いてきたことがわかる。その中で関東大震災は、地震や火災、その後の社会像の変貌により、これを表現・形象化する文学の内容と形式に一大転換をもたらしたという点で、震災と文学の密接な関連が推測できる。その意味で、今まで一つの文学史としてまとめられてはいないが、日本文学のなかには〈震災文学〉と呼べる作品群が連綿と存在してきたことがよくわかる。

(2) 3.11 東日本大震災と〈震災文学〉・〈原発文学〉ジャンルの成立

三好行雄は関東大震災と文学の関連性を論じながら、「現在まで地震そのものをテーマにした近代文学はまだ誕生していな[8]」かったと説明しているが、実際は先述したように、大地震を中心とした自然災害とかかわる数多くの作品が残されている。大地震の経験が、日本プロレタリア文学や新感覚派文学の例からわかるように、文学思潮の転換の直接的なきっかけと

もなった。

　ところが3.11東日本大震災は単なる自然災害であったばかりではなく、福島原子力発電所の放射能漏れという人災を伴ったという点で、政治・経済・社会・文化などすべての分野でその波及力はそれ以前と次元を異にするものであった。日本文学のなかでも今までは大地震と文学の関係を論じる際には、ただ「震災と文学」というテーマのレベルで作家の表現や作品の主題、記録の保存という観点から議論された。しかし、3.11東日本大震災という事件を通して、日本文学界でも真の意味における〈震災文学〉、〈地震文学〉、〈原発文学〉というジャンルの設定と批評が模索され、新しい批評用語が成立したといっても過言ではない。

　だとすれば、3.11東日本大震災以後創作された文学作品と批評は、日本文学史でどのように位置づけられるだろうか。まず、地震や津波などの自然災害としての「震災」を対象とする2011年度の日本文学は先に考察したように、当然〈震災（地震）文学〉というカテゴリーのなかに包括することができる。しかし、大地震と巨大津波による未曾有の放射能漏れの衝撃、また現在も進行形であり将来どのような影を落とすかもわからない原発事故の衝撃を素材にした〈原発文学〉は、厳密にいえば先の範疇とはその性格を異にしている。2011年、日本文学の批評界では、原発事故とその後変化した社会の日常を前景化している文学作品について、これをただ2011年の新しい文学的現象として把握するとともに、さらにこの文学を「核の文学」というカテゴリー、もしくは日本近現代文学史において一つの領域のなかで議論されてきた「原爆文学」の延長線上から見ようとする傾向が著しい。

　たとえば、陣野俊史は『世界史の中のフクシマ―ナガサキから世界へ』で、「大地震はアナロジーが適用できる。だが、原発事故はあきらかに大地震や津波とは異な

図3　陣野俊史の震災文学批評書

る。参照枠がない。」(p.6) ことを指摘し、次のように述べている。

> 原発をめぐる小説はこの一年足らずの時間の間にも様々な形で書かれた。原発の文学史なるものは、確実に存在する。その延長線上にいま書かれつつある小説を位置づけること。ヒロシマ・ナガサキ以後に書かれた、核をめぐる小説のいくつかを、まず時系列に沿って示す。[9]

陣野俊史は、2011年度の〈原発文学〉を広島と長崎に原爆が投下されてから膨大に書かれた「原爆文学」、そして1960年代の「核の恐怖」、そして1980年代チェルノブイリ原発事故をきっかけに書かれた様々な作品を論じながら、「核の文学」(p.67) の存在を確認して、この延長線上で2011年の〈原発文学〉を位置づけようとしている。たとえば、山田かんの詩、橋爪健「死の灰は天を覆う」、大江健三郎の核と関連した1960年代の短編小説、井上光晴の『西海原子力発電所』などがこれに当たる作品である。

特に、2011年に〈震災文学〉が成立した理由には、実際の大惨事と変化した日常という事件とともにこれにかかわる作品の大量創作のような側面もあるが、上記の陣野俊史の批評でもわかるように、この〈震災文学〉をめぐって同時代的批評も活発に行われていたという点も挙げられる。たとえば、高橋源一郎が『恋する原発』という小説のなかですでに「震災文学論」を展開し、小説『神様2011』の分析を通じて〈原発文学〉の意味を強調している。

そのほかにも、『早稲田文学』4号 (2011.9) では「特集1 震災に」という特集記事を出して、古川日出夫と『馬たちよ、それでも光は無垢で』をめぐった作品対談をする一方、文学批評と震災小説を掲載している。この批評の論理はあとで詳細に論ずるが、「時制を、視点を、どこまでも

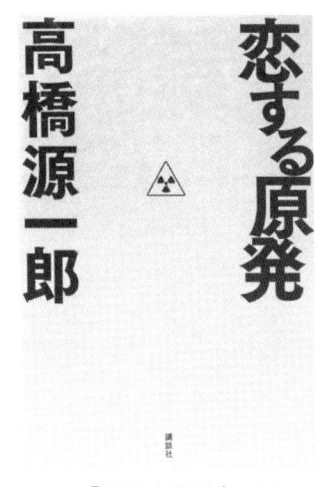

図4 「原発文学論」が入っている小説『恋する原発』

ずらし続ける。それはあたかも、〈震災文学〉の可能性の中心こそが、この換喩化のドライブであるかのように」という指摘のように、視点と時制の混乱をこの文学の方法論的特徴と見ている。このような特徴に加えて、『恋する原発』『神様2011』『馬たちよ、それでも光は無垢で』という作品で見られるように、すでに発表した作品を震災後の状況に合わせて改稿したり相互横断したりしている点も2011年〈震災文学〉の方法論的特徴といえるだろう。

『早稲田文学』の特集記事を通してわかるように、2011年度は各種の文学（文芸）関連雑誌や批評書で3.11東日本大震災と文学をめぐる様々なかたちの特集記事、評論が続いている。主な記事を表にまとめると次の通りである。

表2　3.11東日本大震災をめぐる文学雑誌の特集記事および評論集

特集記事/評論集	雑誌名/出版社/著者	内容
『大震災の記録と文学』	志村有弘編 勉誠出版（2011.7）	大震災を記録した文学作品と記録の紹介
座談会「大震災と文学」	『文芸思潮』41号 （2011.7）	震災関連記事および震災と文学関連座談会
3.11以後を考える	『すばる』 （2011.8）	反核に対する作家たちの態度、アナロジーとしての戦後、核をテーマとした以前の作品と3.11以後の作品の比較
東日本大震災特集――原発事故を考える	日本民主主義文学会 『民主文学』（2011.8）	原発とかかわる文学の流れと再評価、原発事故関連評論
『3・11の未来　日本・SF・創造力』	海老原豊・藤田直哉編 作品社（2011.9）	SF作家および評論家によって企画された3.11関連SF文学評論集
特集1　震災に	早稲田文学会『早稲田文学』4号（2011.9）	作品対談と震災文学および評論
震災後の文学の言葉	『新潮』第108巻第10号（2011.9）	震災以後文学をめぐった作家の対談、震災文学評論
特集　東日本大震災から	日本民主主義文学会 『民主文学』（2011.9）	震災および原発とかかわる評論、震災以後文学の役割、関東大震災以後の文学、震災文学

特集記事/評論集	雑誌名/出版社/著者	内容
『恋する原発』	高橋源一郎 講談社(2011.11)	作品の中で「震災文学論」を展開
2012：未来から聞こえる言葉	『新潮』第109巻第1号(2011.12)	震災と芸術の関係、作家の発言、震災文学批評など
特集 フクシマを考える	『すばる』(2011.12)	福島とかかわる対談および批評、震災関連詩歌
『世界史の中のフクシマ——ナガサキから世界へ』	陣野俊史 河出書房新社(2011.12)	震災・原発関連文学評論

特に冒頭で見たように、3.11東日本大震災の被害規模や衝撃に伴って、これを対象にした文学作品の大量創作、文学（文芸）雑誌の詩・俳句・小説など震災作品の特集掲載、原発関連の特集記事、ノンフィクション文学の洪水などは、このような批評記事や批評書とともに、日本文学史に〈震災文学〉または〈原発文学〉というジャンルを誕生させるにいたったといえる。

(3) 3.11東日本大震災と2011年〈震災文学〉の論理

3.11東日本大震災の後、盛岡に居住する小説家高橋克彦は『群像』で災害状況のなかにおける文学芸術の位置、役割、効用について次のように記述している。

> 芸術どころではないのだ。それよりも牛乳やガソリンの確保が大切なのだ。この事実に文芸に携わる者の一人として絶望と悲しみを覚える。私のしてきたことは結局無意味なことだったのだろうか？[11]

この発言は、大地震や津波、放射能漏れ以降、衣食住を営む手段と現代人が移動するために絶対に必要な物資が足りない状況のなかで、文学芸術の位置と効用を疑問視する嘆きといわざるをえない。この問題意識は、絶望的な状況のなかで文学がいかに微力であり無用であるかを指摘する古い文学言説の一つである。しかし、この意識は、3.11東日本大震災を経験

しつつ当時ほとんどの文学者たちが抱いたことがありそうな、そのために現実的にも文学的にも何かを行動しなければならないという考え——作品創作やチャリティーイベントへの参加、または原発反対集会への参加など——を強迫させたかもしれない感覚であろう。

3.11 東日本大震災以降、初期の物資不足や情報の混乱に対して最も初歩的な収束が施されてから、すでに先に示したように、作家や評論家たちによって震災と放射能漏れ事故に対する意見開陳と作品創作が本格的に行われ始めた。だとすれば、この震災の状況を作品で形象化しそして批評を試みながら、この作家や評論家たちが持っていた問題意識はどこにあったのか。まず、文学者たちが大震災を作品化するうえで最も一般的で基本的な論理は「震災の記録」としての文学という役割である。すなわち、「過去から現在にいたるまで、多くの人たちが残した、あるいは今の世の人たちが書いた諸資料を集め、〈天災忘るべからず〉という観点から、小さくても後代に残す資料となるべきものを伝えたい[12]」という論理がこれに当たるが、この意見には多くの評論家や作家たちが同じ見方を示している。

図5 文学雑誌『早稲田文学』の震災関連特集

ところが、この「震災の記録」といっても、事件としての「震災」をそのまま再現してドキュメンタリーのように保存するという論理では決してない。この震災の記録は当然作家や評論家たちの文学的想像力と文明批評的な姿勢、そしてそれを表現するための様々な文学的解釈が加味されて新しい形状として提示される。

3.11 以降、このような方向性を最もよく見せている作品が、小説に「原発文学論」を挿入している高橋源一郎の『恋する原発』である。この作品は、3.11 原発事故とその後変化した日常の世界を少なくとも二つの方向から記録しようとしている。一つは、震災後の現実の中で「頑張れ、ニッポ

ン、ニッポンはひとつ、我々もニッポン人だ」というフレーズが繰り返され、そのような「ことばの繰り返しが、なんか押しつけがましい」現実に違和感を覚え、その現象を批判しようとする意図が含まれている作品である。だから洪水のように溢れる災害チャリティーイベントを風刺しているニュアンスで『恋する原発』という「チャリティーAV」を製作し、その収益金を災害義捐金として寄付しようというのがストーリーの基本骨格を成している。

　このような作品世界は、震災以降マスメディアを覆っていたいわゆる他人への思いやりや絆の意識、愛国心への訴えのような単一なる価値観の強調に対する問題提起である。また、「毎日テレビを見ていた。震災、地震、津波、原発、自衛隊、官邸、停電、経産省……なにひとつ理解できない」(p.195)現実に対する風刺でもある。このような意味で、この作品がめざしているところは、「原発事故以来、支配的な言説こそ随分と垂れ流されているが、それらがメディアを占拠している一方で、掻き消されている声」に孕まれている意義に関する記録であり、このような主流言説のなかで原発や放射能漏れ問題の本質が埋もれてしまう現実に対する反旗ともいえる。

　そして、3.11以降震災文学のもう一つの特徴は、「震災によって、この国の中で隠されていたもの」、つまり「戦後の六十年、あるいは、近代の百四十年」の間ずっと「隠蔽されつづけたものが、人びとの前に顕れ」たことと理解し、この現状をより冷徹に診断しようとする文明論的アプローチである。このような考え方は主に科学の盲信とか、原発を必要としていたことで、それを可能にした現代の消費文化に対する反省を促す言説と見られる。しかし、大きく見ればこのような指摘はすでに先に見たように広島、長崎の原爆以降「核の不安」をめぐって、これまでの文学が内包していた問題意識を再確認し、振り返ってみる大きなきっかけになったといえる。そのために日本の作家たちは「原発をやらしたらいかんのだという(中略)産業優先、生活第二のこの思想は間違いなんだという」「作品を作らないといけない」という宣言を通して、原子力発電所そのものに反対する作品を創作するとともに、そのような文学者たちの声を積極的に開陳すべ

論考10　3.11東日本大震災をめぐった2011年〈震災/原発文学〉の議論と展開　237

きという主張を噴出することになる。実際、大江健三郎などをはじめ、多くの文学者たちが原発の廃棄を主張する集会に参加し、原発の撤廃のための実践的な行動にまで進んだ。

　このような意味で、多くの文学者や評論家たちは、3.11以降の現実を太平洋戦争期の空襲と結びつけて考えたり、場合によっては終戦と同じような状況として理解しようとする時代認識を示している。たとえば、小説家桐野夏生は「島尾敏雄の戦争体験と3.11後の私たち」というエッセイで、終戦後の島尾敏雄の日記に言及し「3.11は戦争体験にも匹敵した」（p.197）といいながら、

　　島尾敏雄の話から随分遠くまで来てしまいました。しかし、島尾夫妻が戦争を生き、一生をかけて、自らの体験を検証し続けたように、私は今からも今回の大震災をめぐる一連の出来事が一体何だったのか、それによって何が変わったのかを、小説を書きながら考え続けていきたいと思います。[18]

と言及している。この発言は、3.11の衝撃がどれだけ甚大であったのかを指摘するとともに、大震災と津波に伴う原発事故が持つ文明論的波及力と密接な関係を持っている。特に、3.11を空襲や戦争、あるいは戦後の状況と比較して議論している批評は、大きく見ればいくつかに分類することができる。一つは、上記の場合のように、被害の深刻さを戦後の状況と比較してこれに対する克服意志を明らかにしている場合、第2は、太平洋戦争や近代文明とシステムを反省的に振り返る場合、第3は、核問題を中心として原発が持つ危険性をめぐって十分に対処できなかった状況に対する批判ないし自省などが、このような言説に当たる。[19]

　3.11東日本大震災を契機に、日本文学界には〈震災文学〉または〈原発文学〉というかたちで、新たなジャンルが成立したと見ることができる。このジャンルをめぐる主要な言説は、以上で見てきたように3.11以降、メディアを中心として流通される主流言説の持つ問題に対する批判的省察、ひいては日本の戦争体験、広島・長崎の被爆、原発問題をめぐった

文明論的批判を中心に展開されていたといえる。

3　展望

　文芸評論家の楜沢健は、2011 年の日本文学界を回顧する対談で次のように述べている。

　　震災と原発のことを考える時にキーワードとなるのは、嘘や詐欺ということだと思うんですね。この問題は実は去年ぐらいから文学の中では大きく出て来ていて、（中略）この問題は今年の震災と原発の問題を考える時に、おそらくかなりストレートに繋がるだろうと考えていて、（中略）2008 年頃に格差や貧困の問題が浮かび上がった時すでに、この 20 年あまりの、つまり冷戦以後の日本および世界の状況を反省的に振り返る機運が出てきているんですよ。[20]

　この引用文は、2011 年の〈震災（原発）文学〉の成立を、冷戦体制が崩壊し「資本主義の一人勝ちという問題」の延長線上で 4、5 年前から社会的にも文学的にも問題となった格差社会、貧困問題などと結びつけて論ずる文章である。つまり、文学的視野を社会やシステムの側面からアプローチし、冷戦崩壊以後、様々な社会問題やシステムの矛盾を反省的に振り返ってみる文学の枠組みのなかから〈震災（原発）文学〉を見つめている。

　まだ福島原発事故が現在進行形であり、将来にどのような結果をもたらすかを誰も速断できない状況のなかで、〈震災（原発）文学〉は明らかに 2011 年度に完結したかたちではなく、むしろこれから本格的な軌道に乗る見通しだといえる。もちろん、一部の評論家たちが指摘するように、2011 年の〈震災（原発）文学〉には大震災以後事件の行方を十分に吟味しないまま、単純に事件（震災）を消費してしまう危険性と出版社の営業戦略があったかもしれない。しかし、現実の大事件を前にした文学の即応性と文学性をめぐって様々な意見が開陳された 2011 年の〈震災（原発）文学〉は、科学や文明、それから産業や資本の便宜性という問題に正面から疑問を投げかけ、社会のなかにおける文学の役割を再考させたという点

は明らかである。

特に、2011年12月、野田首相は福島原発事故がすでに収束したと宣言したが、原発事故の後遺症が深ければ深いほど、文学的反応はより根源的な問題、すなわち社会問題やシステムの矛盾を積極的に解明する方へと向かうだろう。その意味でもこの〈震災文学〉は、格差社会の談論が本格化し、2、3年前に『蟹工船』をはじめとするプロレタリア文学ブーム現象とかみ合って、文学と政治、文学と社会問題をめぐった文学の言説をますます増幅させる可能性がある。

一方、文学研究の側面では2011年、原発事故によって一つのジャンルとして成り立ったといえる〈原発文学〉が、日本の太平洋戦争と原爆（被爆）の経験に基づいた戦争文学、原爆文学、そしてその後の様々な核関連文学と相互にかかわりながら再構築されると予測される。特に、地震と津波、核（放射能）の問題を障害という角度から眺めると、ここには自然、国家、資本、効率性、イデオロギー、環境、産業、技術、生と死など人間社会のすべての問題と価値が包括される領域といえる。そのような意味で、これらの問題が文学の主要テーマである以上、過去と現在、そしてこれから書かれる〈震災（原発）文学〉を含めて、新しい災害文学史の記述の可能性も垣間見ることができるだろう。

[注]

1 http://togetter.com/li/122210
2 http://fukkoshoten.com/
3 佐野正人「勢いを見せてきた韓流文学の風」『週刊読書人』2011.12.23、第5面。
4 池上公平「岸田劉生――鵠沼から京都へ」『共同研究 歴史と文学・芸術――関東大震災』共立女子大学総合文化研究所、2004.1、p.99。
5 小田切進（1965）『昭和文学の成立』勁草書房、p.46。

6 三好行雄も「地震と文学——関東大震災をめぐって」で、いわゆる若い文学者を中心とした「震後派」の作家について「自我の解体や分裂の意識、人間性のトータルな感覚への不信などがそのメルクマールだが、そうした精神の風土を母胎にしてマルクス主義文学や新感覚派の文学が急速に成長」するようになったと説明している(『東京大学公開講座 地震』1976、p.301)。
7 このことに関しては小田切進『昭和文学の成立』と岸睦子「近代文学者たちの震災記録」(志村有弘編『大震災の記録と文学』勉誠出版、2011.7)が詳しい。
8 三好行雄「地震と文学—関東大震災をめぐって」p.293.
9 陣野俊史『世界史の中のフクシマ——ナガサキから世界へ』(河出書房新社、2011.12)p.7。
10 斎藤環「"フクシマ"、あるいは被災した時間(四)——換喩化のドライブ」(『新潮』第109巻第1号、2012.01)p.326。
11 高橋克彦「東日本大震災」『群像』2011年5月号。
12 志村有弘編「はじめに」『大震災の記録と文学』(勉誠出版、2011.7)pp.3-4。
13 高橋源一郎『恋する原発』(講談社、2011.11)p.16。
14 陣野俊史『世界史の中のフクシマ——ナガサキから世界へ』p.48。
15 高橋源一郎『恋する原発』pp.203-204。
16 陣野俊史『世界史の中のフクシマ——ナガサキから世界へ』p.107。
17 辻井喬「〈3.11〉から考えたこと」(『民主文学』2012.1)p.144。
18 桐野夏生「島尾敏雄の戦争体験と3.11後の私たち」(『新潮』第109巻第1号、2012.01)p.200。
19 これに関する議論は『新潮』(2011.6.11/2012.1)『すばる』(2011.8)『民主文学』(2011.9)などを参考。
20 大鋸一正・楜沢健「2011年の日本文学の回顧」(『週刊読書人』2011.12.23)第4面。

第2部
関西学院大学・高麗大学校 共催国際学術フォーラム報告

関西学院大学災害復興制度研究所国際学術フォーラム
「韓国の日本研究者は3.11をどのように捉えたか」

高麗大学校日本研究センター国際学術大会
「東日本大震災と日本——災害からみた日本社会と韓国への投影」

報告1

韓国における〈3.11〉以降の日本災害研究
高麗大学校日本研究センターを事例に

宋 浣 範
高麗大学校日本研究センター HK 教授

　去る5月18日、私を含む高麗大学校日本研究センター3名の研究者は、関西学院大学復興制度研究所主催の国際学術フォーラムで発表を行うため同大学を訪れた。ここでは、その際の発表内容と以降の知見に触れ、韓国での日本災害研究について紹介することにしたい。

　2011年3月11日に発生した東日本大震災は、日本だけではなく全世界に甚だしい衝撃を走らせた。当日私は、韓国のテレビ画面を通じてその惨状に接した。画面には真っ黒で巨大な垂直の絶壁のような津波が、人びとはもちろん、人間がつくったすべてのものを翻弄するかのように踊っているようだった。そしてまもなく、想像したくもなかった事件、福島原発の爆発が追い討ちをかけた。

　それから3日後、高麗大学校日本研究センターでは、私の提起を受けて「3.11地震TFT」（仮称）を結成し、政治・経済・社会・歴史・思想・文化の諸領域から日本のマスコミの動きを追跡することにした。現在、その研究チームは「ポスト3.11と人間──災難と安全研究チーム」に再編成され、月1回のペースで研究会を開催している。

　本研究センターの東日本大震災関連の成果には、2012年3月に出版した『ジャパンレビュー2012──3.11東日本大震災と日本』（図書出版ムン）があるが、本書は関西学院大学出版部から日本語翻訳版が出版されることになった。『ジャパンレビュー』は毎年その1年間に日本でイシューとなっ

た事柄を政治・経済・社会・歴史・思想・文学・文化などの諸領域に分けて論じる年鑑の形式として刊行している。2012年度版の企画として、3.11をテーマとせざるをえなかったことは、日本での〈2011年〉という1年がいかに大変な時期であったかを語っているのである。

　そのほかに、韓国社会が直面する課題解決の一助とすることを目的として、東日本大震災以降に日本で出版された書物を翻訳出版している。竹中平蔵・船橋洋一／金暎根訳『日本大災害の教訓』(図書出版ムン、2011年12月：原著『日本大災害の教訓──複合危機とリスク管理』東洋経済新聞社、2012年12月)の、その刊行と震災1周年に合わせて国際シンポジウム「3.11東日本大震災の教訓」も開催した(2012年3月6日、韓国プレスセンター)。当日は、著者をはじめ、吉岡斉氏、李元徳氏らの研究者を招き、文字通り震災が残した教訓と今後の東アジアの進路についての討論が繰り広げられた。続いて5月に関西大学社会安全学部編／高麗大学校日本研究センター訳『検証3.11東日本大地震』(図書出版ムン、2012年5月、原著『検証東日本大震災』ミネルヴァ書房、2012年2月)を出版した。現在、伊藤滋ほか編『提言3.11東日本大地震』(原著『東日本大震災復興への提言──持続可能な経済社会の構築』東京大学出版会、2011年6月)、早稲田大学出版災害関連ブックレットシリーズの翻訳出版が予定されている。また、2012年5月11-12日には第4回東アジア文化交渉学会(全体テーマ「災害と東アジア」)が本学で開催され、世界各地から300名を超える研究者が集まった。東日本大震災後の東アジア地域に関する人文学・社会科学的知見を深めるとともに、広く災害と人間の営みを把握する歴史・文化的視点からの研究発表が行われ、東アジアという時空間のなかで議論が闘わされた。本研究センターではその成果を『災害と東アジア』として刊行する予定にしている。そのほかに関西学院大学復興制度研究所との国際学術シンポジウム「東日本大震災と日本」が、去る5月に行われた同研究所との国際シンポジウムに引き続き、このたびはソウルで開催された(2012年9月18日)。

　以上の成果が、韓国での日本研究を多面化させるとともに、3.11が突き付けた災害と安全を東アジア全体の問題として把握する一助となればと

願っている。従来の韓国型日本研究は日本語や日本文学など、いくつかの分野に偏り、あるいは固定化した学問領域の枠組みを大きく乗り越えることはできていなかったのではないか。その点、「3.11 東日本大震災」は負の事件ではあるものの一国を越える研究主題であり、「災害」や「安全」という普遍的な人類共栄の解決策を追求するための方法論の模索という意味において、もっとも現在的な研究主題でもある。その実践のためには、国境を越える研究ネットワーキングと学問領域を越える学際的研究が必要不可欠である。

報告2

3.11 東日本大震災後の
日本政治経済システムの変容

金 暎 根
高麗大学校日本研究センター HK 教授

　本報告の目的は、全世界にも大きな衝撃を与えた3.11東日本大震災が日本地域社会に及ぼす影響を観察し、そのなかから経済政策に関連するものを中心として、災害後の日本政治経済システムの変容を探ろうとするものである。2011年3月11日に、東北地方で発生した大規模な地震は未曾有の大災害を招いた。これは「複合連鎖危機」とも呼ばれる融合的リスクであり、また、日本の問題だけにとどまらず、ヒューマニズムという観点から国際的な関心と協力の必要性が求められている。本発表はこのような事態を東アジアという視点から再認識しようとする試みである。このような問題意識に基づき、東日本大震災の実態（主に経済生活）およびその対応プロセスについて、韓国の日本研究者は3.11をどのように捉えるかに主たる関心を注いでいる。

　大災害後の日本の政治経済システムの変容を分析し、その現状を踏まえて北東アジアにおける経済協力の進路を総合的に再検討することを目的とする本発表の具体的な分析は、次の通りである。

　第1に、日本の政治経済・社会システムに多様な変化をもたらした東日本大震災は、被災地域も極めて広範囲で、復興政策の理解や実施においては、現在にいたるもなお混乱が続いている。いわば複合的な災害連鎖であり、かつその影響が甚だしい東日本大震災では、地震に続く津波に襲われた原子力発電所の事故（原子炉の停止など）が全国的な電力不足を引き起

こし、日本経済にも甚大な影響（十数兆円とも試算される経済的損失の発生）を及ぼした。財務省の発表（2012.1.25）によると、2011年の日本の貿易収支は1980年以来（2兆6000億円の赤字）、31年ぶりの赤字（2兆4927億円）を記録したという。このような貿易赤字をもたらした主な背景として、3.11東日本大震災の発生が指摘されている。東日本大震災後、実質国内総生産（GDP）の大幅なマイナス成長、固定資産の損失などによる供給力低下やサプライチェーンの崩壊による生産性低下、原発爆発による電力不足などの複合的な要因による企業の生産活動の低下などの日本経済と経済政策の現状（課題）は、今後、東日本大震災後の復興プロセスにおいて日本の構造改革と関連づけて進めていくべきであろう。特に、災害からの復興プロセスにおいて「民間部門は強く、政府部門は弱い」という日本の政治経済的現象（主な政策遂行者の変化）が起きているのは、新しい行為者としての「非政府」の役割が益々増大する兆しであろう。しかも、日本の政治経済システムの変動に伴うグローバル世界（への影響）との関係も注目すべきであろう。

　第2に、日本の通商政策の変化とFTA（自由貿易協定）構想を分析し、日本のTPP（環太平洋経済連携協定）構想と国内外の政策を分析した。特に、北東アジア経済協力の現状と日本のTPP構想（日本がTPPを通して日本経済の進路を模索している経緯）を探り、TPP参加宣言後の日本の国内産業と日米経済関係、日中韓経済協力など、対内外政策の変化およびメカニズムを分析した。3.11東日本大震災後、日本の新たな突破口として想定されているTPPに対する激しい賛否両論の要因と、TPP参加を宣言した背景、そして、これらを取り巻く対内外の利害関係などを考察している。3.11東日本大震災後の日本では、TPPを通して日本経済の進路を模索しているといっても過言ではない。しかし、TPP発効までのハードルを乗り越えるために、日本政府は、TPP参加に対する日本国民の様々な疑問に明確な解答を提示しなければならない。また、経済危機を打開するという大義名分から、無条件的なTPPへの参加を推進するのではなく、TPPの参加により日本の将来像はどのように変わるのか、3.11大震災からの復興にどのような影響を与えるのか、より慎重な議論と検討を行なっ

たうえで TPP を進めなければならない。

　第3に、新たなアジア経済秩序における TPP 交渉の方向および課題を提示し、今後の展望として北東アジア経済協力の進路を模索した。特に、北東アジア経済協力の進路に関していえば、東アジア地域経済統合構想は、しばらくは実現可能性は低いと予想される。そのような可能性を低下させる国内的要因としては、日本政府において、東アジア地域経済統合構想や東アジア共同体構想の実現に向けた具体的な戦略とイメージが不在であることが挙げられる。ただし、東アジア共同体構想に対して米国以外の周辺国の対応は一応協力的であり、日本が具体的な戦略に基づいてアプローチをすれば実現の可能性はあると考えられる。

　このように東日本大震災は日本のみの問題ではなく、アジアやトランスナショナルな大災難であり、果たしてわれわれはどのように対処し、また、大震災を通じてどのような教訓が得られるのだろうか。日本政治経済システムの変容はともかく、関西学院大学の災害復興制度研究所が掲げる"「公」である行政と、「私」の市民や企業が境界を越えたところで築いていく連帯感と公共意識"に基づいた「人間復興」という理念を韓国（の社会）にも生かし、災害と復興に関する日本の学知をまず隣国である韓国へつなげることが求められよう。

報告3

韓国から見た 3.11 以後の
日本社会の言説

全 成 坤
高麗大学校日本研究センターHK研究教授

　東日本震災を「敗戦」となぞらえる論もあるように、今回の震災が日本社会に与えた影響は大きい。そこで、ここでは「韓国」という「外部」の視点から、日本社会の言説を追ってみることで、「災害後」の社会像を読み取り、その方向性を考えてみることにしたい。

　注目したいのは、3.11以前の知識人の言説は、左翼（市民派）＝脱原発、保守派＝原発推進といった二分法的図式で明確に分けることができたが、3.11以後は脱図式化した点である。たとえば、反戦平和の森永卓郎が福島原発事故以後でも原発擁護論を展開したのに対し、保守派の論客とされる、小林よしのりや西尾幹二が脱原発を主張している。従来の左翼＝脱原発、保守＝原発推進という図式が崩壊しているのである。

　また、雑誌『世界』と『現代思想』において展開された「災害後」の言説では、災害対応の問題点として「社会安全」の問題をめぐる視点が多く現れた。それは、地震・津波・原発事故による複合災害のためやむをえざることではあるが、しかし、そこで見えてきたのは、「国家主導」の「復興」政策に含まれているイデオロギーの問題を置き去りにしていることであった。

　この点に関して、『現代思想』7月（臨時増刊）に掲載された、子安宣邦「『被災の思想　難死の思想』『日本精神研究』——二つの震災の間」が注目される。たとえば、関東大震災後に出された大川周明の『日本精神研究』は、

「日本精神」という言葉を初めて使用した本であるが、そこでは、横井小楠をはじめ国家改造を実践したといわれる人物を取り挙げることで、社会改造の論理を彼ら「英雄」に求める論調となっている。当時、大川をはじめ知識人たちが「日本精神復興」を叫ぶことを通じて、「日本精神」を創出していったそのレトリックを子安は鋭く指摘する。とりわけ、子安は、「日本精神」が「災害」とともに生成されたこと、さらに「災害」によって国家を意識することを余儀なくされてしまう危険性に警鐘を鳴らしている。それは関東大震災だけのことではなく、東日本大震災でもあてはまるのではないか。

　たとえば、災害に直面した在日外国人が「出国」する様子を報道して、日本人とは異なることを印象づけたり、逆に外国人による支援活動の美談を紹介することさえも、日本人意識を強め、「日本人」を創造することになる。このような他者との「差異」を浮き彫りにすることで、被災地の住民を「国民化」する戦略には、外国人を排除し、国民を一元化しようとするイデオロギーが見え隠れすることを自覚しなければならない。東日本震災を、日本「一国」の問題として捉える視点を越えなければならない。原発問題、災害対応問題、外国人問題、歴史問題、経済交流の問題など、すべてが同時に東アジアの問題でもあり、グローバルな問題であることを忘れてはならない。

報告4

地域における冗長的ネットワークとしてのボランティアの存在に関する一考察

松 田 曜 子
関西学院大学災害復興制度研究所准教授

1 災害時の足湯ボランティア

(1) 災害ボランティアに関する既存研究

　災害ボランティアに関する考察は、多くがその原点を阪神・淡路大震災に定めている。渥美（2011）は、神戸からの18年間における災害ボランティアの歴史を「ボランティア元年以来培ってきた災害ボランティアの"標準形"があり、それを支える『秩序化のドライブ』」がかけられてきたものとして論じている。すなわち、行政支援一辺倒から脱却し、より多様なかたちで助け合うために生まれたボランティア活動さえも、マニュアルやコーディネーターの存在により秩序だった（冗長性のない）方向に向かっているという指摘である。

　また、神戸で活動したボランティアを長期にわたり観察した似田貝（2008）は、神戸のボランティアが徹底的に「固有の生」にこだわり、「ひたすら聞き、苦悩を共有」することにより共に自立支援へと向かう過程をまとめている。支援者の視点から見て、一人ひとりにこだわりぬくことが、命の尊重であり、「ボランティア」のアイデンティティにつながるという思想が貫かれている。

(2) 足湯ボランティア

　筆者は東日本大震災後、神戸の支援者らが阪神・淡路大震災以降続けてきた「足湯ボランティア」を東京で募集し、岩手県大槌町から福島県郡山市にいたる 11 の被災市町に送るという活動に携わった。2011 年 3 月 28 日から派遣を開始し、2012 年 3 月末までに派遣人数はおよそ延べ 1500 人に上った。このような規模で足湯のボランティアを派遣した災害は今回をおいてほかにない。

　足湯の活動とは、足湯を受ける人がたらいに張った湯に足を浸け、体を温め、手をさすられながらボランティアと 1 対 1 で一つの空間を共有し、10-15 分程度過ごすものである。その間、必然的に会話が生まれる（図 1）。

　また、足湯の間に発せられた言葉は「つぶやき」と呼ばれ、ボランティアはその記録をとる。東日本大震災の足湯ボランティア活動では、約 1 万もの「つぶやき」が記録されている。これらの声のなかには、被災者の悩み、困りごと、叫び、不安が含まれており、支援者・施策者はこれを

図 1　気仙沼市での足湯ボランティア活動

次なる支援策を考える生の根拠として用いることができる。

　しかし「つぶやき」が持つ意味はそれだけではない。なかには以下のような、ボランティアに向けたメッセージが見られる。

　　——今までは、元気に歩いてたけど地震で腰と肩を挟まれてしまった。家は高台にあるから大丈夫だと思ったが、鼻まで津波が来た。このことは、みんなには話せない。みんな同じ経験をしたし。だから、被災してない人に話を聞いてほしい。　（2011 年 5 月 7 日　女川　女 80 代）

　　——ボランティアの方がいっぱい来てくれて嬉しい。いつもと違

う人と話せるから。（2011 年 5 月 17 日　石巻　女　70 代）

　これらの「つぶやき」からは、被災地（特に共同生活を強いられる避難所）において、外部者たるボランティアがつくり出す即興の人間関係そのものに、支援活動としての意味があるのではないかと推察できる。平常から過疎化が進み人口も少なく、人間関係も限られた環境は、ある意味では共同体の強さも生むが、同時に共同体の閉鎖性も強める。こうした状況で誰もが被災し、誰もが悲しみを湛え、苦しみに耐えている被災者は、不意に現れた第三者であるボランティアにこそ感情を吐露することができ、一時的にでもそれを和らげる効果を生むと考えられる。すなわち、足湯のボランティアがつくり出しているのも、被災地における一種の冗長な人間関係と表すことができる。

　ただし、これはあくまでも一時的な関係であり、また全ての場合においてこうした関係が成り立つわけではない。長期的に見れば、異なる第三者が入れ替わり立ち替わり被災地を訪れるような状況は恐らく被災者にとってはストレスになりえ、また、いずれはお互いに顔の見える友人関係に育っていくほうが望ましいといえる。

2　名古屋の防災ボランティアの事例

　ボランティアの存在は災害時にのみ活かされるものではない。次に、被災地での教訓を学び「次に来る災害に備えたい」という動機を持つボランティアの活動に焦点を当てる。2009 年に、名古屋の防災ボランティアに行ったインタビュー調査から事例を挙げる。

（1）　なごや防災ボラネット

　なごや防災ボラネット（以下、ボラネットなごや）は、名古屋市における災害に強いまちづくりのため、市民への啓発活動や被災地復興支援、学習・訓練、行政・企業等への提言等を行う名古屋市または各区を単位に活動している災害ボランティア等の 19 団体から構成されるネットワーク組織であり、2009 年に結成された。このネットワーク組織発足以前からも、

市内には各区で活動する災害ボランティアのグループがあり、グループに所属する会員の多くは名古屋市が2002年度から開催している災害ボランティアコーディネーター養成講座を修了している。

ボラネットなごやに、公的団体である名古屋市（市民経済局地域振興課）、社会福祉法人名古屋市社会福祉協議会、財団法人名古屋国際センターを加えた各団体は月例のなごや災害ボランティア連絡会を開催し、専門家を迎えた勉強会、および啓発イベント等の連絡調整を行っている。この連絡会を継続してきたことにより築かれた昵懇の関係が、2008年8月末豪雨の支援活動の際には効果を発揮したといえる。また、この連絡会の場は、各グループ間における啓発活動アイデアの情報交換や、技術向上の場としても機能している。

(2) ボランティアの活動事例

名古屋市守山区の災害ボランティア団体（防災ボラネット守山）は2005年より区内の耐震留具取り付けサービス事業を同区社会福祉協議会（守山区社協）より受託し、自らを「家具てんぼう隊」と呼び、ボランティアで実施している（図2）。

家具てんぼう隊の活動の中での転機の一つは、活動の継続のなかで、「おしゃべり隊」が生まれたことであった。その経緯についてボラネット守山のボランティアW氏は、「お年寄りの話し相手と家具留め作業中に話しかけられることの防止」を理由として挙げた。これは家具留めボランティアなりの合理性であるが、こうして始まったおしゃべり隊の活動が、結果的にパンフレット等を用いた防災啓発の場となり、さらには地域のお年寄りが抱える様々な困りごとに応じる役を担っていった。また、おしゃべり隊は、家具留め作業に躊躇していた女性会員を多く活動に巻

図2　家具留め作業の風景

き込むという副次効果も生んだという。

　これらの例が示すように、ボランティア活動の現場では、課題解決のためのアイデアがのちに連携の副次効果を生み出すという場合がしばしばある。これは、人的、物的、資金面全てにおいて資源が限られたボランティア団体が地域でより良い防災の実践をめざすとき、必然的にたどり着く解が「他の人の手を借りる」ことであるからだと考えられる。

　ボラネットなごやに属する災害ボランティア団体は、いずれも伝統的な意味での地縁団体ではない。

　W氏の指摘によると、遠慮や気兼ねがあって本当の近所には言えない頼み事でも、「程よい」近所の家具てんぼう隊にはお願いできるという（図3）。遠慮や気兼ねがまさるいわゆる「向こう三軒両隣」が機能しない都市型地域社会で、災害ボランティア団体がその役割を補完しているといえる。ここにつくり出されているのも、被災地と同じ「冗長な人間関係」ということができるだろう。

　一方、ボランティア団体と地縁団体との距離を縮めるために、各団体は通常時の啓発活動上で工夫を重ねている。一つは、行政（区役所）や社会福祉協議会の公認を得ることで、自らの信頼性を高めるという方法である。家具てんぼう隊が区社協を通じて家具留め希望者を募集しているのもそれに当たる。

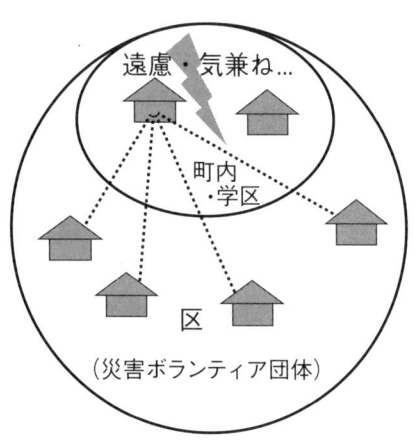

図3　地域における災害ボランティア団体の役割

インタビューから読み取れた災害ボランティア団体と行政の関係は、一つは地縁団体とのかかわりの項で述べたように、行政がボランティア団体を公認することにより、特に地域に対して信頼を与える役割を担っているということである。

このような関係は、東日本大震災後、福島県や東北地方から避難している県外避難者に対する支援の局面においても生かされている。ほかの多くの自治体において、個人情報の保護という目的のもと行政からボランティアに一切の情報開示がされないなか、名古屋市では日頃の信頼関係が功を奏し、ボランティアと行政の共同個人訪問により、県外避難者の孤立を回避することが可能になっている。

3　まとめ

本稿では都市社会におけるボランティアの存在も冗長性を高める機能として位置づけられることを示した。ボランティアは従来の価値観では社会全体にとって効率的なシステムではないが、各主体にとっては合理的な選択として成り立っている。また非効率性は、より多くの主体とつながることによりカバーしているところに共通性がある。今後は、こうした共通性を考察しながら、都市機能におけるボランティアの役割の詳細を明らかにしていきたい。

[参考文献]

矢守克也・渥美公秀・近藤誠司・宮本匠(2011)『ワードマップ　防災・減災の人間科学』新曜社

似田貝香門(2008)『自立支援の実践知——阪神・淡路大震災と共同・市民社会』東信堂

報告5

東日本大震災とツイッター
「小公共圏」としての可能性を中心に

金　孝　眞
高麗大学校日本研究センターHK教授

　政府やマスメディアによる「公的な情報」への不信が高まっている東日本大震災以降の日本社会で、断然その存在をアピールしているのがツイッター（http://www.twitter.com/）である。この発表では東日本大震災以降、ツイッターが従来のマスメディアとは違い、インタラクティブ性とリアルタイム性を特徴とするソーシャルメディア（Social Media）として、日本社会に新しい議論の場、すなわち新しい「小公共圏（Public Sphericule）」を提供していることに着目した。

　まず、東日本大震災の際、ソーシャルメディアは、個人レベルの安否の確認に役立っただけではなく、マスメディアに比べ、ソーシャルメディアが1次情報や地域コミュニティに特化された情報、つまり、ピンポイントの情報を伝えるのに適しているということが明らかになった。また、ユーザーが主体的に情報を取捨選択できるツール、そして様々な専門家の意見に直接接し、やりとりができるツールとして、ツイッターの価値が高くなったのである。一方、この事例を通して、ソーシャルメディアの短所として次の点も明らかになった。ツイッターをはじめとするソーシャルメディアはインターネットが通じる地域では有効に活用されたが、それ以外の地域では必ずしもそうではなかったこと、そしてデマ・流言の拡散が大規模で起こったことが挙げられる。

　そして、東日本大震災をきっかけに、ツイッター上に現れた新しい動き

としては、1）ツイッター専用のキュレーションサービス「TOGETTER」の活用、2）「もんじゅ君（@monjukun）」「げんき君（@genkikun_bot）」などの原子力発電所の非公式アカウントの活動、3）情報ネットワークの変化に基づいた反原発・反核運動の浮上が挙げられる。これらは、草の根レベルで現れた新しい議論の場として、ツイッターをはじめとするソーシャルメディアが活用されている状況を示している。

　結論をまとめると、この大震災を通して明らかになったことは、今まで対立的であると思われてきた従来のマスメディアとインターネットが、情報の伝達という面では相互補完の関係にあるということだ。特に、ツイッターをはじめとするソーシャルメディアの浮上が、日本社会におけるインターネット全般に対する再評価を呼び起こしたという点も注目するべきである。エンタメ・ツールから情報メディア、また政治的な表現の手段という側面を持ち合わせているという点で画期的であるツイッターは、日本社会における新しい小公共圏、すなわち「誰もが一次情報の発信者になれる点、そして、誰もがその一次情報の現場に居合わせているかのような感覚（共在感覚）を共有しつつ、広域的な人びとと意見を交換することができる場」（遠藤薫 2011）として、これからもその重要性が一層高まることが予想される。

［参考文献］

遠藤薫(2010)「『ネット世論』という曖昧──〈世論〉、〈小公共圏〉、〈間メディア性〉」『マス・コミュニケーション研究』NO.77

報告6

韓国から見た東日本大震災
ドキュメンタリー番組を中心にして

山　泰幸
関西学院大学人間福祉学部教授

　本報告では、2012年2月26日に韓国で放送されたテレビ・ドキュメンタリー番組「KBSスペシャル　日本大地震1年　フクシマの冬」を取り上げて、韓国メディアにおける東日本大震災1年後の「日本」イメージについて検討を試みる。

　本報告では番組を23の場面に分けて内容を検討した。番組の基本構造は、立入禁止区域の町の現状と避難所の現状を往復しながら紹介するもので、立入禁止区域では原発事故と放射能の恐怖を強調し、避難所では避難者の困窮を伝える、原発事故の影響を中心とした内容となっている。たとえば、場面1は放射能測定器の不気味な電子音と防護服の男たちが映し出される。点滅した信号機に街中を徘徊するペットや家畜の群れ。ナレーションでは「幽霊都市」という言葉で、人間不在となった立入禁止区域の状況を伝える。また、本来あるべき「居住地」が立入禁止区域となり、住民がそこから引き離されて「避難所」にいるという乖離状況をどのように埋めようとしているのか、その模索を伝える内容となっている。また、韓国語では、避難者を「難民」、避難所を「難民村」と表現していることも注目される。

　特に、本報告で注目したのは、番組内における「韓国」への言及である。主に三つの場面で言及があった。一つ目は双葉町の避難所(埼玉県加須市)で、女性(54歳)の発言「ヨン様が見られたら、『何これ』とびっくりさ

れるでしょう」というもので、韓流ドラマ好きの主婦が避難過程で家族を失い、困難な暮らしを強いられていることを伝える。二つ目は、富岡町仮設住宅の様子。「これでも順番を待って、何とか入れた仮設住宅。老夫婦は、ここに来るまで3箇所の避難所を転々とした。避難所で食べた韓国ラーメンの辛さにも大分慣れてきた」というナレーションに、男性（71歳）「避難所で生活するとき、韓国からのスープの材料とラーメン、ミネラルウォーターがたくさん送られてきました。ハングルで書いてあって何の意味かわからないが、結構、お世話になりました」という発言。三つ目は、双葉町の避難所で町長（65歳）の発言「負けることが嫌いです。宿命、運命、そんなことは、再びつくり直さなければなりません。そして、負けないように、頑張るしかありません。暮らしやすい所を早く探して住民たちを連れて韓国にも遊びに行きたいです。」「経済大国日本、技術立国日本。すべての隣国が、いろんなことを日本から学ぼうとした時期があったのでしょう。しかし、今は、国際社会で日本は救済しなければならない国になりました。そのように順位が決められました。支援国になってしまいました。」

　以上は、原発事故からの避難状況を伝えるにあたり、韓国に言及しつつ、日本の立場の変化を示す構造となっている。韓国は支援する側であり、国際社会において日本は支援される側になったことを告げている。ここには日本イメージの転換がある。

　また、放射能への恐怖を映像と音声では強調しているが、原発自体や原子力政策への批判はない。しかし、最後の場面23では、双葉町の看板「原子力豊かな社会とまちづくり」がクローズアップされる。そこには、「原子力」／「豊かな社会とまちづくり」の文字の結びつきの違和感が暗示されている。

　以上、整理すれば、「難民」「難民村」という言葉使いをし、「避難所」にいる住民を「難民」として描く一方、住民が去った立入禁止区域を「幽霊都市」として往復しながら描くことで、「難民」と「故郷」のあいだを、見えない「放射能」が隔てていることを告げる。また、韓国への言及を通じて、日本の国際的な位置の変化を告げる。原子力に対する疑問を暗示している。

報告7

災害後日本経済政策の変容
関東・戦後・阪神淡路・東日本大震災の比較分析

金　暎　根
高麗大学校日本研究センター HK 教授

　本報告の目的は、大震災の背後にあるグローバル世界の変動を視野に入れつつ、震災（災害）後の日本の経済構造や経済政策が変化したのかという問題意識から出発し、被災実態に基づいて日本の経済政策を比較分析しようとするものであった。比較の対象は、1923年の関東大震災、1945年以降の戦後、1995年の阪神・淡路大震災、2011年の東日本大震災後の経済政策である。分析においては、まず、被災実態把握を行い、その現状を踏まえた経済構造や経済政策の変容を分析した。主に、震災が日本地域社会に及ぼす影響を実態観察し、そのなかから経済政策に関連するものを中心として災害後の日本経済政策の変容を探ったものである。そこで以下の四つの事例分析から次のようなことが明らかとなった。

　第1に、災害復興プロセスにおける日本システムとの関係である。各事例の日本システムの変容を見ると、関東大震災(1923)後には「戦間体制」へ、戦後(1945)においては「戦後体制」へ、阪神・淡路大震災（1995）後には「災間（災前）体制」、東日本大震災(2011)後には「災後体制」へと変容したことが看取しうる。

　第2に、グローバル世界の変動に伴う経済政策との関係である。関東大震災（1923）後においては世界的大恐慌（1929‐33）の発生、戦後（1945）においては「GATT（関税及び貿易に関する一般協定）体制下」での貿易自由化の推進および「経済自立への軌跡(財閥解体／農地改革／労働改革)」、

阪神・淡路大震災（1995）後には「WTO（世界貿易機構）成立」および「バブル経済の崩壊」、東日本大震災（2011）後は「世界金融危機」の発生および「失われた20年」とまとめられる。

　第3に、財源調達のための手段である財政との関係である。関東大震災（1923）後においては「国債・外債の発行」や「緊縮財政政策の実施」、戦後（1945）においては「国際的な軍需景気に伴う戦後特需の財政」、阪神・淡路大震災（1995）後には、「増税」や「消費税の引き上げ」政策が、東日本大震災（2011）後には「復興債」・「国債費余分（歳出削減）」や「消費税の引き上げ」などの政策がとられていた。

　第4に、主な政策遂行者主体と役割である。関東大震災(1923)後では「日本政府」の「復興院」運営、戦後（1945）においては「連合国軍最高司令官総司令部（GHQ/SCAP）」であり、阪神・淡路大震災（1995）後には「首相官邸／日本政府」、東日本大震災（2011）後には「首相官邸 vs. 非政府行為者（NGO/NPOなど）」という構図へ変化していた。特に、災害から復興（現場）において「民間部門は強く、政府部門は弱い」という主な政策遂行者が変わりつつあることは、新しい行為者として「非政府」の役割が益々増大する兆しであることに間違いないであろう。

報告8

沈み、そして浮き上がる〈日本沈没〉の物語

金 津 日 出 美
高麗大学校日語日文学科副教授

　本報告は、戦後日本社会に定着したソフトである『日本沈没』の物語を、原作小説である小松左京『日本沈没』のモチーフを確認したうえで、その後に映画やマンガといったメディアで展開された〈日本沈没〉の物語とともに解読したものである。東日本大震災という未曾有の災害に直面した人々の脳裏に『日本沈没』の記憶がよぎったと思われるが、戦後日本社会のなかでの〈日本沈没〉の物語は原作小説を離れて様々にリメイクされる〈危機の物語〉として存在しており、そうした沈積された物語の解析を踏まえてはじめて、震災をめぐる心性を語りうるのではないかというのが本報告の主たる関心である。そこで東浩紀や宇野常寛らによって展開される「セカイ系の困難」という文脈から読み込まれる「日本沈没」像を行論の批判的前提としつつ、国家や日本人を語らない、無関心のセカイ系をめぐる議論の危うさを指摘した。また、「セカイ系の想像力」が有するとされる「母性モチーフの肥大化」という性格にも焦点を当て、主たる女性登場人物である阿部玲子と麻耶子の描かれ方を軸に、原作小説のみならず、同年代、そして2000年代に生み出された映画・マンガを題材にその積み重なりを検討した。

　まず、原作小説は敗戦に直面した小松左京が敗戦後20年が過ぎようとしている時点で構想された作品であり、小松の敗戦経験がその執筆動機としてあった。したがって、戦前の記憶を忘れてしまったかのような、高度

経済成長以降の日本に再度「日本人とは何か、日本とは何か」を問う〈大きな物語〉が小説のモチーフになっていることを確認した。そのなかに対称的に落とし込まれる玲子と麻耶子、そして子孫を残すという女性の身体が有する力への着目が見てとれる。

では、以降の〈日本沈没〉の物語ではこうした問題はいかに描かれるのであろうか。発表では同時代に制作・執筆された映画とマンガ、2000年代にリメイクされた映画・マンガを素材に上記の2点を軸に分析を試みた。原作小説が人気を博したことを受け制作された映画『日本沈没』やさいとうプロ版マンガ『日本沈没』（1974年）に共通するのは、麻耶子が不在であるという点である。特にマンガ『日本沈没』では麻耶子の代わりに玲子の弟トオルを登場させ、男性主人公小野寺とともに沈没する日本列島からともに脱出する役割が付与される。また、映画での阿部玲子は奔放な女性であり、マンガでのそれは自らは小野寺への愛を口にできない「古い女」へと生まれ変わらされている。性的対象としての女と良家の子女というメダルの表裏の女性像が示されていることが確認できる。

次に2000年代に生み出された映画・マンガ作品はどのような像を結ぶのであろうか。樋口真嗣監督によって制作された映画『日本沈没』は数多くの〈日本沈没〉にまつわる作品群において異彩を放っている。日本列島は沈まない――のである。小野寺が操縦する潜水艇による爆破の衝撃が、沈没を引き起こす海底プレートにショックを与え、沈没の危機は回避されることになるのである。ここにいわゆる「セカイ系」とよばれる作品群との共通性を見ることはたやすい。つまり、日本沈没、日本国家の崩壊という、いわゆる「セカイの危機」が、男女の恋愛、そしてそれによる男性の「果敢な犠牲」により解決されるのだ。ここには原作小説が日本を沈没させることによって問うた、敗戦を忘れてしまったかのような高度経済成長後の日本批判は消えうせてしまう。のみならず、沈没の危機に遭遇し駆り立てられる喪失感・不安感に、あらためて「日本」を再定置させる機能をも合わせ持つことになる。そしてそれらは異性愛、家族愛といった身近な絆とともに描き出されることで、視る者の意識へと忍び込んでいくといえるだろう。東のいう「『日本沈没』のセカイ化」という点はこのような意味で

も再考されねばならない。大きな物語は後景に退くにしても、最後に「日本（セカイ）を救う」というのは、そこに「国家や日本について語ることそのものに必然性を覚えない」ゼロ年代の想像力を読み込むのではなく、「日常」と「セカイ」が無媒介に接続されることによって得られる危険性――その隙間に入り込むナショナルな意識――とともに読解されねばならないだろう。また、ここで示される男女愛は小野寺と阿部玲子との一対の男女関係に焦点が当てられることで、麻耶子はまたしても不在であることも見逃せない。

　こうした映画のリメイクとタイアップするかたちで一色登希彦の手になるマンガ『日本沈没』が登場し、再度の書き換えが試みられる――日本は沈む。すなわち、映画で日本沈没を押しとどめた海底プレートへの物理的衝撃は失敗に終わり、日本を救う物語は成立しない。したがって、喪失感・不安感の落ち着き先は失われてしまう。代わって、これまでの〈日本沈没〉の物語には本格的に登場してこなかった存在に、そうした喪失感・不安感を解消する役割を与える。そう、天皇の登場である。列島沈没と脱出計画という「大きな物語」には直接的に関与しないものの、それでいてある意味「空気」のような「精神的な支柱」としてありうべき存在として想起されることになる。避難・難民生活を送る「元日本人」に「救い」を与え、そして「日本人の誇り」を天皇に語らせることにより、「消滅」したはずの日本・日本人アイデンティティを再度構成したともいえよう。また、他の作品では登場しない麻耶子が再度登場するのも一色版『日本沈没』の特徴の一つである。しかし、余命いくばくもない麻耶子には子孫を残す身体の力はすでに失わされている。また、玲子との関係も二転三転し、一対の「きみとぼく」世界の危うさが隠喩されているようにも読める。ただし、列島脱出後、数年を経たエピローグは、バイクに乗る顔を隠された男女二人の姿によって閉じられており、ここに小野寺と玲子の行く末が暗示されている。そこに異性愛秩序の安定を見るのか、はたまたその揺れを見出すのか、それは読者に委ねられる構図で物語は閉じられる。

　東日本大震災以後の危機の物語は、今後どのように紡がれていくのだろうか。すでにサブカルチャーが作品化されている。震災後のストーリー化がいかなるかたちで行われるのか、今後も注視していく必要があるだろう。

報告9

東日本大震災と災害報道
「阪神」の教訓をどう生かしたか

野呂雅之
朝日新聞論説委員

1 「直下型」と「海溝型」

2011年3月11日、遅い昼食を終えて大阪社会部のデスクと雑談をしていた時だった。午後2時46分、甲高い音の「地震速報」がテレビから流れた。東北沖の海底のプレート境界を震源とした地震の発生を知らせ、画面には沿岸部に「震度7」という文字が表示された。「とてつもない大津波がくるぞ」。気がつくと、編集局の誰に言うともなく大声を張り上げていた。

震源から約130キロも離れた地域で、震度7の強烈な揺れを観測したという事実からは海溝型の巨大地震が起きたとしか考えられない。それならば必ず大津波を伴うからだ。

1995年1月17日に起きた阪神・淡路大震災も震度7を記録したが、それは足元から突き上げる直下型の地震だった。そうした活断層が動いて起きる地震は、プレートがずれて起きる東日本大震災のような海溝型地震に比べて、被災地域はある程度限定される。それでも「阪神」では6434人の命が奪われた。

20世紀最後の時期、人口100万人を超える文明都市がわずか10秒ほどの揺れで破壊され、これほどの犠牲者を出したのはなぜなのか。そして復興の過程で、なぜ大勢の被災者が取り残されていったのか。

その答えを見つけようと、大阪社会部のデスクになった2000年から、

当時は朝日新聞編集委員だった山中茂樹関西学院大教授とともに「防災力」というキャンペーン報道に取り組んだ。

「阪神」の体験を風化させずに、その教訓をどう生かすのか。そうした共通のテーマを掲げて、自然災害で直面する様々な課題を検証するキャンペーン報道は「新防災力」という後継企画になり、朝日新聞大阪本社発行の朝刊で今も続いている。

20世紀末から21世紀にかけて日本を襲った二つの大災害を取材してきた記者として、現場で何を考え、どのような報道をしてきたのか。東日本大震災から1カ月間の取材活動をもとに報告する。

表1　阪神大震災と東日本大震災

阪神大震災	東日本大震災
マグニチュード7.3	マグニチュード9.0
活断層地震	海溝型地震
死者　　6434人	死者　　1万5870人
行方不明　　3人	行方不明　2814人
負傷者　4万3792人	負傷者　6114人
全半壊　25万6312棟	全半壊　39万4873棟
消防庁確定	警察庁調べ
（2006年5月19日）	（2012年9月12日）

2　「救援」につなげる社説

新聞の報道は現場第一主義でなければならない。そう考えて、とにかく現場に出向いて人々の話を聴くことを大切にしてきた。現場でしか感じ取ることのできない事実もある。それは事件報道でも、自然災害の報道でも同じだ。

東日本大震災が起きると、すぐに被災地入りしようと勤務地の大阪から仙台へのフライトを予約したが、仙台空港は津波に襲われて閉鎖されてしまった。そのため地震から2日後、山形空港まで飛んで、陸路で被災地に入った。

最初に訪ねたのは、宮城県南三陸町だった。1万7600人が暮らしていたが、その半数近い8000人の安否がわかっていなかった。仙台から車でふだんは1時間で行けるところを3時間かけてたどり着いた。

大津波に襲われ、一つの街が根こそぎ流されていた。「壊滅」という言葉が誇張ではない被災状況だ。この現場でいったい何を書くのか、何を書けばいいのか。呆然と立ち尽くした。

社会部記者として様々な事件や事故を担当して、現場に足を運び、災害でも経験を深めてきたつもりだった。だが、新聞記者になって初めて「言葉を失う」という体験をした。

コンクリートの基礎がむき出しになった家の跡地で、家族を亡くしたのか、泣きながらアルバムを掘り起こす若い女性がいた。取材すべきなのだろうが、声をかけることができなかった。

被災地にいけば何十枚もの写真を撮るのが常だったが、このときは10枚も撮れなかった。その写真を見返してみると、人物はだれ一人として写っていない。被災した人たちにどうしてもカメラを向けることができなかったからだ。

取材らしい取材ができないままでいると、左腕につけていた「朝日新聞」の腕章をみて男性が駆け寄ってきた。「朝日さんですか。ぜひ、この惨状を書いてください。全国のみなさんに伝えてください」。その人は南三陸

図1　南三陸町の惨状

町の職員だった。

　地域で暮らす自治体の職員も被災者になることは「阪神」で経験していた。しかし、東日本大震災では被災者というだけでなく、多くの自治体職員が犠牲になった。南三陸町でも防災無線で最後まで住民に避難を呼びかけていた女性職員らが津波にのみ込まれた。親族が亡くなったり安否がわからなかったりする職員も少なくなかった。

　避難所を支える南三陸町総務課長の佐藤徳憲さん（60）は、妻の安否が確認できていなかった。地震の直後、役場に近い自宅に戻り、避難するよう妻に告げたが、逃げる途中で津波に遭うのを怖がる妻は家に残った。

　役場は骨組みだけを残して津波に破壊され、屋上に逃げた佐藤さんは自宅が流されていくのを目の当たりにした。「自分はこの仕事があるから、妻を捜しにいけない」と話した。

　南三陸町でそうした取材を3月16日まで続け、「津波被災地から　救援の物資を、人を」という社説を17日付朝刊に書いた。

　「市街地だった場所をがれきが覆い尽くす。泥の中から突き出した腕。コンクリートの廃材から足だけが見える。まるで爆撃を受けたような惨状だ」「高台の避難所では寝具が足りない。教室のカーテンにくるまって寝る子がいる。停電が続くが、発電機はない。暖をとるストーブも少ない。赤ちゃんのミルクは底をつこうとしている」

　「津波被災地から」の社説では被災地の厳しい実情をこう伝えたうえで、「急がねばならないのは、かろうじて難を逃れた人々が命をつなげるよう、必要な物資を手元に届けることだ」「政府だけではなく各地の自治体は応援を急ぎ、条件が整えばボランティアも被災地に駆けつけてほしい」と呼びかけた。

　自然災害のときに報道の重要な役割は、被災地で起きていること、その事実を伝えていち早く救援につなげることだろう。それは社説にもいえることだ。「被災地のために何ができるのか。手をつくしたい」社説をこう結んだが、それは自分に向けた言葉でもあった。

3　8割占める震災社説

　朝日新聞をはじめとする全国紙は、原則として朝刊に2本ずつ社説を掲載している。総選挙など大きな節目には、2本分のスペースをすべて使って「1本社説」を書くこともある。

　東日本大震災が発生してから1カ月で、朝日新聞は大震災に関する43本の社説を載せた。そのうち1本社説は5本あり、それを勘案すると発生1カ月では震災社説が全体の8割を占めたことになる。そうした震災社説で直接執筆にかかわったのは「津波被災地から」など6本。被災地から大阪に戻って、最初に起案して書いたのは災害救援ボランティアに関する社説だった。

　阪神・淡路大震災では延べ130万人のボランティアが被災地にやってきて、1995年は「ボランティア元年」といわれた。戦後50年の節目であり、バブルの崩壊とともに経済的な不安が深まり、多くの人が新しい生き方を探しあぐねている時代だった。ボランティア活動の広がりはNPO法の制定にもつながり、市民が参加する新しい社会の仕組みが芽生えてきたのも被災地からだった。

図2　日本列島周辺のプレートの配置

「阪神」では被災地と隣接する大都市の大阪はほぼ無傷であって、周辺地から救援に駆けつけることもさほど難しくはなかった。被災地に通う日帰りボランティアも少なくなかった。

　だが、東日本大震災の被災地は東北だけでも青森から福島まで広がり、大津波に襲われた沿岸部の交通網は寸断されていた。真冬のような寒さが続くなか、沿岸部には宿泊施設がなく、ただでさえ食料が足りない状況だった。だからこそボランティアの活動が重要になってくるのだが、被災地に負担をかけるようではせっかくの活動も意味がないだろう。ボランティアを志す人が十分に活動できるよう、被災地に拠点づくりを急がなくてはいけない。

　3月19日付の社説「ボランティア　拠点づくりを急ぎたい」ではそう主張した。自分の経験や能力を見極めて、受け入れ態勢が整うまでは地元でできることを考えてみてはどうか、とも指摘した。

　いち早く被災地に入って現場の状況を把握したうえでこう書いたのだが、果たしてそんな主張が正しかったのか。今すぐにでも駆けつけて被災者を手助けしたいという、いてもたってもいられない気持ちの人たちにブレーキをかけてしまわなかったか。今でも悩んでいる。ただ、ボランティア活動に当たって確実にいえることは、被災した人が何を求めているのか、必ず相手に確かめてから行動しなくてはいけない、ということだ。

　南三陸町で取材をしていた際、やはり朝日新聞の腕章をみたボランティアの女性が駆け寄ってきた。いっしょにやってきたフランス人の男性ボランティアが「いま被災者が立ち上がって炊き出しをしなくては駄目だと言っている」と話し、「朝日新聞はそう報道してほしい」などとまくしたてた。

　家族の安否がわからずにうちひしがれている人たちに、立ち上がって炊き出しをしろというのである。被災者が何を求めているのか確かめもせず、自分たちがいいと思うことを押しつけているに過ぎない。その根底には「してやっている」という思い上がりの気持ちが透けて見えた。

4 「県外被災者」を支える

　東日本大震災から半月が過ぎた時期、25万人の被災者が各地で避難生活を送り、そのうち3万人は住み慣れた土地を離れて県外に移っていた。原発事故の影響で役所ごと住民が県外に避難した自治体もあった。

　阪神・淡路大震災では、被災地だった兵庫県外に移り住んだ人に仮設住宅の募集や災害援助金などの情報が届かず、もとの地域に戻れなかった例も少なくない。

　生活を立て直すときに、避難した場所や状況の違いで格差が生じないようにしなければいけない。自治体は被災者の避難先などをいち早くつかみ、支援情報がもれなく届く仕組みをつくる必要がある。

　「被災者支援　情報をくまなく届けたい」という社説を掲載したのは3月26日。「阪神」のときに兵庫県西宮市が開発した支援システムを紹介し、それを活用しようと提案した。その支援システムでは住民基本台帳をもとに、一人ひとりの被災時やけがの状況、避難先、学校名などの情報を一括して登録する。「被災者台帳」ともいえるこのソフトは、生活再建に欠かせない罹災証明書の発行や義捐金の交付などに役立つ。財団法人・地方自治情報センターのサイトから入手できる。

　岩手、宮城両県は震災後、被災情報の整理に住基ネットを使えるよう県条例を改正した。住民基本台帳を管理するサーバーが流されても、住所氏名といった住基ネットの情報に避難先など必要なデータを加えることができるようになった。だが、実際には行政機能がマヒした被災自治体はシステム整備に手が回らない。被災地外の自治体や企業、ボランティアが応援し、避難してきた人を受け入れた自治体が被災自治体に代わって情報を届ける方法も考えなくてはいけない。それは東海・東南海・南海地震など広域災害でもいえることだ。

　神戸市が東日本大震災をきっかけに始めた避難者登録制度が参考になる。市営住宅の入居者を登録し、被災自治体と連絡をとりながら、郵便などで情報を届ける仕組みだ。住み慣れた地域とつながっていると実感できれば、生活を再建する気持ちも強くなる。心の通った暮らしができるよう

環境を整える必要性を訴えた社説だった。

5　子どもに笑顔を戻そう

　勤務地の大阪に戻って社説を書いていたが、もどかしい気持ちを抑えきれず、3月29日から再び被災地に入った。

　被災地では380人を超える児童生徒が犠牲になり、その時点でなお500人の安否がわかっていなかった。

　大津波で被災した宮城県東松島市の大曲小学校で31日、半月遅れであった卒業式を取材した。大曲小学校では地震が起きると、児童は体育館に避難することになっていた。あの日、マニュアルにそって体育館に入ったが、ヤクルト販売員の女性が通りがかり、荒明聖教頭（47）に大津波警報の発令を知らせた。海岸から3キロ離れ、市のハザードマップでも学校に被害が及ぶとは想定されていなかった。教頭が機転をきかせて避難場所を校舎3階に変えた直後、車やがれきを巻き込みながら津波が襲ってきた。職員室のある校舎1階や体育館は濁流にのみ込まれた。

　学校にいた400人余の児童に被害はなかったが、迎えにきた保護者と一緒に下校した子ら7人が亡くなり、3人の安否がわかっていなかった。

　あきらめかけていた卒業式では、泥をかき出した体育館に長靴姿で集まった子どもたちは抱き合って無事を確かめ、晴れやかな表情で校歌を歌った。子どもたちの笑顔は、地域の人々を励ましてくれる。それが復興の第一歩になることは阪神・淡路大震災でも経験したことだ。そのことを実感できた貴重な取材になった。

　だが春の新学期が始まっても、岩手、宮城、福島の3県では公立学校の7割が被災し、280校が避難所になっていた。親兄弟を亡くしたり、疎開を余儀なくされたり、多くの子どもたちが厳しい状況にいた。大人のなかで集団生活が続く避難所暮らしでは、良い子でいなくてはと、つらい気持ちを押し込めてしまいがちだ。

　そんなとき、学校に行って友達と話せば、重荷をおろすことができるだろう。思い切り泣いても構わない。子どもたちのために、なるべく早く始業式にこぎつけてもらいたい。そんな思いから4月7日付の社説「被災地

の学校　子どもに笑顔を戻そう」を書いた。

　教材や本は流され、教室も壊れたままでは、先生や保護者らには授業再開にとまどいがあるかもしれない。しかし、「阪神」を経験した兵庫県教委の震災・学校支援チームは、できることから手をつければいいと助言していた。始業式に児童生徒全員がそろわなくてもいい、毎日の授業が難しければ2日に1回でも、校庭での青空教室でもいいという。この支援チームがめぐってきて、被災地の先生たちはずいぶん励まされたと話していた。

　授業が始まると、子どもの心は学校に向いてくる。傷ついた心を癒やすきっかけを見つけて欲しいと願って書いた社説だった。

6　「あなたを忘れていない」

　今、大津波の被災地は2度目の冬を迎えている。被災地に足を運ぶボランティアもすっかり減ってしまい、仮設住宅などで暮らす人たちは寂しい思いをしていることだろう。

　「もう自分たちは忘れられているんじゃないか」。そんな不安にかられているかもしれない。街が復興するにつれ、生活を立て直せない被災者は孤立感を深めてしまう。

　これから大切なことは、被災した人たちに「あなたを忘れていない」というメッセージを届けることだ。

　阪神・淡路大震災の被災地では、独り暮らしのお年寄りに手紙を届ける活動が続いている。

　被災者を励ますボランティア団体「よろず相談所」を主宰する牧秀一さん（61）が、手紙は人のぬくもりも届けることに気づいて始めた活動だ。

　仕事や子育てがあって、だれもが遠い被災地でランティア活動ができるわけではない。地元でできることを考えてみてはどうだろうか。

　避難生活が長引くなかで、そんな手立てを知ってもらう報道にもこれからは力を入れていきたい。

国際学術フォーラム報告

韓国の日本研究者は、3・11をどのように捉えたか
高麗大学校日本研究センターの研究活動から

2012年5月18日(金) 13:30〜16:30
会場：関西学院会館・輝の間
主催：関西学院大学災害復興制度研究所　共催：社会再生研究会

関西学院大学災害復興制度研究所 RA
長谷川　司

東日本大震災の起こった日本社会を韓国の日本研究者たちはどのように捉えたのか。高麗大学日本研究センターから3名の研究者を迎え、国際学術フォーラムが開催された。政治、経済、社会、文化の側面からの報告が行われ、その後、日韓の研究者、活動家によるディスカッションが行われた。

本フォーラムは、山泰幸（社会再生研究会代表、関西学院大学人間福祉学部・教授）の司会で進行し、室崎益輝（災害復興制度研究所・所長）の挨拶ではじまり、山中茂樹（災害復興制度研究所・主任研究員）、松田曜子（災害復興制度研究所・研究員）、関嘉寛（関西学院大学社会学部・准教授）、稲垣文彦（中越防災安全推進機構・復興デザインセンター長）、浅井秀子（鳥取大学大学院工学研究科・准教授）がコメントを行った。

報告1「韓国における3・11以後の日本災害研究
　　　　——高麗大学日本研究センターの展望をかねて」

宋浣範
（高麗大学校日本研究センター・HK 教授）

同センターはこれまで、総合的に日本研究を進めてきた。2011年3月11日の東日本大震災の発生後、新たに災害をテーマに災害研究班を組織した。災害、災難、安全は人間にとって普遍的な問題である。さらに、原発災害、複合連鎖災害は一国の問題を越えるブロックの問題である。そこで、研究者同士のネットワークが必要だと感じ、韓国、日本を含めた東アジアの国際的なネットワークの構築を目指している。

報告2「3・11以後の日本政治経済の変化と日本の進路」

金暎根
（高麗大学校日本研究センター・HK 教授）

3・11以降、TPPが盛んに議論されてきた。日本政府は、想定外の災害後の経済復興の手段として、TPP参加構想を打ち出す。震災からの復興がTPP参加のロジックとなりえたのである。世界貿易システムにおける日本の選択、北東アジアの経済協力の進路は注目されている。3・11以後、日本社会は自然科学の研究分野については強みを持っていた。その一方で、社会科学的な対応評価については、分析が弱いのではないかという印象がある。大災害に対し、韓国の日本研究者は客観的な目線での知識を提供でき、協力的な研究関係が育めるのではないだろうか。

報告3「韓国から見た3・11以後の日本社会の言説」

全成坤
（高麗大学校日本研究センター・HK 研究教授）

阪神・淡路大震災の発生当時、大阪で大学院生をしており、仮設住宅で炊き出しのボランティアに参加し、修士論文をまとめた。そうした中で、"個人の自立"の面で、問題を抱えていると感じた。復興における「市民」の介入の必要性、さらに外国人や日韓の歴史認識問題、東アジア周辺国の地域と東北地方とのローカルな連帯はどう可能なのか。思想文化状況における言説分析から見れば、以前であれば、思想文化は図式的に捉えることができた。しかし3・11以後、そうした図式が通用しなくなり、思想文化状況も新たな局面を迎えている。

報告4「地域における冗長的ネットワークとしてのボランティアの存在に関する一考察」

松田曜子
（関西学院大学災害復興制度研究所・准教授）

岩手県での足湯ボランティア、名古屋での防災活動を例に、日本の災害復興におけるボランティアの役割について報告が行われた。災害時におけるコミュニティの重要性が指摘されている。しかし、地縁、血縁にもとづくコミュニティの崩壊が指摘されて久しい。そこで着目されるのが、ボランティアの役割である。これまでの活動経験のなかで、直接目的に限定されない「冗長性」に注目してきた。人のつながりを重ね地域における近隣関係を補完する冗長的なネットワークづくりに可能性を見出している。

3・11以降、日本の研究者の関心は、災害後の国内問題に偏りがちとなった。その一方で、韓国の日本研究者たちの報告は、災害復興の問題を日本社会という枠、さらに広く「東アジア」の問題として捉える広い視点から行われた。専門分野に偏りがちな日本国内の研究者たちに「気づき」を提供するものであったと言える。

出所：関西学院大学災害復興制度研究所ニュースレターFUKKOUvol.18 P6

報告
韓国・高麗大で学術大会
関学復興研と共催

関西学院大学人間福祉学部教授
山　泰幸

　2012年9月18日、韓国ソウルにある高麗大学校日本研究センターにおいて、国際学術大会「東日本大震災と日本─災害からみた日本社会と韓国への投影─」が、同センター及び関西学院大学災害復興制度研究所との共催によって実施された。

　2011年3月11日に発生した東日本大震災によって、日本社会は未曾有の甚大な被害を経験した。死者・行方不明者は約2万人近くに達し、現在においても、避難所生活を余儀なくされている多くの被災者が存在する。震災からの復興は未だに遅々として進まず、被災地は悲惨な状況に置かれている。東日本大震災によって、日本社会は政治的・経済的・社会的など、あらゆる側面における構造的な問題を露呈した。しかし、東日本大震災は日本社会に限定された問題ではなく、グローバルな問題として、とりわけ東アジア社会に大きな衝撃を与えている。

　高麗大学校日本研究センターは、東日本大震災を契機として生じた、日本社会の反応や変化、そこから見えてくる構造的な問題などを、震災直後から研究チーム「ポスト3.11と人間─災難と安全研究チーム」を立ち上げて調査研究に取り組んできた。その成果を本研究者と共有するべく、2012年5月18日に関西学院大学災害復興制度研究所主催の国際学術フォーラム「韓国の日本研究者は、3.11をどのように捉えたか──高麗大学校日本研究センターの研究活動から」が開催された。本国際学術大会は、上記のフォーラムの成果を踏まえて、さらに高麗大学と関西学院大学の研究成果を共有することを目的として実施されることとなった。

　学術大会は、高麗大学校日本研究センター所長である崔官教授による開会の挨拶に始まり、つづく山中茂樹・関西学院大学教授による基調講演「日本の創造的復興──競争国家と福祉国家の狭間で」＝写真右上＝では、日本の災害復興の問題点とあるべき復興概念のあり方を競争国家と福祉国家という異なる国家観を対比しながら紹介がなされた。その後、前半部と後半部に分けて、日本側と韓国側から計5本の報告がなされ、それぞれ討論者が準備されて、活発な議論がかわされた。報告者と概要は、下記の通りである。

　金孝眞氏は、東日本大震災時に、ツイッターやfacebookなどソーシャル・ネットワーキング・サービスSNSが果たした役割を考察し、災害を契機に新たな利用の仕方が生まれた点に着目した。山泰幸氏は、韓国KBS放送のドキュメンタリー番組を取り上げて、日本ではあまり報道されない、原発関連の情報や避難区域の現状や避難民の生活や語りが登場することを指摘。金暎根氏は、関東大震災、第二次世界大戦、阪神淡路大震災、そして東日本大震災、それぞれの後とその間の経済政策を世界経済の状況を背景に整理した。金津日出美氏は、小説や映画となった「日本沈没」を取り上げて、災害と復興の物語のヴァリエイションを分析した。野呂雅之氏は阪神淡路大震災と東日本大震災での新聞記者としての臨場感ある取材経験を紹介した＝写真下。

　全体として日本側の報告は、東日本大震災の状況と復興にむけた課題を伝えることが主たる内容となった。それは東日本大震災がいまだ現在進行形の災害であるからに他ならないからである。一方、韓国側は、東日本大震災を契機として、日本の政治、経済、文化などがどのように変化したのか、あるいは東日本大震災を通して見えてくる日本社会に関心の重心があったといえる。それは高麗大学校日本研究センターによって行われた学術大会であることに示されているように、日本研究の一環として東日本大震災を捉えているからである。日本の「外」から、日本社会の全体的な状況のなかで、東日本大震災を位置づけようとする視点を知りえたことは貴重な成果であった。

「韓国の日本研究者は、3.11をどのように捉えたか──高麗大学校日本研究センターの研究活動から」
前半部
報告者：
1．金孝眞・高麗大学校日本研究センターHK教授「東日本大震災とソーシャル・メディア：新しい議論の空間をめざして」
2．山泰幸・関西学院大学教授「韓国から見た東日本大震災──ドキュメンタリー番組を中心にして」
討論者：文嫦珠（放送通信審議委員会）　李忠澔（高麗大）　司会：宋浣範（高麗大）
後半部
報告者：
3．金暎根・高麗大学校日本研究センターNH教授「災害後日本経済政策の変容──関東・阪神淡路・東日本大震災の比較分析」
4．金津日出美・高麗大学校日語日文学科教授「沈積する〈日本沈没〉の物語」
5．野呂雅之・朝日新聞社論説委員「東日本大震災と災害報道──「阪神」の経験をどう生かしたか」
討論者：全成坤（高麗大）　徐東周（ソウル大）　　司会：山泰幸（関西学院大）

▲記念撮影をする高麗大と関学復興研の参加者たち

出所：関西学院大学災害復興制度研究所ニュースレターFUKKOUvol.19 P6

執筆者一覧

山　泰幸	（関西学院大学人間福祉学部教授）	出版にあたって・報告6
山中茂樹	（関西学院大学災害復興制度研究所教授）	評論
崔　官	（高麗大学校日語日文学科教授）	論考1
宋浣範	（高麗大学校日本研究センターHK教授）	論考2・報告1
金奎坂	（対外経済政策研究院日本チーム研究委員）	論考3
金暎根	（高麗大学校日本研究センターHK教授）	論考4・報告2・報告7
徐承元	（高麗大学校日語日文学科教授）	論考5
朴榮濬	（国防大学校安保大学院教授）	論考6
韓龍震	（高麗大学校教育学科教授）	論考7
郭炅鎬	（忠南大学校国立山林科学院研究員）	論考8
梁起豪	（聖公会大学校日本学科教授）	論考9
鄭炳浩	（高麗大学校日語日文学科教授）	論考10
全成坤	（高麗大学校日本研究センターHK研究教授）	報告3
松田曜子	（関西学院大学災害復興制度研究所准教授）	報告4
金孝眞	（高麗大学校日本研究センターHK教授）	報告5
金津日出美	（高麗大学校日語日文学科副教授）	報告8
野呂雅之	（朝日新聞論説委員）	報告9

東日本大震災と日本
韓国からみた 3.11

2013 年 5 月 31 日初版第一刷発行

編　者	関西学院大学災害復興制度研究所
	高麗大学校日本研究センター

発行者　田中きく代
発行所　関西学院大学出版会
所在地　〒 662-0891
　　　　兵庫県西宮市上ケ原一番町 1-155
電　話　0798-53-7002

印　刷　協和印刷株式会社

©2013 Institute for the Research of Disaster Area Reconstruction,
Center for Japanese Studies of Korea University
Printed in Japan by Kwansei Gakuin University Press
ISBN 978-4-86283-136-1
乱丁・落丁本はお取り替えいたします。
本書の全部または一部を無断で複写・複製することを禁じます。
http://www.kwansei.ac.jp/press